臨床実践としての
コミュニティ・アプローチ

Kubota Yuki
窪田由紀

金剛出版

臨床実践としてのコミュニティ・アプローチ

●

目　次

目次

第1部　臨床心理学の新しい活動モデルをめぐって……………………7

　第1章　コミュニティにおける心理援助の課題……………………9

　第2章　臨床心理学における新しい活動モデルの提案………………23

第2部　臨床心理学的コミュニティ・エンパワメント・
　　　　アプローチの創出
　　　　―――実践を通してのモデル生成………………………27

　第3章　精神科デイケアにおける統合失調症者への支援事例から………29

　第4章　キャンパスにおける統合失調症学生への支援事例から…………40

　第5章　臨床心理学的コミュニティ・エンパワメント・アプローチの創出…62

第3部　臨床心理学的コミュニティ・エンパワメント・
　　　　アプローチによる援助の実際
　　　　―――実践を通しての検討過程………………………79

　第6章　DV被害学生への支援事例から………………………81

　第7章　荒れた中学校へのシステム・コンサルテーションの事例から　101

　第8章　修学問題のためのキャンパス・トータル・サポートプログラム
　　　　の事例から………………………………………124

　第9章　学校コミュニティへの緊急支援システムの構築と運用
　　　　――教師の不祥事発覚後の高校への支援事例から……………144

第4部　臨床心理学的コミュニティ・エンパワメント・
　　　　アプローチのモデル化 ……………………………………………… 171

第10章　臨床心理学的コミュニティ・エンパワメント・アプローチの
　　　　定義と構成要素……………………………………………………… 173

第11章　臨床心理学的コミュニティ・エンパワメント・アプローチの
　　　　プロセス…………………………………………………………… 181

第12章　臨床心理学的コミュニティ・エンパワメント・アプローチ
　　　　実施上の留意点…………………………………………………… 199

終　章　まとめと今後の課題……………………………………………… 208

あとがき……………………………………………………………………… 213
文　　献……………………………………………………………………… 215
索　　引……………………………………………………………………… 224

第1部

臨床心理学の新しい活動モデルをめぐって

第1章

コミュニティにおける心理援助の課題

　本章では，日本における臨床心理学，およびコミュニティ心理学の発展過程を概観した上で，コミュニティにおける心理援助の課題を明らかにする。

I　日本における臨床心理学の発展過程

1．これまでの日本の臨床心理学

　日本における臨床心理学は，戦後一連のアメリカ文化の流入とともに臨床心理学，カウンセリングの思想が日本に入ってきたことを契機に本格的な動きが始まり，第一世代にあたる人々が留学して学んできた各派の理論モデルを持ち帰ったことから発展してきた（下山，2004）と言われる。代表的な理論モデルである精神分析，分析心理学，人間性心理学，行動主義に基づくアプローチは，問題を個人の心理的側面に還元し，社会的関係と切り離した個人の変化を目的とするもの（下山，2001）であった。
　いきおい，臨床心理学の訓練や実践の過程では治療者とクライエントの二者関係が重視され，面接室内での援助のあり方に焦点を当てて論議されてきた。1982年に発足した日本心理臨床学会の発表は圧倒的に個人面接の事例であり，明確な治療構造を守りながらの個人療法こそが心理臨床実践であるとの雰囲気が強い（田嶌，2003c）中で経過してきた。下川（2002）は1982年から2002年までの日本心理臨床学会の発表を，事例・グループ，査定・調査研究，組織・地域臨床に分類し，推移を追っているが，それによれば，1987年ごろまではほとんどが個人臨床の視点からの事例報告であり，特定個人のニーズに対して心理的支援を行うという視点が中心であった。
　もっとも児童福祉，地域精神保健，学生相談などの領域では，早くから必ずしも面接室活動にとどまらない幅広い活動（峰松・山田・冷川，1984）が

なされてきたが，心理臨床家の本来的な役割とは別の周辺的なものとしての位置づけにとどまっていたように思われる。精神科デイケアも心理士が多職種チームの一員として参加することが少なくない領域の1つだが，種々の集団活動プログラムのみならず生活場面でのさまざまなかかわりが求められるため，心理士としてのアイデンティティが曖昧になりやすいとの指摘（高橋，2000）もあるように，そこでの活動は心理士の本来的な役割とは異なったものだと考えられてきた。

個人面接を中心とした心理的援助のスタイルは，Bloom（1973）が伝統的な臨床サービスとして整理しているように，クリニック，相談室などの施設内で，個人を対象に，クライエントへの直接サービスとして心理療法を強調した治療的なサービスである。病院やクリニック，教育相談室，企業の相談室など医療，教育，産業と領域は異なっても，いずれもクリニック・モデルを中心に展開されてきたということができよう。

2．社会の変化と臨床心理士への要請の広がり

一方，社会全体に目を向けると，都市化，核家族化，少子高齢化が進む中で，家族や地域コミュニティの教育・支援機能が低下し，子どもや高齢者の虐待，児童・生徒のいじめ，不登校や暴力などの問題が深刻化してきた。また急速に進んだ高度情報化，経済のグローバル化による産業構造の転換，不況に伴うリストラ等は，職場不適応や自殺の増加を招いた。

このような中，臨床心理士が財団法人日本臨床心理士資格認定協会の認定資格として1988年に資格化されたことで，臨床心理士の社会的認知が徐々に高まり，さまざまな領域で心理的援助を求められるようになってきた。特に，1995年に起こった阪神淡路大震災を契機に，災害・事故後の心理的援助の必要性が「こころのケア」という言葉とともに広く認識されるようになった。

臨床心理士の社会的認知を高める上で，非常に大きな出来事となったのは，増え続ける不登校や頻発したいじめ自殺への対応の1つとして1995年4月よりスクールカウンセラー活用調査研究委託事業が開始されたことであり，臨床心理士がスクールカウンセラーとして全国の公立小中学校に派遣されるようになったことであった。臨床心理学の活動に国家予算が投入されるようになった歴史的出来事（下山，2004）であり，臨床心理士が心理的援助の専

門的な担い手として国家レベルで正式に認められたということでもある。

　また，同年に起こった地下鉄サリン事件，1997年の神戸連続児童殺傷事件などでは，何の落ち度もない市民が突然悲惨な殺され方をし，社会全体を震撼させた。犯罪被害者や遺族が強いストレスに見舞われ，長期的な心理的な負担や生活上の苦難に陥ることが理解されるようになり，日本でも欧米に20年以上遅れて犯罪被害者支援の取り組みが始まった。心理的な支援もさまざまな支援の1つとしてその中に位置づけられてきた。

　HIVカウンセリングに関するわが国の取り組みの1つである厚生省（当時）の「拠点病院カウンセラー設置事業」が開始されたのは1996年であり，以後，臨床心理士が感染告知，AIDS発症，末期などのさまざまな局面での心理的援助にかかわることが求められるようになってきた（児玉, 2000, 2001）。

3．臨床心理学のパラダイム・シフトと新しいモデルの出現

　このような地震後の心理的支援，犯罪被害者支援，スクールカウンセリング，HIVカウンセリングという新しい領域での心理的支援の必要性がわが国で顕在化してきたのは，いずれも1995年〜1997年のことであった。さらにその後，高齢者・児童虐待やドメスティック・バイオレンス（以下DV）の被害者支援，子育て支援，ターミナルケアなど，教育，医療，保健，福祉，司法・矯正，産業などのさまざまな領域においても，臨床心理士の専門的活動への社会的要請が増大した（下山, 2004）。

　これらはいずれも従来のクリニック・モデルの心理臨床の枠にとどまらない新たな援助モデルを必要とするものである。震災後の支援活動に兵庫県臨床心理士会会長として直後から中心的にかかわり続けてきた杉村（2000, 2001）は，ホットライン，巡回相談，啓発的講演などの活動は，従来の「座して待つカウンセリング」から，プログレッシブに「活動するカウンセリング」へのパラダイム・シフトであったと述べている。

　これらの活動は，臨床心理士の専門性の第3の柱として位置づけられた「臨床心理学的地域援助」にあたるものであり，その実践に際しては，個人の内面のみならず，周囲の人との関係性を重視し，さまざまな人々と連携・協働しながら専門性を発揮する新しい活動モデルが必要となってきている。日本臨床心理士会，日本心理臨床学会，日本臨床心理士資格認定協会の3団体か

らなる学校臨床心理士ワーキンググループは，スクールカウンセラー活用調査研究委託事業の開始に際して編集した学校臨床心理士のためのガイドライン（村山，1995；学校臨床心理士ワーキンググループ，1997）において，学校臨床心理士は学校システム全体へかかわっていくものであり，不適応児童・生徒の担任への助言や支援を優先することを強調しているなど，当初から学校コミュニティ全体を視野に入れた活動の必要性を明示していた。

以後10年余の間に多くの実践を重ねてきたスクールカウンセリングの領域や，従来から面接室活動以外の取り組みが続けられてきた学生相談，児童福祉，障害者福祉等の領域から，個人の内面のみならず周囲の人々との関係性を重視した新しい活動モデルが提示されつつある。

下山（1987, 1994, 1995）は学生相談の経験から，当事者とそれを取り巻く関係者の間に臨床心理士が介在して当事者と臨床心理士の関係を構成し，それを関係者につないでいくことで心理援助を行う「つなぎ」モデルを提案し，実際を示している。田嶌（1991, 1998a, b, 2001, 2003a）は同じく学生相談の経験から，ネットワークと居場所を生かした多面的アプローチである「つきあい方」モデルを提示し，学生相談やスクールカウンセリングの事例に適用している。

また，村瀬（2001, 2003a, b）の統合的心理療法とは，非行，発達障害，精神障害，重複障害など種々の重篤な障害を抱える人々に対して，主治医，担任，指導員などと協働しながらクライエントと身近な人間関係や社会をつなぎ直したり，学習援助・自己統制力の獲得といった訓練的要素を加味しながら，生活全体の質の向上を図る複合的アプローチである（中釜，2004）。徳田（2000, 2001）は，スクールカウンセリングの領域に統合的アプローチを導入している。藤岡（2002）はスクールカウンセリングにおける心理臨床モデルとして，内外の活動モデルの検討と自身の豊富な経験の中から，スクールカウンセリングの並列的活動モデルを提示している。児童生徒，保護者，教師，校長・教頭・養護教諭，地域の専門機関やそのスタッフなどさまざまな対象との関係を築きながら支援していく過程をそれぞれの対象ごとに具体的に示している。

これらは，いずれも個人の内面のみならず，周囲の人々との関係性に注目し，臨床心理士が両者をつなぐ役割を取りながら援助していくというモデル

であり，またいずれも実践の中から構築されてきたものである。さらに，個人と身近なネットワークの構築にとどまらず，組織全体や地域コミュニティを視野に入れ，さまざまな人々との協働を重視したモデルも見られるようになっている。下山・峰松・保坂他（1991）の学生相談の「統合システムモデル」は，学生相談活動の全体構造を援助活動，教育活動，コミュニティ活動，研究活動と規定した上で，それぞれの方法を示している。藤岡（2002）は学校外の社会資源を開拓したり，それとのネットワークを築く，もしくはすでにあるセルフヘルプグループなどと連携するといったコミュニティ・システムに介入していくモデルも示している。コミュニティ活動で重要となる協働に焦点をあてた研究も緒についてきた（宇留田，2004；藤川，2007）。

　スクールカウンセリングに携わる臨床心理士が全国で 4,500 名（2006 年度）にも上る事実のみに鑑みても，今日，臨床心理士の専門性としての臨床心理学的地域援助の重要性は非常に大きくなっており，それを支える理論と活動モデル，技法を備えていることはますます重要になってきている。

II 日本におけるコミュニティ心理学の発展過程

1．日本におけるコミュニティ心理学の始まり

　前節では，日本における臨床心理学が個人臨床から出発し，1995 年以降，社会で生じているさまざまな問題への対応が急速に求められるようになる中で，個人の内面のみならず周囲の人との関係性も重視したモデルとそれに基づくアプローチが出現してきたことを述べた。

　一方で，日本では 1968 年の Caplan の著作の翻訳・出版（Caplan（加藤・山本訳），1968）や，1969 年の日本心理学会における「コミュニティ心理学の諸問題」というシンポジウムの開催を皮切りとしてコミュニティ心理学が発展してきた経緯がある（安藤，1995）。

　日本のコミュニティ心理学は，このシンポジウムに登壇した非行心理学，臨床心理学，地域精神衛生，社会心理学や組織心理学などの実践・研究者によって，スタートしている。この時期の実践報告としては，集団力学の応用としてバス事故再発防止に集団決定の技法を適応した組織介入（三隅・篠原，1967）や大学の学生相談システムのあり方についての研究などがある。

表 1.1　日本における臨床心理学とコミュニティ心理学の発展の経緯

活動領域	臨床心理学			コミュニティ心理学		
学問背景	臨床心理学			コミュニティ心理学 臨床心理学　社会心理学　組織心理学		
戦後〜	臨床心理学 輸入の時代*					
'60年代	萌芽の時代*					
'70年代	混乱の時代*			1975 コミュニティ心理学シンポジウム		
'80年代	内面化と再構成の時代*			コミュニティ心理学的臨床実践		
1988	臨床心理士資格認定協会設立					
	臨床心理士の専門性					
1995 ↓	心理面接	心理アセスメント	地域援助	『臨床・コミュニティ心理学』出版		
			臨床心理学的地域援助			
			臨床心理学的コミュニティ・アプローチ	コミュニティ心理学的臨床実践		

＊の命名は，下山（2004）による．

2．日本におけるコミュニティ心理学の発展

　表 1.1 に日本における臨床心理学とコミュニティ心理学の発展の経緯を示す．

　安藤（1995）が「誕生とよちよち歩きの時期」とする 1970 年代には，1975 年のコミュニティ心理学シンポジウム第 1 回の開催，Murrel の著作の翻訳・出版（Murrel（安藤訳），1977）などが続き，日本におけるコミュニティ心理学の基礎が築かれた時期である．

　1986 年には日本におけるコミュニティ心理学のパイオニアである山本（1986）が『コミュニティ心理学：地域臨床の理論と実践』を上梓した．これは，彼がアメリカの地域精神衛生活動の基本理念に触れた経験を契機に，その後約 20 年間にわたって日本で展開した実践と研究をまとめたもので，コミ

ュニティ心理学の発想のエッセンスを実践をもとに具体的に伝えようとしているものである。本書は，外国文献の紹介にとどまらないわが国のコミュニティ心理学の基本的な文献として，その後の発展に大きな影響を与えている。

　コミュニティ心理学シンポジウムは，20年以上にわたって継続され，コミュニティ心理学の実践と研究に携わる心理学や周辺領域の専門家がそれぞれの実践を持ち寄り，討議を重ねる場となってきた。医療，福祉，教育，産業，司法・矯正などの領域における，子ども，障害者，勤労者，高齢者やその家族，ボランティア等への種々のかかわりをテーマに，心理学，教育学，社会学，社会福祉学，文化人類学，経営学などを背景にした多様な実践が展開されてきている。

　20回を節目に企画された『臨床・コミュニティ心理学』（山本・原・箕口・久田，1995）には，コミュニティ心理学の実践的展開として，さまざまな専門機関や専門場面での実践，地域社会の中での活動，都市問題への取り組み，職場や学校での展開，住民の海外からのコミュニティ移行問題へのアプローチなど，さまざまな場面でのコミュニティ心理学的アプローチの具体的展開が示されている。その後，コミュニティ心理学シンポジウムに集ってきた人々を中心にして1998年にコミュニティ心理学会が発足し，機関誌『コミュニティ心理学研究』が発刊されるようになった。

　この中には，臨床心理学をバックグラウンドに持つ研究者・実践家も少なくない。早い時期から，従来の臨床心理学の枠に納まりきれなかった学生相談，障害児の療育援助，学校コンサルテーション，精神障害者への援助，セルフヘルプ・グループへのかかわりなどの活動が報告されてきた。1996年以降はこれらの実践報告の中にスクールカウンセリングをテーマとしたものも見られるようになっている。

　その後2006年に『よくわかるコミュニティ心理学』（植村・高畠・箕口・原・久田，2006），2007年に『コミュニティ心理学入門』（植村，2007）および『コミュニティ心理学ハンドブック』（日本コミュニティ心理学会，2007）が，いずれもコミュニティ心理学会の主たるメンバーによって，学会発足後約10年となるこの時期に相次いで出版された。その背景には，21世紀に入り，複雑化する社会においてこれまでにも増して多種多様な心理・社会的問題の解決に迫られる中で，人々のコミュニティにおける生活の質の向上をめ

ざし，少しでも社会を変革しようとするコミュニティ心理学への期待の高まりがあるとしている（植村・高畠・箕口・原・久田, 2006）。

Ⅲ　臨床心理学的地域援助の現状と課題

1．臨床心理学的地域援助の位置づけ

　これまで述べてきたように，わが国では1960年代の終わりから，臨床心理学の発展過程とは別に，コミュニティ心理学の名のもとにさまざまなバックグラウンドを持つ研究者・実践家がそれぞれの実践を持ち寄り，議論を重ねてきた歴史がある。

　一方で，臨床心理学の領域でも臨床心理士の専門性の第3の柱として掲げられていた臨床心理学的地域援助の重要性が徐々に明らかになり，1995年以降一挙にクローズアップされるようになった。今日学問としての臨床心理学の確立を強く主張する下山（2002, 2004）も，実践活動，研究活動，専門活動が層構造を成す全体構造の構築とともに，さまざまな援助資源と協働しつつ社会に開かれた幅広い活動を展開していくことの重要性を掲げていることからも，臨床心理学的地域援助は以前の周辺的な位置からメインストリーム化してきているとも言える。

　このような中で，臨床心理学・コミュニティ心理学の両方に造詣の深い山本（1995, 2001）は，臨床心理士資格認定協会が命名しながらも明確な定義がなかった臨床心理学的地域援助についての定義・理念・独自性・方法の明確化を行っている。臨床心理学的地域援助は，コミュニティ心理学の理論と方法を基礎に蓄積されてきたコミュニティ心理学的臨床実践を，臨床心理学の活動モデルの中に明確に位置づけたものだと言うこともでき，臨床心理学とコミュニティ心理学を橋渡しする概念と言えよう。

　山本が明らかにしている臨床心理学的地域援助の定義・理念・独自性・方法とは表1.2の通りである。

　このように，臨床心理学的地域援助においては，活動の場が地域に広がっているというのみならず，対象者の捉え方，対象者と援助者の関係，提供されるサービスなどに従来の臨床実践とは大きく異なる特性を備えており，パラダイム・シフト（杉村, 2000, 2001）や発想の転換（金沢, 2004）が求

第1章　コミュニティにおける心理援助の課題

表1.2　臨床心理学的地域援助の定義，理念，独自性，方法（山本，2001より）

1．臨床心理学的地域援助の定義	2．臨床心理学的地域援助の理念
「臨床心理学的地域援助とは，地域社会で生活を営んでいる人々の心の問題の発生予防，心の支援，社会的能力の向上，その人々が生活している心理的・社会的環境の整備，心に関する情報の提供を行う臨床心理学的行為を指す」	①コミュニティ感覚 ②社会的文脈人間 ③悩める人の援助は地域社会の人々との連携で ④予防を重視 ⑤強さとコンピテンスを大切に ⑥エンパワメントの重要性 ⑦非専門家との協力 ⑧黒子性の重視 ⑨サービス提供の多様性と利用しやすさ ⑩ケアの精神の重要性

3．臨床心理学的地域援助の独自性

	伝統的個人心理臨床	臨床心理学的地域援助
①介入を行う場所	相談室・病院・施設内	生活の場・地域社会
②介入の対象	患者	生活者
③サービスのタイプ	治療的サービス	予防的サービス
④サービスの提供のされ方	直接的サービス	間接的サービス
⑤サービスの方略	特定のサービス	多様なサービス
⑥マンパワーの資源	専門家のみ	非専門家の協力
⑦サービスの意思決定	専門家が管理決定	ユーザーとともに

4．臨床心理学的地域援助の方法

①ケアをすること	⑤サポート・システムのファシリテーション
②予防の方法	⑥システム・マネジメント
③変革の援助方法	⑦情報提供・教育・啓発の方法
④コンサルテーション	

められる。

　なお，臨床心理学的地域援助は，コミュニティ心理学的アプローチ（山本，1995），臨床心理学的コミュニティ援助（金沢，2002, 2004），コミュニティ・アプローチ（村山，2002），コミュニティにおける臨床心理サービス（高畠，2004）とほぼ同義で用いられている。

2．臨床心理学的コミュニティ・アプローチとコミュニティ心理学的臨床実践

　近年わが国では社会のさまざまな領域で心理的援助が求められるようになり，これまでの面接室内でのクライエントとの1対1の関係にとどまらず，他

の職種や地域の非専門家と連携・協働しながら援助していく新しい活動モデルが求められるようになった。そのような中，臨床心理学においては伝統的な心理臨床の訓練を受けてきた研究者・実践家の中から，現場のニーズに即した新しいモデルが提出されてきている（下山, 1987, 1994, 1995；田嶌, 1991, 1998a, b, 2001, 2003a；村瀬, 2001, 2003a, b；藤岡, 2002）。これらは学生相談，スクールカウンセリング，児童福祉といった領域での実践から生まれた活動モデルであり，ネットワークを活用した個の支援モデルである。ここでは便宜的に「臨床心理学的コミュニティ・アプローチ」とする。

一方，コミュニティ心理学の領域においては，それまでの臨床心理学のモデルの枠に収まらないさまざまな臨床実践が蓄積されてきていた。これらのコミュニティ心理学を背景とする臨床実践を「コミュニティ心理学的臨床実践」とする。

このように現段階でのわが国の臨床心理学的地域援助は，臨床心理学を背景にする「臨床心理学的コミュニティ・アプローチ」とコミュニティ心理学を背景とする「コミュニティ心理学的臨床実践」の2つの流れが存在する。

3．臨床心理学的コミュニティ・アプローチの現状
1）臨床心理学を背景にした新しい活動モデル

臨床心理学を背景にした新しい活動モデルはいくつか提示されているが，代表的なものとして，本書では「つなぎ」モデル（下山, 1987, 1994, 1995），「つきあい方」モデル（田嶌, 1991, 1998a, b, 2001, 2003a），「統合的アプローチ」（村瀬, 2001, 2003a, b）を取り上げ，以下に概説し，その特徴を述べる。
（1）「つなぎ」モデル

「つなぎ」モデルは，事例の当事者とそれを取り巻く関係者の間に臨床心理士が介在して，当事者と臨床心理士の関係を構成し，それを関係者につないでいくことで心理援助を行う（下山, 2002）ものである。臨床心理士が媒介となって当事者のサポート・ネットワークを築き，ネットワークで支えながら，当事者が人とのつながりの中で悩めるように援助し，個人療法に導入するというものである。治療構造にこだわらず，現実に開かれた関係性を前提としており，援助者が当事者の日常の関係性に入ることから援助を開始する。
（2）「つきあい方」モデル

「つきあい方」モデルは，面接室内での個人面接だけでなく，その人を取り巻く生活空間全体に注目し，その人の置かれる状況にあった幅広い多面的援助アプローチを行うというものである。面接場面以外で周囲の人たちが本人とどうつきあうか，ということを重視して「つきあい方」という日常用語を用いながらも，その際に専門的見立てと配慮が必要であるとして「　」つきの「つきあい方」としている。また，セラピストは周囲の人たちの本人との「つきあい方」が本人の自分の問題や症状などとの上手な「つきあい方」の獲得を援助することにつながる（田嶌, 2003c）という視点をも内包したモデルとなっている。

(3)「統合的アプローチ」

「統合的アプローチ」とは，クライエントのパーソナリティや症状，問題の性質に応じて，理論や技法をふさわしく柔軟に組み合わせて用いること，クライエントの回復の過程，発達，変容につれて援助のしかたを変容させること，チームワーク，他職種や他機関との連携，多領域にわたる協同的かかわりをも必要に応じ適時行うこと，クライエントの主観的事実も大切に考えることを重視する，個別的にして多面的なアプローチ（村瀬, 2003b）である。

2）臨床心理学を背景にした新しい活動モデルの特徴

これら3つのモデルに見られる従来の心理療法と異なる特徴は以下の数点である。

1) 援助に際しては，クライエント個人のみならず，その人を取り巻く周囲の人々（非専門家を含む）との関係を視野に入れ，クライエントと周囲の人々とのつながりを作ることを大切にしている。
2) 面接室内にとどまらずクライエントの生活場面における援助も行う。
3) 狭義の心理的援助や特定の技法にこだわらず，クライエントの状態に応じてさまざまな援助技法を柔軟に適用する。
4) 援助に際しては，治療者や非専門家を含む周囲の人々のみならず，クライエント本人の力を大切にする。

「つなぎ」モデルは1），2），3），「つきあい方」モデルは1），2），3），4），「統合的アプローチ」は1），2），3），4）の新しい特徴を持っている。

一方で，いずれもクライエント（本人，当事者）の臨床心理学的な見立て

に基づいて，クライエントの変容をめざしているという点は，従来の心理臨床モデルに共通している。

4．コミュニティ心理学的臨床実践の現状
1）コミュニティ心理学的臨床実践の展開

『臨床心理学的地域援助の展開』(山本，2001)の中に取り上げられている臨床心理士による臨床実践は，スクールカウンセラー(原，2001)，HIVカウンセリング(児玉，2001)，阪神淡路大震災被災者へのこころのケア(杉村，2001)，いのちの電話(末松，2001)，地域における子育て支援(三沢，2001)，虐待防止(村本，2001)，フェミニスト・セラピー(高畠，2001)，カルト集団脱会者への支援(高木，2001)，高齢者の生活支援(多賀，2001)，精神障害者回復クラブ(三島，2001)，異文化に生きる人々へのコミュニティ心理学的アプローチ(箕浦，2001)等，多岐にわたっている。

2）コミュニティ心理学的臨床実践の特徴

これらは，それぞれの現場のニーズに応えての実践活動を，コミュニティ心理学の視点から整理したものであり，臨床実践に際しては，コミュニティ心理学の理念，目標(Duffy & Wong, 1996)に基づく以下のような点が重視されている。

1）治療より予防を重視する。
2）密室から生活場面へといったように，クライエント(ユーザー)の生活場面での援助を重視する。
3）個人と環境の両面を吟味し，両者の適合性をめざす。
4）個人の弱さや問題点ではなく強さとコンピテンス(有能さ)を強調する。
5）人間の差異，多様性を当然のこととして認める。
6）多様なコミュニティ場面での多様なサービスの選択肢の提供を重視する。
7）エンパワメントを重視する。すなわち，人々が自分の問題や生活全般をコントロールできるようになることをめざす。

このような理念と目標に基づいて行われる介入，援助方法としては以下の5点が用いられている。

1）危機介入
2）コンサルテーション

3）ネットワーキング
　4）支援システム作り
　5）非専門家の参加・協力体制作り

5．臨床心理学的地域援助の課題
1）臨床心理学的コミュニティ・アプローチとコミュニティ心理学的臨床実践の共通点と相違点
（1）臨床心理学的コミュニティ・アプローチとコミュニティ心理学的臨床実践の共通点

　両者に共通するのは，多少のニュアンスの違いはあるが以下の点である。
　1）問題を個人のみならず周囲の人々との関係の中で捉える。
　2）面接室内で個人の内面のみに働きかけるのではなく，生活場面における周囲の人々にも働きかけを行う。
　3）狭義のカウンセリングの技法にこだわらず多様な方法を用いる。
　4）問題の解決に際してクライエント本人の力を重視する。

（2）臨床心理学的コミュニティ・アプローチとコミュニティ心理学的臨床実践の相違点

　一方，当然のことながらその背景の違いから，両者には次のような相違点が存在する。
　1）前者がめざすのは個の変容であるのに対して，後者がめざすのは個と環境の適合であり，必ずしも個の変容を重視しない。
　2）前者が視野に入れているのは，クライエントと直接的にかかわりのある周囲の人々とのネットワーキングまでであるのに対して，後者においては，支援システム作り，非専門家の参加・協力体制作りなど間接的な援助が重視されている。
　3）前者では，問題を抱えた人の治療や援助が中心であるのに対して，後者では予防も含めた幅広い対象者へのアプローチが取り扱われている。

2）現段階における臨床心理学的地域援助の課題
（1）臨床心理学的コミュニティ・アプローチとコミュニティ心理学的臨床実践の乖離

　臨床心理学的コミュニティ・アプローチとコミュニティ心理学的臨床実践

は，それぞれ拠って立つ背景が異なり独自に発展してきた。当然のことながら，前者があくまで個に焦点をあてたネットワークの活用であるのに対して，後者は支援システム作り，非専門家の参加・協力体制作りなど環境への働きかけを重視したものとなっている。今日社会から求められている新しい援助モデルは，生物－心理－社会モデルに基づいて個人の内面から社会までを一体的に捉え，さまざまな援助資源をつないで社会の中に心理援助のシステムを作りながら，開かれた幅広い活動を保障するものである（下山，2002）。そのためには，両者の特徴を兼ね備えている必要がある。「臨床心理学的地域援助」の名のもとに両者が一体的に統合されることが期待されるが，現段階ではモザイク的に寄せ集められているという印象を持たざるを得ない。

両者を包含する視点に基づき，臨床心理学的コミュニティ・アプローチにおける，個の見立てに応じた個別的で多面的なアプローチや，コミュニティ心理学の介入，援助方法として掲げられた危機介入，ネットワーキング，コンサルテーション，支援システム構築などといったものを有機的に組み合わせて用いることができる，新たな活動モデルが求められる。下山・峰松・保坂（1991）の学生相談の統合モデルや，藤岡（2002）のコミュニティ介入モデルは，その方向性に沿った試みということができよう。

(2) コミュニティ心理学的臨床実践の理念と実践の乖離

今日求められている新しい援助モデルを構築する上で，コミュニティ心理学が提示してきた非専門家の重視，エンパワメントの重視といった視点は重要になってくる。しかしこれまでのわが国のコミュニティ心理学的臨床実践の研究は，現場のニーズに即した優れた実践報告が多く見られる一方で，コミュニティ心理学に特徴的な理念についてはややお題目的に羅列されるにとどまっており，理念実現のための取り組みの具体的検討は未だ十分ではないと思われる。

(3) 臨床心理学的コミュニティ・アプローチとコミュニティ心理学的臨床実践の一体化，および理念実現のための方法の提示の必要性

以上のことから，これまで独自に発展してきた両者を有機的なつながりの中で一体的に統合し，理念と実践の乖離を埋める活動モデルの構築が求められる。

第2章

臨床心理学における
新しい活動モデルの提案

　第1章では，わが国における臨床心理学，コミュニティ心理学の発展過程を概観した上で，今日の臨床心理学への社会的要請に応える上で重要な領域となっている「臨床心理学的地域援助」について，現状と課題を整理した。その結果，臨床心理学的地域援助の領域では，臨床心理学，コミュニティ心理学の視点とアプローチを一体的に統合し，理論と実践をつなぐ新しい活動モデルが必要であることが明らかになった。本章では，本書で提示しようとする新しい活動モデルとしての「臨床心理学的コミュニティ・エンパワメント・アプローチ」とその創出過程の概要について述べる。

I　個からネットワーク，支援システムまでを視野に入れた活動モデル

1. 臨床心理学的コミュニティ・アプローチとコミュニティ心理学的臨床実践の統合

　臨床心理学的コミュニティ・アプローチとコミュニティ心理学的臨床実践は，問題を周囲の人々との関係の中で捉え，生活場面における周囲の人々への働きかけを行うこと，狭義のカウンセリングの技法にこだわらず多様な方法を用いること，問題解決に際してクライエント本人の力を重視するという点は共通している一方で，前者が個の変容に焦点をあて個と周囲の人々に直接働きかけるのに対し，後者では個と環境の適合をめざして，支援システム作り，非専門家の参加・協力体制作りなど間接的な援助が重視されているといった相違点が見られた。現在の社会的要請に応えるには，両者の特徴を兼ね備えたモデルが求められる。

表 2.1 各モデルのアプローチの重点

	当事者	身近な支援者 (ネットワーク)	コミュニティ (システム構築)
臨床心理学的 コミュニティ・アプローチ	→→→→→→→→→→→→→→		- - - - →
コミュニティ心理学的臨床実践	- - - →	←←←←←←	
臨床心理学的コミュニティ・エンパワメント・アプローチ	←→→→		

 本書で提示する「臨床心理学的コミュニティ・エンパワメント・アプローチ」は個からネットワーク，支援システムまでを視野に入れた活動モデルであり，両者の統合をめざすものである。
 表2.1に各モデルのアプローチの重点を示した。

2. コミュニティ心理学の理念に基づく具体的方法の提示

 今日求められている新しい援助モデルを構築する上で，コミュニティ心理学が提示してきた，非専門家の重視，エンパワメントの重視といった視点は非常に重要であるが，エンパワメントの視点に基づく三島のセルフ・ヘルプ・グループの研究（1998）など一部を除いて，理念実現のための取り組みの具体的検討は十分でなく，結果として理念と実践の乖離が生じている。
 臨床心理学的コミュニティ・エンパワメント・アプローチでは，まず第一に当事者や身近な支援者の本来の力を活性化し，コミュニティの支援機能を高めるという視点から，心理教育やコンサルテーションなどこれまで個別に取り扱われてきた技法をモデルの中に位置づける。次に，マニュアルやワークシートの提供，支援システム構築やプログラムの開発などを通して，各層のエンパワメントに努めることを目的とし，非専門家との協働，エンパワメントなどを実現する具体的方法論を内包したモデルである。これらは結果として理念と実践の乖離を埋めることにつながる。
 本モデルではこれまで臨床心理学やコミュニティ心理学の領域で蓄積されてきた技法のみならず,マニュアルやワークシートの開発,調査結果のフィー

ドバックの提供など新しい取り組みも含めて，各層への支援を有機的に行って，それぞれのエンパワメントを促進する。

II 個からネットワーク，支援システムまでを視野に入れた活動モデルの創出過程

1．精神科デイケアにおける活動モデルからの発想

　筆者は1982年から10年あまり公立の精神科デイケア専門施設Ａデイケア・センターに常勤スタッフとして勤務し，主として統合失調症者の治療とリハビリテーションに携わる機会を得た。Ａデイケア・センターでは，個人，集団，家族という3つの側面に同時並行的に働きかけるプログラムを構造化することで，通所者仲間や家族が身近な支援者として適切に機能し，本人の回復に寄与することをめざしていた（坂口，1985）。通所者本人や家族についての力動的な理解やかかわりを行うとともに，本人の健康な部分へ働きかけたり通所者仲間や家族など身近な人々の力を活用したりして，デイケア・コミュニティ全体の潜在的な回復促進機能を引き出そうとしており，コミュニティ心理学的な視点も重視されていた。

　スタッフは，通所者本人のみならず，仲間や家族など身近な支援者に対しても正確な知識・情報，対処技能および心理的サポートを提供するといった支援を行う（窪田，1989a, c）。さらに，これらの支援が恒常的・体系的に提供されるためのプログラムの作成にも関与し（窪田，1989d, 1991a），デイケア・コミュニティ全体の支援機能を活性化する役割を担う。このようにデイケアでの活動モデルは，個と身近な支援者，デイケア・コミュニティに同時並行的・多層的にかかわり，それらが有機的なつながりの中で機能することをめざすものとなっていた。

　その後，筆者は学生相談に携わるようになった。そこで遭遇した統合失調症学生に対して，精神科デイケアにおける活動モデルをもとに，学生本人のみならず身近な支援者やコミュニティにも働きかける援助を行った（窪田，1997）。その結果，デイケアにおける活動モデルがデイケアのみならず大学コミュニティにおける統合失調症者への援助においても有効であることを経験した。

表2.2 本書で取り扱った事例

	当事者	身近な支援者	コミュニティ
第6章	DV被害(大学生)	サークル仲間	学生部,人権委員会
第7章	問題行動(中学生)	保護者,学年教師	管理職
第8章	学力・意欲低下(大学生)	教職員	大学事務部門
第9章	事件後の急性ストレス反応(高校生)	担任,副担任,養護教諭	管理職,教育委員会

　そこで，このような個と身近な支援者，コミュニティに働きかける支援のあり方は，さらに他の対象や領域においても有効ではないかと考え，精神科デイケアにおける心理臨床モデルを発展させて，個とネットワーク，支援システムまでを視野に入れた活動モデル「臨床心理学的コミュニティ・エンパワメント・アプローチ」の創出を試みた。第2部にその過程を詳細に記す。

2．実践を通してのモデル化

　続いて，事例を通して，個とネットワーク，支援システムまでを視野に入れた活動モデル「臨床心理学的コミュニティ・エンパワメント・アプローチ」を検討し，実践を通してのモデル化を行う。

　第3部には，筆者が個からネットワーク，支援システムまでを視野に入れて取り組んだ事例の中から，問題や領域が可能な限り多様であるように留意し，①当事者の範囲，②身近な支援者の範囲，③コミュニティの規模，④支援期間が異なる4事例を提示した。表2.2に各事例の対象を示す。それぞれの事例において，当事者，身近な支援者，コミュニティへの支援を同時並行的・多層的かつ有機的なつながりの中で展開するための具体的な工夫とその結果を検討する。

　第4部では，実践的検討の中で明らかになった臨床心理学的コミュニティ・エンパワメント・アプローチの構成要素，プロセス，特質と留意点，および今後の課題を提示する。

第2部

臨床心理学的コミュニティ・エンパワメント・アプローチの創出
──実践を通してのモデル生成──

第3章

精神科デイケアにおける統合失調症者への支援事例から

　本章では，精神科デイケアにおいて個，家族，集団への同時並行的なかかわりに基づいて行った統合失調症者への援助事例（窪田，1989c, 1995）を提示し，「臨床心理学的コミュニティ・エンパワメント・アプローチ」の発想の起源を明らかにする。なお，プライバシー保護の観点から事実関係については本筋を損なわない程度の改変を行っている。

I　精神科デイケアの概要

1．精神科デイケアとは
　今日精神科デイケアは，精神科リハビリテーションの中核を担う治療プログラムとして，全国の多くの医療機関，精神保健福祉センター，保健所で実施されている。地域精神医療の流れに沿った入院期間の短期化に伴って，1974年に初めて点数化された保険点数は，当初の60点から増額され続け，2002年では大規模デイケアで660点，小規模デイケアで550点とほぼ10倍となっている。それに伴って，1987年に百数十箇所だった医療機関のデイケアは，2002年には1,147箇所と10倍以上になっている。再発や入院の予防に始まり，より積極的には対人関係の改善，就労の援助，家族への援助などを行っている（高橋，2000）。

2．デイケア治療構造の特徴
1）オープン・フィールド・モデル
　デイケアは精神障害を抱える通所者が週に何日か通ってきて1日数時間

（診療報酬の基準では1日6時間）を過ごす場である。スタッフは，通所者とさまざまな場面で接する。集団活動プログラムの場面が中心ではあるが，個人面接や個人的な相談の場面，家族面接，家族と一緒の場合や診察に同席をするようなこともあるし，休み時間に一緒にお茶を飲むこともある。デイケア・コミュニティの一員として，通所者もスタッフも生活を共有している中で，スタッフにはそれぞれの場に応じた質の違ったかかわりが求められる。

2）集団，個人，家族への統合的アプローチ

デイケアでの治療プログラムは，集団活動プログラムが主で，集団療法的なかかわりが中心である。しかし，はっきりと構造化されていなくても個人面接もしくは個人相談という形の個人療法的なかかわりも少なくない。また家族教室，家族会などの形で家族へのアプローチが定例化されることも増えてきた。プログラムとして構造化されていなくても，家族からの相談を受けることは決して少なくない（松永, 1997）。

このように，デイケアという構造は，明確にプログラムとして位置づけられているか否かにかかわらず，個人，集団，家族という3つの側面に同時に働きかける統合的アプローチとしての側面を持っている。

3）チーム・アプローチ

デイケアのもう1つの特徴は多職種によるチーム・アプローチが行われていることである（丹野, 1997）。チーム・アプローチとは，多職種のスタッフがそれぞれの専門性に基づく視点を生かしながら全体として統合された方針のもとに行われるものである。他の場では多くの職種がかかわってはいるものの，それぞれの役割が分断され相互に関与しない形になることも多いように思われるが，デイケアでのチーム・アプローチはさまざまな職種のスタッフが職種を超えて，「デイケア・スタッフとして」の共通したかかわり方を基盤にしているのが特徴である（窪田・坂口・高原, 1992；窪田彰, 2004）。そのためにスタッフが，職種としてのアイデンティティを揺さぶられることがあることはしばしば指摘されているところである（坂口, 1989；島津, 1987；高橋, 2000）。

3．Aデイケア・センターの概要

Aデイケア・センターは，入所の窓口を保健所におく公立単独デイケア施

設として，1982年よりケースの受け入れを行っている。筆者が在籍した1993年3月末までに同センターの受理面接を受け，通所したケースは543名，そのうち統合失調症者が約90％を占めている。通所期間を1年半から2年に定めた週4日のプログラムは，個人，集団，家族へのアプローチが並行する形で進行する（窪田，1994a）。受理面接の段階では平均して治療開始後7.4年が経過しており，通所者は家族と医療関係者以外の人とのつながりを失っている場合が少なくない。デイケアはそのような人々に家庭以外の居場所と多くの人々との触れあいの機会を提供するものである。

今日，統合失調症の発症については，生物学的な脆弱性と環境からのストレスが絡み合った結果として理解する考え方（ストレス脆弱性モデル：Zubin & Spring, 1977）が中心となってきている。生物学的な脆弱性については，薬物療法によって外界からの刺激への耐性を高めることが欠かせない。加えて過剰なストレスがかからないように環境を調整したり，ストレス対処能力を高めるといったことが重要になる。

デイケアでは個人療法や集団活動によって，彼らとともに歩む人，すなわちサポート提供者の存在を目に見える形で示す。そしてその中で環境調整やストレス対処能力の向上を図っていく。家族もまた，種々の家族援助プログラム（窪田，1989a, 1991b）への参加を通して，病気・障害とその対応方法についての正しい知識を獲得し，同じ病気の家族を抱える仲間と支えあい学びあう関係を体験することになる。かつて家族が病気の原因のようにいわれた時代もあったが，今日では病気の経過に影響を与える重要な環境要因の1つとして捉えられている（Leff & Vaughn, 1985）。家族援助プログラムは，家族を支えることで彼らが最も身近な援助者として機能できるようになることをめざしている。

Yalom（1995）は，集団療法の治癒的因子として，愛他性，カタルシス，受容，ガイダンス，自己理解，同一視，希望，普遍性，実存的要因，対人関係（自己表現，関係技術），家族力動理解という11の因子をあげているが，デイケアでは全体としてこのような治癒的因子が働くことをめざして個々のプログラムが組み立てられている。

Ⅱ　Aデイケア・センターにおける統合失調症者の援助

1．事例の概要

　Bさんは2人きょうだいの妹として出生。兄とは8歳離れている。父親は職業軍人で戦後数年たって復員してくるまでずっと外地暮らしで，結婚後も母親とは別居がちだったとのこと。そんな父親に兄はなかなか馴染まず，父親も可愛がらなかったと母親は非難がましく語っていた。Bさんは，父親が戦後新たに職を得て一家の生活がようやく落ち着いた頃に生まれ，父親の愛を一身に受けたそうだが，本人はそれが兄に対して後ろめたかったという。

　母親の話ではBさんは，3歳以降は朝起こす必要もないほど手のかからないよい子で，学校でも成績のよい申し分のない優等生だったとのこと。高校卒業後通信教育で保育士の資格を取り，保育所に勤務するようになるが，まもなく「自分のようなものには子どもを教える資格がない」，「自分のような罪深い者は食べてはいけない」と悩み始め，ほとんど食事を取らなくなる。この頃父親と折り合いの悪かった兄は高校を卒業後，家を出たきり連絡もない状態になっており，母親はそのことで父親を恨んだまま体調がすぐれず入退院を繰り返しているような状況だった。父親は我関せずの生活ぶりで，Bさんは誰も頼ることができず，1人で閉じこもっていった。それでも最後は心身ともに衰弱したBさんを父親が近くの精神科に入院させている。

　入院後，薬物療法が効を奏し，Bさんは睡眠も食事も取れるようになり次第に回復していった。2～3カ月たつと「なかなか子どもが言うことを聞いてくれず苦しかった」，「先輩から怒られそうでびくびくしていた」などと発病前の気持ちも少しずつ話せるようになっていた。半年ほどで退院すると職安で見つけた近くの会社に事務員として勤め始める。この後デイケアに入所するまでの約10年間は，退院すると仕事を始めてはまもなく治療中断し，再発して入院することの繰り返しであったようだ。入所時には父親はすでに亡くなっており，母親との二人暮らしになっていた。

2．援助経過
1）第1期　入所から調子を崩すまで

Bさんは受理面接に母親と地区担当の保健師とともにやってきた。心細そうな表情とは裏腹に，Bさんの口から出たのは「自分に負けずに頑張って，早く社会復帰したい」という前向きの言葉であった。母親は何かを気に病みだすとどうにも慰めようがないBさんへの対応に苦労しているようだった。地区担当の保健師と母親は，今回の入所手続きまではほとんどかかわりがなかったとのことだった。

　通所を開始するとBさんは片道1時間以上もかけて毎日遅刻せずに通い，活動プログラムに参加し始めた。同年代の女性通所者Cさんが細々と世話を焼いてくれたこともあり，比較的スムーズにデイケアでの生活に慣れていったように見えた。Cさんは末っ子であり，また幼少期より病弱であったためにこれまで常にかばわれ保護される側に身をおいてきた。そんなCさんにとって，Bさんの面倒を見ることは自己評価を高めることにつながったようで，みるみる明るく積極的になっていった。

　Bさんはデイケアに慣れてくると，集団活動の中で早速さまざまな役割を引き受け始めた。リーダー決めの重苦しい雰囲気に耐えかねて次々に仕事を抱え込んでいくBさんの姿は，ばらばらな家族の中でずっとよい子できた過去の姿を彷彿とさせるものだった。無理をしないようにというスタッフの言葉にも，「大丈夫です，これくらいできないと」と歯止めがきかなかった。しかし，発病後10年以上も入退院の繰り返しで社会体験を積む機会が乏しかったBさんは，もはやかつての優等生ではなく，単純と思えるお金の計算にも苦労している様子だった。次第に余裕をなくしながらもBさんは誰にも頼ろうとせず，周囲からの援助の申し出にも応じようとしなかった。

　やがて「皆から馬鹿にされる」，「自分がいると周囲に迷惑をかける」といった被害関係念慮を訴えるようになった。食欲が落ち，睡眠も十分取れなくなるなど発症時と似たような状態になっていることが母親との連絡で確認された。

2）第2期　状態悪化からサポートを受け入れるようになるまで

　主治医は薬物の変更による当面の鎮静化をめざしたが，Bさんは安定しなかった。「悪いことがどんどん浮かんできて苦しい」，「人を憎んだり陥れたりしようとする悪い考えが出てきて，本当にひどいことをしてしまいそうで怖い」と，それまで押さえこんでいた他者への悪意や攻撃性の突出に圧倒され

そうになっていた。

　筆者は，Ｂさんの辛さを受け止めつつ，そのような衝動は誰でも持っていることを保証した上で，「一人でコントロールしてすべてのエネルギーを使い果たしている。薬の力や周囲の人の力を借りて一緒に取り組みましょう」と班の通所者に事情を伝えて理解を求めたり，臨時の薬物対応に結びつけたりしていった。しかし，もともと薬に頼ることは自分に負けることだという思いが強かったＢさんの症状は，再三の薬物対応にもなかなか治まらなかった。その頃，同じ班の中で思い通りにならないと不機嫌になることが多かったＤさんの行動についても，Ｂさんは自分の中の悪いものが漏れ出ているせいだと感じていたようだった。「自分のせいで皆に迷惑をかける」，「スタッフに頼りすぎる」と周囲のサポートもＢさんにとってはかえって負担になっているようだった。その都度「迷惑ではないこと」，「一緒に頑張りたいこと」を通所者からＢさんに直接フィードバックしてもらうことを重ねた。

　この頃Ｂさんは，筆者との個人面接の中で「私には土台がない。お尻から腰といった大切な土台がないから積み重ねができない」，「自分の中のよいところがどんどんはがれ落ちていく。特に後ろ，大切なところがなくなる。このままだと自分がなくなって悪いところばかりになってしまう」と顔をしかめながら本当に苦しそうに語った。身体感覚として語られる，自分を喪失することの不安が生々しく伝わってきた。その不安や心細さの前にはどんな言葉も力を失ってしまう。筆者はＢさんの背後に廻って背中から腰をそっと抱き，しばらくして「こうするとどんな感じがするの？」と尋ねた。Ｂさんは「ああ，随分安心できます」と答えてくれた。筆者はこの言葉を聞いたとき，Ｂさんを支えてともに歩むことができるという感触を得た。

　状態悪化以来，デイケアでは集団活動には参加せず，ベッドで安定剤の点滴を受けるということで半ば強制的に現実と距離を取り，休むことを保証することにした。当初はベッドに寝ていても落ち着けない様子だったが，２週間を過ぎる頃からようやく点滴中に眠れるようになり，鎮静の方向にむかい始めた。「１人でいると怖い」「１人だと自分を責めてしまいそう」と母親に側にいることを求めたり，センターへ送ってきてもらったりするようになった。ようやく薬物に身を委ね，人を頼ることができるようになってきたようだった。

母親はこの間,「汚い自分に圧倒される」などと苦しむBさんに戸惑いながらも何とか支えようとしていた。しかし慰めても励ましても一向に改善せず,そのうち「1人でいるのが怖いから母親に側にいて欲しい」と言い始めると,いよいよひどくなっているのではないかと不安を強めたようだった。相談を受けた筆者は,現在のBさんの状態は子どもの頃にはほとんど母親の手を取ることのなかったBさんが,調子を崩して初めて甘えることができている姿だと肯定的に意味づけ,今こそ十分にBさんを甘えさせることが大切だと伝えた。

3) 回復からデイケアの修了まで

この頃からBさんは次第に調子を取り戻し,少しずつ集団活動にも参加できるようになっていった。面接の中では「小さい頃は,悩みを言うと母が心配そうにして,それを見ると自分も不安になるので空元気を出していきた。でも今回はそんな余裕もなくて苦しさをぶつけたら,母は受け止めてくれた。スタッフも班の通所者も受け止めてくれた」と周囲の人に支えられて乗り越えられた体験を語っている。

発病後10年あまり,常に早く一人前になりたいと一般就労に固執して挫折を繰り返してきたBさんだったが,「できることからやっていきたい」と地区の保健師さんに伴われて地元の共同作業所に見学に行き,そこで暖かく迎えられたことに勇気づけられ,デイケア修了後通所を開始した。

ところで母親は入所前は世間体を気にして保健師の家庭訪問も拒否していたくらいで,他の患者家族との交流もまったくない状態だった。しかしデイケアの家族教室などへの参加を通して,「家族は皆同じ悩みを持っている。手を取り合っていかないと」と話すようになるなど,次第に家族同士のつながりの必要性を実感していったようだった。他の家族との交流を楽しむ明るい姿も見られるようになった。それまで手続きの過程で役所の人に知られることを気にして申請を躊躇していた障害年金についても,本人の将来のために必要なものとして通所中に手続きを開始することになった。

3．まとめと考察

Bさんは両親の不和,父と兄の対立の中で周囲に迷惑をかけないよい子として成長してきた。そのため長い間,誰にも援助を求めず1人でぎりぎりま

で頑張って力尽きることを繰り返していた。センターでも当初は周囲からの働きかけにもかかわらず，1人で仕事を抱え込み行き詰まっていった。その結果，再発状態を呈したわけだが，そんなBさんに母親，デイケアの通所者，スタッフがかかわり続け支え続けたことで次第に周囲への安心感を回復していったと思われる。また母親も，本人が通所することで距離が取れ，スタッフからの保証や他家族の支えで安定して本人と向き合えるようになったと思われた。安心して母親に甘え受け止められる体験はBさんの回復に大きく寄与したと思われる。このような経過を通して，Bさんはもはや背伸びすることなく社会に踏み出すことができたと考えられる。

　デイケア・プログラムは個人，集団，家族へ同時並行的にアプローチするものである。三者が有機的につながって機能することによって，通所者は身近な仲間や家族との間で実際に体験したことについて，個人面接の中で振り返り，確かな体験として意味づけていくことが可能になる。Bさん自身，調子を崩したときのデイケアの通所者やスタッフ，母親との間での体験を，面接の中で繰り返し語ることで「他者に頼れなかったこれまでの自分」と「今回助けてくれた周囲の人々」を認識し，「無理せずできることから」という今後の生き方を選択するに至った。筆者はこの間，Bさん自身を支えるとともに，班の通所者にBさんの状態について理解を求め，通所者がBさんを受け入れ役割の肩代わりなど具体的な援助が提供できるように支援した。また母親の不安を受け止め苦労をねぎらいつつ，送り迎えなどを通して本人の甘えを受け入れている現在の対応を支持した。このように，デイケア・スタッフには，通所者，身近な集団，家族の状況を視野に入れてそれぞれの体験が肯定的なものとなるように働きかけることが求められる。

Ⅲ　個からネットワーク，支援システムまでを視野に入れた活動モデルの抽出

　前節では，Aデイケア・センターにおける統合失調症者への支援事例を提示した。本節では，これをもとに個からネットワーク，支援システムまでを視野に入れた活動モデルを抽出した過程について述べる。

1. 問題を抱えた当事者への支援と身近な支援者への支援を同時に内包するプログラムとしてのデイケア・プログラム

　第Ⅰ節，第Ⅱ節で述べてきたように，デイケア・プログラムは，個人，集団，家族を同時並行的に対象とする統合的アプローチである。身近な人からの支えの中で種々のプログラムに参加することによって，通所者本人は，自分自身の過去の対人関係のパターン，悪化の兆し，得意なこと・苦手なことなど，自己理解を深め，将来の生活設計を主体的に選択する力を身につけていくことができる。通所者同士は，種々の活動をともにする中で，自分自身の理解および相手への理解を深め，助けられたり助けたりという体験を通して，他者への安心感や自己効力感を育んでいく。家族は，病気と対処方法についての正しい知識や同じ問題を抱える他の家族からのサポートを得ることによって，家族の発病という傷つきから回復し，本人に対してより適切な対応をすることが可能になる。

　このように，個人，家族，集団への統合的アプローチは，問題を抱えた当事者への支援と身近な支援者となりうる通所者仲間や家族への支援を同時並行的に行い，通所者仲間や家族の支援者としての機能を活性化することをめざすアプローチであるということができる。その結果，当事者は身近な支援者からより適切な支援を受けることができて回復が促進される一方で，当事者の回復が身近な支援者の自己効力感を高めるというよい循環が生じる。

　このようにデイケア・プログラムへの参加によって，通所者本人と身近な支援者が問題を正しく理解し対処する力を高めるためには，治療構造やプログラムがその時々の通所者（やその家族）の状態とニーズに即したものである必要がある。デイケア・コミュニティの機能として，構成員の状態とニーズに即したプログラムを作成したり活用したりする力を持っていることが重要となる。多くの場合，スタッフ・ミーティングや通所者を加えてのミーティングの中で随時，デイケア・プログラムの内容や運営方法についての検討が行われ，その結果，その時々のニーズに応じたプログラムの作成と運営が可能になっている（窪田，1989d，1991a）。

　このように見てくると，デイケア・コミュニティとはデイケア・プログラムを通して，問題を抱えた当事者，身近な支援者を同時並行的に支援するものといえる。デイケア・コミュニティにかかわる専門的な支援者であるデイ

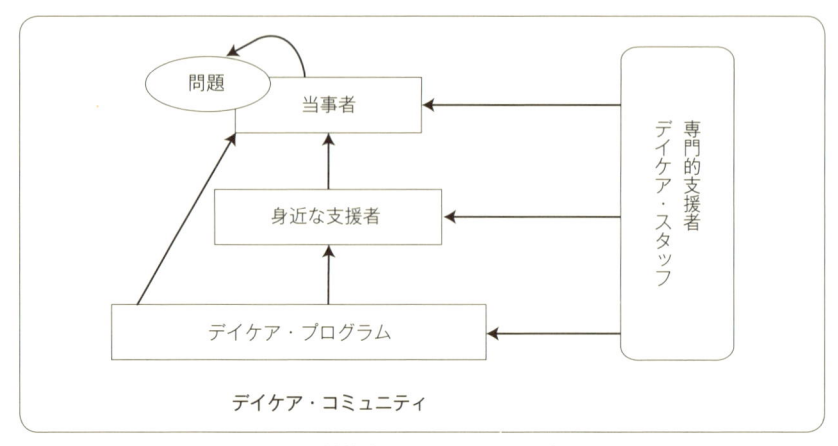

第 2 部　臨床心理学的コミュニティ・エンパワメント・アプローチの創出

図3.1　精神科デイケアにおける活動モデル

ケア・スタッフは，図 3.1 に示したように，プログラムの中で当事者，身近な支援者とかかわり，支えるとともに，デイケア・プログラムが彼らに対して適切なものであるようにプログラムそのものの作成や運用にも携わっている。つまり，デイケア・スタッフはデイケア・コミュニティの一員である一方で，プログラム作成や運用の検討を通してデイケア・コミュニティそのものへの支援にかかわっているとも言える。そうすることで，コミュニティ，身近な支援者および問題を抱える当事者それぞれが，本来持っていた力を発揮してより主体的に問題に取り組むことが可能になる。このように，A デイケア・センターにおける活動モデルは，当事者，身近な支援者，彼らが所属するコミュニティを同時並行的に支援し，それぞれの本来の力を活性化するものとなっていた。

2．精神科デイケアにおける活動モデルの統合失調症への有効性

これまで述べてきた問題を抱えた当事者，身近な支援者，および彼らが所属するコミュニティへの同時並行的なアプローチは，デイケアの主たる対象者である統合失調症者に対して，本事例で示したように有効であった。

統合失調症の発症や再発は，病気になりやすいかどうかの脆弱性（もろさ）と発症のきっかけとなる心理社会的なストレスとの組み合わせによって説明される（Zubin & Spring, 1977）ようになってきた。Zubin と Spring のスト

レス脆弱性モデルを発展させたLiberman, DerisiとMueser（1989）のストレス-脆弱性-対処モデルは，今日の包括的リハビリテーションモデルの基礎となっており，発病・再発は防御因子と対処技能の合計を環境的ストレッサーが上回った場合に起こるものであるとしている。したがって，防御因子としての薬物，生活技能形成，移行的プログラム，サポートや対処技能を高めることや環境的ストレッサーを軽減することが，効果的な支援となる。本人に対する各種のプログラムは対処技能と防御因子の強化になるが，身近な支援者を支援することは，不適切なかかわりによる環境的ストレッサーを軽減し，防御因子のサポートを高めることになる。またコミュニティに対して，より適切なプログラムの作成や運用ができるように支援することにより，当事者が対処技能を高めたり適切な移行プログラムに参加して防御因子を高めることが可能になる。

　このように，デイケアで行われている当事者，身近な支援者，彼らが所属するコミュニティを同時並行的に支援し，それぞれの本来の力を活性化する活動モデルは，統合失調症者の特性に即した有効なものであると考えられる。このような援助方法は，デイケアに限らず他の領域においても統合失調症者に有効であると思われる。そのことを示す例として，第4章ではキャンパスにおける統合失調症学生への支援事例について検討を加える。

第 4 章

キャンパスにおける
統合失調症学生への支援事例から

　第3章では，精神科デイケアにおける活動モデルから，個からネットワーク，支援システムまでを視野に入れ，それぞれの力を活性化する活動モデルを発想した経緯について述べた。本章では，統合失調症の学生Aへの支援を，キャンパス内外の支援ネットワークを構築・運用しながら行った事例（窪田，1997）を通して，本モデルのデイケア以外での統合失調症者への適用可能性を検討し，その上で本アプローチが他の領域・他の問題についても有効である可能性について論じる。なお，プライバシー保護の観点から事実関係については本筋を損なわない程度の改変を行っている。

I　学生相談とコミュニティへのかかわり

　学生相談は，大学という教育活動を中心としたコミュニティの中で，主として青年期後期の発達援助を目的に行われる心理臨床活動である。下山・峰松・垰坂他（1991）はその特性に応じた独自のモデルとして「統合システムモデル」を提唱し，来談学生への個人療法的かかわりのみならず，大学コミュニティ全体への種々の活動の多元的分類を試みている。そこでは，基本的には，来談学生を生活の場から切り離すことなく，学内の身近な人間関係の中で支え，成長を促すという視点が重視される。

　大学コミュニティには，在籍学生の学習を促進し，人格的な成長・発達を支援する種々の教育・支援システムと，その担い手としての教職員およびクラスやサークルなどを同じくする学生仲間が存在する。多くの学生たちは，大学生活の中で直面するさまざまな危機をこれらの教育・支援システムやその担い手としての教職員，学生仲間といった身近な人間関係の中で支えられ

克服していくと考えられる。

　学生の遭遇する危機のレベルが一定範囲の場合はこのようなコミュニティそのものが本来持っている支援力で対応可能である。ところが，学生が遭遇した危機のレベルやそれに基づく反応があるレベルを超えた場合，また学生がもともと何らかの重篤な障害を抱えているような場合，身近な人間関係だけでは支えきれず，心理臨床の専門家の関与が必要となってくる。学生相談室はそのような場合に活用される学内支援システムということもできよう。しかし，その場合も相談室の利用が，教職員，友人からの勧めであることも多く，また相談室関与後も彼らの学業面，日常生活面の支援においてはそれらの人々が重要な役割を担うことが少なくないなど，身近な人々のかかわりが重要であることには変わりがない。

　学生の抱える障害が人格障害や重篤な精神障害といったものの場合，彼らの大学生活を成り立たせるためには，学生本人への個人療法的アプローチのみでは不十分であり，生活面にわたる周囲の人々の理解と援助を得ることが欠かせない。しばしば言われるように，週1回50分の面接以外の6日と23時間あまりにかかわる人々の果たす役割が大きい。一方で，一般の教員や学生がそのような障害を持つ学生と，専門家の関与なしにつきあい続けることには困難が伴うということもできる。彼らに対しては，善意に基づく優しい声かけや慰め，長時間にわたる傾聴や保証といった献身的で常識的な対応だけでは通用せず，かえって事態が悪化してしまうこともある。当該学生の身近な人間関係がサポート・ネットワークとして機能するためには，周囲の人々がまずもって障害を持つ学生とつきあい続けられることが必要であり，そのための援助が不可欠だということができる。学生相談においては，このように問題を抱える個人（当事者）のみならず，身近な人間関係やコミュニティ全体が支援力を高めるように同時並行的に働きかけるアプローチが求められる。

Ⅱ　キャンパスにおける統合失調症学生への支援

1．事例の概要
学生相談室の概要

［開室］週2日各3時間，計6時間（A君来談時）
［スタッフ］学内兼任（心理学教員；以下Co）1名（筆者）と学外非常勤Co 1名。保健室が受付窓口。
クライエント：A君，21歳（初回来談時）
［主訴］考えがまとまらない，集中できない。
［家族］両親はX年8月に離婚。母親は2歳年下の妹を連れて家を出ており，居所不明の状態。B市の実家には父親が一人暮らし。
［生育歴・問題の経過（A君本人との面接から）］

父親は仕事が続かず，家では酒を飲んでいることが多かった。A君は中学校時代は生徒会長を務め，地元の進学校に進んだ。高2の頃から金縛りや悪夢に悩まされることになった。高3では周囲の人が自分の噂をしていると気になり始めた。浪人中に一時改善したが，受験前に悪化し，耳栓をして受験した。入学直後から自室にこもりがちとなった。

［来室までの経過（友人たちとの面接から）］

同じ下宿の4人の友人たちが，当初は個別にA君の話を聴いていたが，過去の悔やみと被害関係念慮中心の訴えの繰り返しに各自違和感を覚え，あるときそのことを共有してからは協力してかかわり始めた。X年夏頃から，深夜の徘徊，身辺の不潔さなどが顕著になったため，学生相談室の利用を勧めた。

2．見立てと支援計画

X年12月の初回，および数日後のA君および友人たちC君，D君，E君，F君の話から，A君と支援ネットワークについて見立てを行い，それに基づく当面の支援計画を立てた。

A君についての見立て

A君は相談室を訪れた段階で，幻聴，被害関係念慮といった陽性症状が顕著であり，いろいろな考えが自分の意思に反して湧いてくる，集中できないと訴えていた。一方で，そんな状態にもかかわらず，生育歴を語るA君の話は比較的まとまっており，特に幼少時からの両親の不和や離婚へのやりきれない思いは十分共感できるもので，基本的な能力の高さがうかがえた。

支援ネットワークの見立て

［家族］実家を離れての一人暮らしであり，家族から日常的な支援を得ることは難しいと思われた。また，両親の離婚によって母と妹とは連絡が取れない状態であった。唯一の家族ともいえる父親は，A君本人の話によればアルコールの問題を抱えていることが予測され，経済的にも余裕がないようだったため，日常的な支援者としての動きを期待することは難しいと思われた。

　［友人］同じ下宿の4人の友人がある時点から協力して，A君の話を聴いたり，朝起こすなどの生活面の援助を行っていた。自分たちだけでは抱えきれないという判断から，学生相談室へ援助を求めてきた。このような状況から，彼らを家族に準ずる日常生活上の支援者の中核に位置づけ，彼らともども支援していくことが現実的だと思われた。

当面の支援計画
［A君に対して］
1）医療的な援助：外部の医療機関による薬物療法につなぐ。
2）心理的な援助：個人面接を通して，これまでの生き方を振り返り今後の自分らしい生き方を考える場を提供する。

［父親に対して］
1）相談室の関与開始時に来学を求め，精神科治療の必要性について説明して医療機関への同伴受診を依頼する。
2）その後も大きな決断を伴うような状況に際しては，来学を求め，保護者としての判断を求める。

［友人たちに対して］
1）心理教育的なミーティング：定期的にも何かがあったときにも，A君の抱える障害の特性とかかわり方について情報提供し，具体的な出来事に即して話し合う機会を持つ。
2）1）を通して，友人たち自身の大変さをねぎらい支援する。

［他の関係者に対して］
医療機関，学内教職員などとは必要に応じて連携し，支援ネットワークを築く。

3．支援の経過

　2年あまりの援助経過を6期に分けて述べる。この経過の中で，相談室は，

①本人，②家族，③友人たち，④教職員，⑤医療機関などとかかわりを持ち，本人，支援者のエンパワメントに努めた。

第1期　X年12月〜X＋1年3月（＃1〜＃8）

＃1　X年12月20日

　A君が友人たちからのメモを持って来室（①）。「考えが次々に湧いてくる。周囲のあらゆることが気になって集中できない」と言う。メモからは日常生活上の支障がうかがえる。一方で高校時代から調子が変になったこと，両親の離婚で緊張の糸が切れたことなどを懸命に語るA君の話には十分共感できた。CoはA君の大変さを受容した上で，〈今はエンジンがオーバーヒートしている状態。まず冷却水で冷やし調子を整えることが必要。その上で一緒に考えていきましょう〉と，当面の精神科治療（薬物療法）の必要性を伝え，相談室の継続的なかかわりを約束した。

＃2

　数日後，C君，D君，E君，F君が来室（③）。「はじめは規則正しい生活をすればよくなると思っていたが，そのうち，『盗聴器がしかけられている』，『噂されている』などと言い出した。自分たちだけでは無理」と学生相談室への相談を勧めたという。Coは4人の献身的なかかわりを認めた上で，現在は専門的援助が必要な段階であり，今後は相談室もともにかかわっていくことを確認した。

　直後に大学が冬休みに入る時期であったため，B市の父親に電話で迎えと年明けの来室を求めた（②）。

＃3　X＋1年1月10日

　A君と父親が来室。A君は初回に比べると随分落ち着いていたが，転居や転部の希望を唐突に言い出すなどまだまとまりがない。〈心配なことは今後一緒に考えていきましょう。まずは調子を整えること〉と治療の必要性を再確認する。父親は，事前に連絡済み（⑤）のGクリニックにA君を連れて受診した。

＃4　1月14日

　A君と面接（①）。薬を飲み出して周囲が気にならなくなったという。「両親は喧嘩が絶えず，自分はずっとよい子にしていなければならなかった。離婚のことはまだ整理できない。目標がなくなった」と語る。Coは〈病気はこ

れまでの生き方を振り返り，今後を考えるための休息の機会〉と意味づけ，定期的な面接を約束した。

#5　1月21日

　A君と面接（①）。「友達が通帳を管理してくれる。風呂の入り方も注意される。ありがたいが負担になる」と友人たちをわずらわしがる様子。一方で「自分の人生でないみたい。自分が倒れたとき，母がいなかったのは辛い。母は自分に期待していたので捨てられたのかとも思う」と，母の期待に応えて頑張ってきた挙句の挫折への不本意な思いを語る。Coは〈自分らしく生きることを考える機会〉と再度病気を肯定的に意味づける。

#6　1月28日

　C君，D君，F君とともに来室（①，③）。友人たちより，A君がだらしなく，注意してもきかないことへのいらだちが語られた。Coの援助でA君が自分で，頭が回らず集中力がないこと，食べ物が味気ないなど現実感の乏しさがあることを表現し，まだ本調子でないことの理解を求めた。

　定期試験後B市に帰郷。その後2月下旬に留年が避けられないことが判明した。

#7　3月24日

　身辺整理に帰学したA君（①）は，「父が転職直後で経済的に苦しい。大学なんてやめてしまえと言う。今は休学せざるを得ない」と言う。Gクリニックへ連絡し，B市の医療機関への紹介など診療面でのフォローを依頼する（⑤）。

#8　3月28日

　C君，E君とともに来室（①，③）。友人たちは，「これまでB市に帰るたびに悪くなってきていた。B市に帰すのは心配」と引き留めようとする。Coは父親からの経済的援助なしに下宿生活を続けることは現在のA君には困難であり，また本人が調子を崩した際に誰も責任が取れないことなど，友人という立場での援助には限界があることを明確にした。

　翌日，荷物の片付けのために下宿に来ることになっていた父親との同席面接を設定していたが，父親はC君たちからA君をもぎ取るようにして帰郷してしまった。

　A君と父親には手紙でB市での治療継続と，友人や相談室に代わる相談場所として保健所を利用するよう勧めた（①，②）。

第2期　X＋1年4月〜7月（#9〜#13）

　帰郷から再来学までの3カ月。A君ははじめ友人たちをわずらわしがるが，やがて連日電話で相手を求めるようになる。6月下旬に見かねたC君，D君がB市まで迎えに行き，A君の当市での生活が再開する。

#9　4月12日

　C君，D君が来室（③）。「B市では治療もしてない様子。このままおいておくのは心配」。Coは〈治療の必要性は本人たちが認識するしかない〉と距離を持って見守るしかないことを伝える。2人は一応納得したものの，A君が夢に出てくるなど気になってしかたがないと，いわゆる強い情緒的巻き込まれ状態（Leff & Vaughn, 1985）にあると語った。

#10，#11　5月27日，5月31日

　「2日に1度くらい電話がある。過去の悔やみばかり。顔が見えないので切りづらい」とC君，D君（③）。身近な相談者としてのクリニックや保健所の利用を彼らからも勧めてもらうとともにCoからも手紙で確認する（①）。

　6月下旬，A君は突然保健室に現れる。翌日友人たちとの同席面接で事情を聞くことにする。

#12　6月28日

　A君，C君，D君が来室（①，③）。A君は初回のようなまとまりのない状態。うつむきがちで視線も合いにくい。「無理に連れてこられた」と言うが，「ガソリンスタンドのバイトは同じ間違いを繰り返して怒られてやめた。その後は家でごろごろ」とB市での生活が行き詰まり，自分にも帰学をのぞむ気持ちがあったことを認める。こちらでバイトをして翌年の学費を貯めるというA君たちに，Coは〈父の了解を得て保険証を送ってもらい，治療を再開すること〉，〈1カ月と期限を切っての挑戦とすること〉を条件として提示した。一方，Gクリニックに状況報告し，治療再開を依頼した（⑤）。

#13　7月15日

　A君は「薬を飲まないと昔のことが次々に思い浮かんできたが，飲んだら楽になった」と随分落ち着いている。肉屋でバイトを始めたとのこと。無理をしないように念を押す（①）。

第3期　X＋1年8月〜12月（#14〜#16）

　擬似家族成立までの3カ月間，A君のバイトはCoの予想を上回って続い

たが，生活ぶりをめぐって友人たちとのトラブルが続出した。その調整の過程で，友人たちが家族の役割を果たしていることを確認しあう（③）。

#14　9月27日

　C君，D君と面接（③）。「自分で起きてバイトに行っている。干渉をいやがるが行動が伴わない。自分たちの帰省中に無駄遣いしたので，今は1日500円渡している」という。〈少しずつ失敗しないと学べないのでは〉と距離を置いたかかわりを勧める。一方で，「彼の援助に費やすエネルギーはピーク時に比べて半分程度」，「悔やみごとがなくなった」と改善点も認める。〈進歩している点を見ていきましょう〉とのCoの言葉に頷く。

　9月29日には，以前からの約束でCoがGクリニックを訪問（⑤）し，今後の方針を話し合う。医師からも友人の関与を減らしていくよう助言することになった。しかし，11月30日に下宿の大家さんから保健室へ「D君たちのかかわり方は行き過ぎ」との連絡が入る。折しもC君，E君が来室する。

#15　12月2日

　C君，E君と面接（③）。「昨夜A君から一切かかわらんでくれと言われた。今までやってきたことは何だったのか」と消沈している。「隠れて煙草を吸う，嘘をつく，勉強を教えてもしようとしないのでつい手を出した」と，それまで4人の中では比較的冷静だったE君は，自分に愕然としている。しかし，〈A君はまだバイトだけで精一杯でゆとりがない。逆らっているのではない〉というCoの言葉に納得し，皆との調整役を引き受ける。

#16　12月6日

　A君と面接（①）。「友人たちとは距離を置くことになった。わかっていても先回りされると腹が立つ。C君，D君はくどい」。〈両親みたい？〉「C君がおとうさん，D君がおかあさん」。〈E君，F君は？　兄弟？〉「そんな感じ。ここまでやってこれたのはああいう奇妙な組み合わせがあったから」と肯定的に振り返ることができる。

　その後，大人になれていない現在の自分についてしみじみと語る。〈小さい頃は無理して大人びていた？〉ときくCoの言葉にうなずく。「中学時代はしっかりしていると褒められていた。今は子ども」，〈小さい頃経験していないことを今やり直している〉というと，「今はまだ高校生くらい。だから未成年でもないのに隠れて煙草を吸ってしまう」と妙に納得する。

第4期　X＋2年1月〜3月（＃17〜＃18）

　年明けから当面の進路決定までの3カ月。相談室は教務関係者などとも連携をとってA君が連続性をもって動けるよう援助した。

＃17　3月3日（①）

　4月以降の進路についてA君は「大学はいったん退学し生活の基盤を固めてから再入学しようと思う」と教務のH氏と相談の上，手続きをしたと語った。その時点で新学期からのバイトと学業の両立を疑問視していたCoには現実的な決定だと思えた。ところが，その後まもなくA君は再度教務に行き，退学を撤回してもらい復学する話をしている。そこでCoは，教務I氏にこれまでの経過とCoの心配を伝えた（④）。I氏は継続的にかかわってきた相談室の意見を尊重し，最終決定はA君とCoの面接後に延期してくれることになった。

＃18　3月28日（①）

　この日もA君は，「自分は年相応じゃない」と繰り返し語った。〈初めてここにきたときは両親と兄弟に面倒を見てもらわないと何もできない子どもだった。1年半で随分成長したね〉と擬似家族の中での成長を話題にする。「本当に赤ちゃんみたいだった。幼児言葉になったり，失禁したこともあった」。〈ここまで成長したんだね。親に散々反抗しながら〉。「実際には反抗期はなかった。反抗は罪のように感じていたので」と実生活と重ねて不思議そうに語る。
　また，発病以来の経過を振り返る。「こんな病気があるとは知らなかった。ひどい時は噂が気になり，足音にも怯えた。下宿でD君がまず気づいてくれた。あのままだとどうなっていたか」，「両親の離婚には傷ついた。幼稚園の頃から離婚の話が出ていた」。〈それじゃよい子でいるしかないね〉。「僕がよい子の間はまとまっていた。反抗したらばらばらになりそうで」。「今は両親は性格が合わなかったと思う。昔は母に洗脳されて父を憎んでいた。でもこの間帰ったとき，父の後ろ姿が寂しくて俺がいてやらないといけないと思った」。
　この後進路について，Coは学費を払うと貯金が底をつくという現実的な問題への認識を促したうえで，A君の気持ちを聞いた。最終的にA君は「もう一年休学して来年復学することにします」，「焦ってもしかたがないですね」

第4章　キャンパスにおける統合失調症学生への支援事例から

と晴れ晴れとした表情で退出した。教務にその旨報告に行くよう促した。

第5期　X＋2年4月～9月（＃19～＃23）

　休学2年目の4月から9月まで。A君は焦りと翌年の友人たちとの別れの予感から落ち着かない様子になる。相談室は友人たちとこれらの理解を共有しながら今後のサポート体制を考えていった。

＃19　5月17日

　D君，F君が来室（③）。「就職活動の話を聴いて焦っている感じ。何となく浮ついている」，「皆を羨ましがる。本当は自活しているA君のほうが偉いのに」とD君。Coは〈本人の気持ちもよく理解できる。今は地道にやっていくしかないことを本人が受け入れられるよう援助していきましょう〉と返し，A君に来室を勧めてくれるように頼む。

＃20　5月23日

　A君来室（①）。思いのほか，落ち着いている。「就職活動の話を聴くと焦る。バイト先の人たちはよくしてくれるけど，アルバイトでは不安。でも月5万円ずつ貯めている」と現状を語る。友人たちとの関係については「この頃は普通に話す。以前は過保護だった。まるで着せ替え人形。来年皆がいなくなったら本当に1人になる」としみじみ語る。一方で「ストレスの発散が下手。青春を取り戻したい」，「言葉の表側の意味しかとれない。ホンネが読めない。23歳という感じがしない」とかなり的確に自分の状態を表現する。「F君は自分たちがいなくなったら地元に帰ったほうがよいと言う。死なないでねとも言う」。Coも〈死なないでね〉と言う。「いろいろあるけど生きていかないかん。今は自分で稼いでいるからその分は楽。以前は親からお金をもらうことに罪悪感があったけど」。〈ときどき話しにおいで〉と言うと，「だいぶ割り切れて楽になりました」と笑顔で退室する。

＃21　7月7日

　友人たち4人で来室する（③）。「この頃はA君も含めて5人で楽しくやっている」と一時は思い詰めた感じでさえあったC君がにこやかに話す。F君も「僕らもA君と一緒にいて楽しい」と言う。〈A君がそこまで回復できたのは皆の苦労のおかげだね〉と改めて評価する。4人ともリラックスした雰囲気。4人が預かってきたA君の手紙は，進路について相談したいという内容。復学後も卒業には3年かかる現実に直面し，迷いが出てきている様子。

#22　7月10日

　進路について話し合う（①，③）。通信教育に切り替えようかというA君に，もう少し考えてみるように言う。

#23　9月22日

　友人たち4人が来室（③）。夏休み明けに久しぶりに会ったA君は，「関心のある話題のとき，1対1の時はよいが，ついていけない話になると下を向いてしまう。1人の時はぶつぶつ言っている」とのこと。部屋でヘッドホンでボリュームを最大にして音楽を聴いているという話などから，症状再燃の可能性もうかがえる。「皆がいなくなるのでどうしようと言うかと思えば，俺の天下になると強がったりする」，「皆が揃うにつれて落ち着いてきた」という彼らの話を総合すると，A君は擬似家族との別れが迫っていることを夏休み中の彼らの不在で実感し，不安定になっていると思われた。Coは彼らとこの点を共有し，避けられない別れに向けてA君をどう支えていくかが今後の課題であることを確認しあった。また，彼らから受診を勧めてもらうとともに，CoからもGクリニックに連絡した（⑤）。

第6期　X＋2年10月〜X＋3年2月（#24〜#33）

　A君がB市に帰ることを決定するまでの5カ月。途中A君への対応をめぐって友人たちの間に不一致が生じたが，擬似家族内の役割交替として捉える視点を持ち込むことでともに歩む関係が維持できた。

#24　10月31日（③）

　C君，E君の話から，A君はバイトを休みがちになるなど，先の見通しが持てずに投げやりになっている様子がうかがえた。

#25　11月1日（①）

　A君は「B市に帰ることも考えている。バイト先の人もよくしてくれるけど，皆がいなくなると1人では無理」とかなり現実的。「自然淘汰されるところを4人で押したり引いたりしてくれた。4人は子育てしているような気分みたい。世話を焼かれるのは苦痛な面もあったけど」と再三友人との関係を振り返る。「D君からひどく怒られたときなど，へらへらして余計怒られた。自分はそこにいなくなる。他人の前では別の自分が出てくる」。〈そこにいるのが怖い？〉「そう。この頃は戻れるようになった。以前は何かに怯えていた」とありのままの自分が出せずにきたことを言葉にする。徐々に安心して

きたことを確認する。

　11月中旬についに1年半近く続いた肉屋のバイトを辞めてしまう。そんなA君を支えながら4月以降の生活設計をともに考える場として，以後月に1度のA君と友人たちの定期的な同席面接を持つことにする。

#26　11月17日

　B市に帰った場合と当地に残って復学した場合のメリット，デメリットを一覧表に書き出す作業を行った（①，③）。この段階では，残る場合の経済的な負担と相談室・クリニックなど相談場所の存在が天秤にかけられた。

　11月20日より近くのガソリンスタンドでアルバイトを始めるが，数日後には風邪を口実に休んでしまう。この頃には，以前は冷静な兄だったE君がすっかり口うるさい母親になっていた。休んだ翌日にはE君がたたき起こして行かせたはずなのに，こっそり戻って自室に隠れていた。問いつめられたA君は，今度は下宿の空き部屋に隠れるなど，逃げ回った。

#27　12月1日（③）

　C君，E君はそんなA君に腹を立て，Coに訴えてきたが，〈A君は困難に立ち向かう強さが持てずにいる。追いつめればますます逃げる。親に叱られて押し入れに隠れる小学生の気持ちに近い？〉と，A君を一家の末っ子として見る擬似家族モデルを再度用いて，彼ら自身の少年時代と重ねての理解を求めた。

#28　12月15日

　同席面接には，内定先の研修中のD君以外の全員が揃う（①，③）。相変わらず不安定で起こされないと仕事に行けないこと，金遣いが荒くなっていることは「今のことしか考えられないから」と本人も認める。また「ある線を越えると何を言われてもどうしようもなくなる」と#25で語った「その場からいなくなる状態」について語る。「飽和状態になると反応しなくなる。風船から空気が抜ける感じ。こっちが怒るとますます殻に入る」とF君。〈オーバーヒートしそうになるとスイッチが切れるサーモスタット？〉と現在のA君の限界として共有する。バイト，金銭管理についてはA君のできる範囲を見守っていくことにする。

　しかし，このように退行し刹那的になっているA君への日々の対応をめぐって，擬似家族内の対立が次第に表面化する。E君はF君が情に走って甘や

かすことを問題視し，F君はE君が厳しく追いつめると懸念していた。2人からそれぞれ相手の対応への不満を持ちかけられたCoは，友人たち4人の面接の中で確認しあうことを提案する。

#29　12月21日
　友人たち4人が揃う（③）。Coのほうから擬似家族内での役割交替を話題にする。E君が口やかましい母親に，研修で忙しいD君は仕事で家を空けがちだが一家の大黒柱である父親に変化していることを確認。「そういえばD君が帰ってくると，A君の1日の様子を報告して指示をもらったりする」とE君は自分が父親を頼りにする母親であることを認める。〈C君は？〉「双子に近い兄弟。A君が落ち込んでいるときはC君にそばにいてもらう」とD君。「結構自分の気持ちを話してくれる」と以前は批判的で過干渉な父親だったC君はA君の気持ちに寄り添う兄貴分になっている。そんなやりとりの中で「僕はばあちゃんか」とF君。すかさずE君が「嫁姑の争いということか」と，厳しすぎる，甘やかしすぎるという自分たちの対立を表現する。その後は2人の異なった対応は，母親と祖母という立場の違いからくるいずれも必要なものであるという確認がスムーズに行えた。

#30　X+3年1月12日
　定期の同席面接（①，③）。D君に，2人だけ下宿に残った年末年始のA君の様子を確認する。「皆が帰った直後に，日頃は自分に言わない泣き言を言ってきた。以後ほとんど仕事に行っていない」とのこと。「31日に帰郷して3日に戻るつもりがずるずると無断欠勤。結局やめてしまった」とA君。「新しいバイトを探すから大丈夫」とA君の妙に明るい様子に，皆が心配を口にする。貯金も減っており，バイトを軌道に乗せることが緊急課題であることを確認しあう。

#31　1月17日
　#30以後のA君の様子を心配してC君，E君が来室（③）。先日の浮いた様子と対照的に沈みこみ，動こうとしないという。自分たちが厳しすぎたのではないかと気にする2人に，〈現実に目を向ければ落ち込むのも無理のない状況。空元気を出すよりむしろ前進している。少しずつ前向きに取り組めるよう支えていきましょう〉と返す。
　2月はじめにA君は「アルバイトをしてお金（学資）を貯め，3月には戻

第4章　キャンパスにおける統合失調症学生への支援事例から

ってきます」とのメモを残して帰郷したが，次回の面接日には，F君から連絡があったと父親とともに時間通り来室した。

#32　2月16日

　A君，父親が来室。父親は丸2年ぶりの来室（①，②）。仕事を休んで出向いてくれた父親を十分ねぎらいながら，2年間を振り返り今後について話し合う。「バイトしながら夜間に行くのは大変。卒業はしたいけど」。「友達もいなくなる。いてくれるだけで心強かった」とA君は自活しながら復学する難しさを認識している様子。父親も「仕事と学校と両方は無理だと思う」と言う。父親からの経済的援助は，借金の返済と自身の生活で精一杯のため無理とのこと。さらに父親は，「年齢を考えると早く正式に就職した方がよい」などと言う。また，順調なころとの比較を求めても，「大して変わらない」と発症やそれに伴う能力低下を否定するような発言もある。しかし「治療的なものをしてもらってよくなったのはわかる。（悪くなっていたことを）見たくなかった，親だから」というのが多分ホンネだと思われた。

　A君は「（ただちに復学につながらなかったにしろ）この2年間は無駄ではなかった。今の自分は昔と違う。（皆に）甘えさせてもらい，新しく作り上げてもらった」としみじみ語る。最終的に，いったん退学してB市に帰り，バイトをしながらさらに回復をめざし，経済的にも体力的にもゆとりが出てきたところで再入学を考えるという決定をする。

#33　2月23日

　最後の面接（①，③）。Coより#32で父親とともに話し合った内容を確認した上で，それぞれに2年間を振り返ってもらう。「見違えるほど回復したと思う」とC君。最終的に一家の大黒柱であったD君も「A君も皆もここまでよくやってきた。これからは誰も止めてくれんから自分でチェックせんと」と言い，Coが促すと「周囲の意見を聞かずに突っ走って後から泣きついてくるのに手を焼いた」と苦労を口にする。〈それでも見捨てなかったのは？〉「A君には人を吸い寄せるところがあった」，「自分たちも楽しかった。A君がいてくれて」と，4人は口々にA君とのかかわりは自分たちにとってもよい体験であったと語る。「こんなに自然体でいられる関係はそんなにない」〈家族？〉「他人でなく友達でなく，そうですね」。〈その家族に甘えてA君は成長してきたね〉と再度家族として機能してきたことを評価する。「役割が流動的

で，行き過ぎと引っ張りすぎで抑制しあえたのがよかった」と後半やさしい祖母役となったF君。

最後はまさに巣立つ末っ子への家族からのはなむけの言葉として，4人は「自分にあった生き方を」「（まわりの人に）かわいがってもらえるよう」といったことを口にする。Coからは，A君のここまでの回復はA君自身の努力と4人の家族としての献身的なかかわりのたまものであること，そのことは4人にとっても自分自身や家族との関係を考え直す機会になり，彼ら自身の成長につながっていることを伝え，締めくくりとする。

数日後A君は下宿を引き払うからと挨拶に来る。クリニックに紹介された医療機関へ通うこと，時折近況を伝えてくれるように念を押した。

4．まとめ——エンパワメントの視点から——

本事例では，精神科デイケアにおける活動モデルを基に，統合失調症の学生Aへの支援を，キャンパス内外の支援ネットワークを構築・運用しながら行った。個からネットワーク，支援システムまでを視野に入れてかかわることで，本人，身近な支援者，コミュニティの本来の力を活性化し，大学コミュニティ全体が支援力を高めることをめざした。ここでは，本来の力を活性化するというエンパワメントの視点から考察を加える。

1）個人面接を通して行った本人への支援——個人のエンパワメント——

当初A君との間で「これまでの生き方を振り返り，今後の自分らしい生き方を考える場」として定期的な個人面接を約束した。帰郷，バイト開始などの現実的な事情のために面接は不定期になったが，発症に至る経緯，友人たちとの関係など過去から現在についてのA君の思いを受け止めながら，それらの体験を肯定的に意味づけ，将来に向けて前向きに考えていくことができるように支援した。具体的に行った主な作業は以下のものである。

（1）発症に至る過去を振り返り，そうせざるを得なかった現実として受け入れる作業

A君は不仲な両親をつなぎ止めるためによい子を演じてきた過去と，それにもかかわらず家が壊れてしまった無念さを繰り返し語った。そうすることで彼は完全に巻き込まれていた両親の問題から距離を取ろうとしているようだった。＃18以降ようやく家のしがらみから解放され，自分自身が生きてい

くことを前向きに語り始めた。
（2）その都度生じる生活上の問題について彼自身が気づかないもう1つの思いを意識化していく作業

　しばしば周囲の人々を混乱させる，「気持ちがころころ変わる，相手によって言うことが違う」という現象の背後には，同時に存在する相反する思い（葛藤）を認識できないという問題が存在する。転居，退学など生活上の大きな変更を突然言い出したり，友人との間で絶交宣言と復縁を繰り返したA君も，統合失調症者に特徴的なこのような問題（窪田，1994b）を抱えていると思われた。筆者はその都度相反する気持ちの存在と迷いは当然であることを保証した上で，それぞれの割合を数値化してもらうなどの働きかけをくり返し，葛藤を十分意識した上で決定できるよう援助した。次第にA君は，「B市に帰りたい気持ちと残りたい気持ちは3：7」とか「友達はありがたいけどうるさい」などといった表現をするようになった。

（3）発症とそれに伴って生じた能力障害を受容していく作業

　来室当時，また治療中断時に顕著であった陽性症状は，薬物療法によって大きく改善していたが，作業能力，日常生活管理能力などに関する能力障害（蜂矢，1981）は根強く残り，A君の社会適応を困難にしていた。もともとは成績優秀で地元随一の進学校を出たA君だが，簡単な作業が覚えられない，金銭管理ができないといった能力障害のために，バイト先で小言をいわれ続けたり友人たちに日常生活を細かく管理されたりせざるを得なかった。

　その辛さから時折反抗的になったり，複数の語学を修める，資格を取るなどといったやや誇大的な目標を掲げることもあった。しかし，徐々に「バイトと学業の両立は無理」，「彼らがいないと」と自らの限界を受け入れ始め，最終的に「B市に帰って生活の基盤を固めるという〈勇気ある撤退〉」を決定するに至った。

　いかに優秀であったとはいえ，自分の力で家族をまとめるという万能者的幻想を抱き，それが破綻したときに発症していることを考えると，背伸びせず等身大の自分自身を受け入れるというテーマ（窪田，1994a）は彼にとって中核的なテーマであり，今後も継続して取り組むべき課題だといえるだろう。

（4）友人たちとの関係を考えていく作業

　先に述べたように家族の援助を得るのが難しい状況にあったこと，友人た

ちがすでに献身的にA君の世話をする関係ができていたことから,日常生活におけるA君の支援の大半を友人たちに委ねざるを得なかった。A君自身,友人たちの援助が必要であることは認めながらも時折拒否的になる背景には,同年代の友人たちの世話にならざるを得ない負い目や自己愛の傷つきがあるようだった。面接の中では,A君のこのような思いを受け止めていった。擬似家族という枠組みの導入はA君をこれらの思いから解放する上で有効であった。A君は「ばらばらな家族の中で背伸びをし続けてきた自分が友人たちとの疑似家族の中で育ち直しをしている」という新しい物語を紡ぐことで,うちひしがれた自分から,本来は力を持っている自分を取り戻すことにつながったと思われる。

2)擬似家族モデルを用いた支援ネットワーク(友人たち)のエンパワメント

統合失調症に対する心理社会的な次元での援助の重要な柱は,本人を巡る対人的環境を整えることである。周囲の人々に障害とその対応方法についての正確な情報ならびに心理的支援を提供することで,彼らが身近な支援者として機能し続けられるようにする。

本事例においては,主たる支援者として4人の友人たちが当初ばらばらに,その後相談しながら献身的に支援にあたっていた。A君に対する4人のかかわり方は献身的であると同時に支配的・侵入的で,友人としては行き過ぎと言わざるを得なかった。経過の中でも下宿の大家さんや主治医などから彼らのかかわりすぎが指摘されることが再三あった。しかし,一方で家族の援助が得がたい状況の中では,彼らの力なしにA君の生活を維持することは困難であることも事実だった。相談室関与後は,CoがA君の支援者としての友人たちとも可能な限りかかわりを持つことで,彼らがA君の最も身近な支援ネットワークとして機能できるように努めた。

(1)心理教育ミーティング or コンサルテーション

相談室関与直後から,A君の唐突な行動や,日常生活において簡単なことができないことなどにいらだつ彼らに対し,彼らの努力を支持した上で,統合失調症という障害の性質とかかわり方についての情報提供を繰り返し行った。時には同席面接の場でA君自身の口から思うように動けない状況を語ってもらうことで,彼らの理解は徐々に深まっていった。しかし,A君のことを心配するあまり,干渉しすぎてA君に拒否されるといったことも繰り返し

起こった。
(2) 擬似家族モデルの導入
　やがて筆者は、これらの熱心すぎる彼らの行動は友人として考えると確かに行き過ぎであるが、病者の最も身近にいる家族として考えればきわめてありがちなものだということに思い至った。High-EEの家族（Leff & Vaughn, 1985）が示す典型的な反応、つまり熱心さのあまり過剰にかかわり過ぎて本人の反発や状態悪化を招き、いらだってしまう家族の姿である。A君が帰郷した際のC君、D君の完全な情緒的巻き込まれ状態からそのことを確信した筆者は、以後彼らをHigh-EE状態に陥っている擬似家族と捉えかかわっていくことにした。
(i) 援助者にとっての擬似家族モデルの有用性
　そうすることで、筆者は過去蓄積されてきた統合失調症の家族援助の理論と実践をもとにかかわることが可能になった。家族が本人に対する批判、敵意の表出や過度の情緒的巻き込まれといったHigh-EEの状態に陥る要因として、情報不足と家族自身の孤立無援感が指摘されている。
　擬似家族と位置づけて以後は、それまで以上に一貫して彼らの献身的な努力をねぎらいながらA君の状態や接し方についての情報提供を行い、ともにかかわっていく（Anderson, Reiss & Hogarty, 1986）ことで彼らを支えることに努めた。はじめはA君の、時として突飛な行動や反抗的な態度に正面からぶつかってトラブルになることも多かったが、次第に何かあればCoに相談にきた上で対応する援助者へと変化していった。現実的にもバイトを始めたA君と通常の学生相談の時間枠内で会うことが難しくなり、擬似家族を主たる援助者として間接的に支える構造が第3期以降定着した。
(ii) 友人たちにとっての擬似家族モデルの有用性
　友人たちは、同年代の友人として見ると理解しがたいA君のその場しのぎの見えすいた嘘などの言動も、自分たちが両親や兄姉といった保護者役割を取っていると認識することで、子どもじみた行動として捉え相手をすることができたと思われる。このような認識なしには、一時期相当退行したA君を抱え続けることはできなかったであろう。
　またA君の相手による態度の違いを親と兄弟への態度の違いとして納得したり、A君の反抗的な態度を自分たちの思春期の時の親との関係に重ねて理

解することも可能になった。

　第5期になると現実的な事情から，それぞれがA君とかかわる時間に差が生じ，それに応じて家族内の役割が変化していったことはきわめて興味深い。就職が未定で自分のことで精一杯のC君，内定後の研修で多忙になったD君に代わって，最も時間的に余裕があったE君が過干渉な母親役を引き受けた。それとバランスを取るように，F君が優しい祖母としてA君の逃げ場を作った。2人は一時深刻に対立しかけたが，このような役割交替を明確にしていくなかで，自ら「嫁姑の争い」と命名し距離を取れた。

　このように，成員の相互関係を擬似家族として捉えることで，個々のかかわり方の違いは人格によるものから役割の違いによるものへと還元され，相互の関係は誰もが多少とも体験してきた馴染み深いものとして理解されるようになる。親の干渉，子の反抗，祖母の甘やかしと捉え直すことで，成員相互が生身でぶつかって決裂することが避けられた。必然的に密度の濃い関係となる援助者－被援助者関係の力動を，擬似家族モデルで読み解くことは，援助関係を機能的に維持する上でも効果的だと考える。

（3）友人たちとのかかわり

　このように筆者は基本的に友人たちを支援者と位置づけてかかわってきた。これは，家族を患者扱いせず支援者とする家族援助の基本にも通じる。しかし，筆者も彼らのあまりにも熱心なかかわり方に危険を感じなかったわけではない。特に初期のC君，D君ののめり込み方は明らかに，彼ら自身がA君の面倒を見ることを必要としているように思えた。とりわけC君は授業以外は下宿にいることが多く，A君以外に関心を向ける対象がいないこともうかがえた。結果的には，A君という共通の対象をめぐってD君，E君，F君との間に密接な関係が育ち，そのことでC君自身が支えられた面も大きく，随分柔らかく変化した。他の3人も程度の差はあっても同様であったことは，彼ら自身も認識しているようだった。筆者は彼ら自身の問題も意識しながらも，原則としてA君の支援者としての彼らを支えるというスタンスをとり続けた。

　友人たちをA君の最も身近な支援者と位置づけ，彼らが支援ネットワークとして機能し続けるために，彼らの関係性を家族と見立てる擬似家族モデルを導入し，燃え尽きずに支援者として機能できるよう，彼らが力を最大限発

揮できるようにエンパワメントした。その結果,彼らはA君にかかわり続け,結果として彼ら自身の成長にもつながった。

3) 他の支援者とのかかわり──コミュニティ・エンパワメントの視点から──

A君の場合,「人を吸い寄せる」といった人々の救済者願望をくすぐる面を持っていたためもあり,実に多くの人々が彼にかかわっていた。友人たちをはじめ,下宿の大家さん,バイト先の人々,教務関係者などである。Coは,この中の一部とは直接的に,一部とは間接的にかかわりを持った。これらは基本的には,A君を取り巻く人々が,時としてA君の起こすばらばらな動きに翻弄されたり相互に対立したりしながらも,燃え尽きることなく,彼のサポート・ネットワークとして機能し続けるための援助である。人々が潜在的に持っている援助者としての機能を引き出し,最大限に発揮できるようエンパワメントすることをめざした。

本事例の場合,サポート・ネットワークは,彼を中心として自然発生的に築かれていった手作りのものであり,コミュニティに支援システムが準備されていたわけではなかったが,本人とコミュニティの資源を最大限に生かすというコミュニティ・エンパワメントの視点が有効であった。

Ⅲ 個からネットワーク,支援システムまでを視野に入れた活動モデルと統合失調症者への援助

1. 個からネットワーク,支援システムまでを視野に入れた活動モデルと統合失調症者への援助

本事例は,キャンパスにおける統合失調症者への援助事例である。統合失調症に対しては,その発症・再発メカニズム (Zubin & Spring, 1977 ; Liberman, Derisi & Mueser, 1989) に基づく包括的なリハビリテーションモデルに即した援助が必要である。具体的には,薬物によって生物学的な脆弱性を補い,環境のストレッサーを低減するとともに,生活技能の形成,サポート,移行プログラムへの参加によって対処技能を高めることが求められている。そのためには,本人に対して各種のプログラムを提供し対処技能を高めるとともに,身近な支援者を支援することで不適切なかかわりによる環境的ストレッサーを軽減し,サポートを高めることが必要であり,またそのようなかかわ

りを保障するコミュニティの支援システムが必要となってくる。

　前章で述べたAデイケア・センターでは，プログラムそのものが本人，身近な支援者への支援を内包したものとなっており，スタッフはプログラムを通して本人，身近な支援者となる通所者仲間，家族を支援するとともに，より有効なプログラムの作成や運用の検討を通して，デイケア・コミュニティそのものへの支援にかかわる形となっていた。本事例においては，デイケア・プログラムに相当する枠組みがはじめから存在したわけではないが，精神科デイケアにおける活動モデルに即して，当初から個からネットワーク，支援システムまでを視野に入れたアセスメントとそれに基づく活動を展開することで，本人と身近な支援者の力を引き出すことが可能になり，本人の回復を促進するとともに身近な支援者の自己効力感を高め成長を促進するという良い循環が生じた。

　このように，個からネットワーク，支援システムまでを視野に入れ，それぞれの本来の力を活性化する活動モデルは，統合失調症者の援助に有効であり，プログラムに内包された形で構造化されているデイケアの現場においてはもとより，そのような視点に基づいたアセスメントと支援計画に基づく援助を行うことによってキャンパスにおいても適用可能であることが示された。

2．他の領域・問題への適用可能性

　これまで，統合失調症者への支援として，個からネットワーク，支援システムまでを視野に入れ，それぞれの本来の力を活性化する活動モデルの検討を行ってきた。この活動モデルでは統合失調症者の発症・再発のメカニズムに即した援助を提供可能であることがわかった。

　しかしながら，身近な支援者への支援を同時並行的に行うことで，身近な支援者からの本人へのサポートを高め，不適切な対応によるストレッサーを軽減することは，統合失調症に限らず，さまざまな疾患や問題についても有効だと思われる。問題を抱えた人の最も身近な支援者となりうる家族に対して，問題についての正確な知識・情報，対処技能および家族の相互支援の機会を提供する心理教育的アプローチは，統合失調症を対象に発展したが，今日多くの疾患や問題について実践され効果を上げている（後藤，1998）。うつ病（横山，1998），摂食障害（鈴木，1998），てんかん（緒方，1998）アルコー

ル依存（奥田・長谷川, 1998），ひきこもり（近藤, 1998），老人性痴呆（松本・大矢, 1998）といった精神科領域で取り扱われる問題に限らず，子どもを癌でなくした家族の支援（戈木, 1998），ターミナルケアにおける家族支援（磯崎, 1998），保護観察所における家族支援（羽田, 1998）などにおいても実施されている。不登校，発達障害などについても多くの実践報告がある。

また，家族のみならず，学校，職場，地域などの場で何らかの疾患や問題を抱えた当事者の身近にいて，多くの時間をともにすることになる友人，教師，同僚，上司，隣人等の人々も，疾患や問題についての正確な知識・情報と対応方法を獲得するとともに自分自身が心理的に支えられることによって，身近な支援者としての機能を活性化することができる。特に手出し口出しをせず見守ることも含めて，当事者の状態に応じた適切な支援が身近な人々から得られることは，結果として問題を抱えた当事者の回復を促進することにつながる。

デイケア・プログラムは，通所者本人への支援，通所者仲間や家族など身近な支援者への支援，それらを可能にするデイケア・プログラムの作成や運用への支援という3層の支援プログラムが内包されたプログラム・パッケージということができる。これを例えば学校コミュニティにおける不登校生徒への支援に置き換えて考えると，学校コミュニティにかかわる専門的支援者としてのスクールカウンセラーは，不登校生徒への支援，身近な支援者である家族や教員への支援，およびこれらの人々への支援を恒常的に提供できるシステムの構築と運用についての学校コミュニティ（の管理者）への支援という3層の支援を行うことで，学校コミュニティの力を引き出し，今後の問題への対処能力を高めることが可能になる。

このように統合失調症以外の疾患や問題についても，問題を抱えた当事者，身近な支援者，彼らが所属するコミュニティに対し同時並行的・多層的支援を行うことは，コミュニティの持つ本来の機能を活性化し，より自律的なコミュニティへと成長・発展させる意味でも有効であると考えられる。そこで，このように個からネットワーク，支援システムまでを視野に入れて同時並行的・多層的に支援し，それぞれの本来の力を活性化する活動モデルを「臨床心理学的コミュニティ・エンパワーメント・アプローチ」と名づける。第5章でその基本的視点，概要を提示した上で，第3部では他領域・問題への適用可能性について実践的に検討する。

第 5 章

臨床心理学的コミュニティ・
エンパワメント・アプローチの創出

　第3章，第4章では，個からネットワーク，支援システムまでを視野に入れてかかわり，それぞれの本来の力を活性化する活動モデルが統合失調症者の援助に有効であったことを示した。その上で，個からネットワーク，支援システムまでを視野に入れてかかわり，それぞれの本来の力を活性化する活動モデルを「臨床心理学的コミュニティ・エンパワメント・アプローチ」とし，他の領域・他の問題についても有効である可能性を示唆した。
　本章では，臨床心理学的コミュニティ・エンパワメント・アプローチの基本的視点と概要を提示する。

I　臨床心理学的コミュニティ・エンパワメント・アプローチの基本的視点

　本アプローチは，臨床心理学的な視点と技法を重視しつつ，コミュニティのエンパワメントに向けて，コミュニティそのものおよびその構成員である当事者，身近な支援者への支援を行うという意味で，「臨床心理学的コミュニティ・エンパワメント・アプローチ」と命名した。
　コミュニティ・エンパワメントは，これまで国際開発援助，地域看護，社会福祉，医療，教育などさまざまな領域で用いられてきたタームである。コミュニティもエンパワメントも非常に幅広い概念であり，領域や研究者によってきわめて多義的に用いられているのが実情である。これらの概念の理論的検討はそれ自体が1つの研究テーマといえるほど，膨大な時間とエネルギーを要する作業である。本節では，本書で提示する臨床心理学的コミュニティ・エンパワメント・アプローチの基本的な考え方を導くに至った範囲に限定して，コミュニティ概念，エンパワメント概念について概観し，臨床心理

学的コミュニティ・エンパワメント・アプローチの基本的な視点を明らかにする。

1. コミュニティの概念

まず第一に山本 (1989),植村 (1995),平川 (1995) を基に,コミュニティ概念の変遷を概観し,本書で対象としようとしているコミュニティの実体を明らかにする。

1) 社会学におけるコミュニティ概念の変遷

コミュニティの定義研究で著名な Hillery (1955) は 94 のコミュニティに関する定義を検討した結果,「領域 (地域的範域)」,「社会的相互作用」,「共通の絆」という 3 つの要素を共通したものとして抽出している。

その後,植村 (1995) は,60 年代頃から交通手段の発達や社会全体の流動性の高まりなどによって,コミュニティの概念にも動態化する動きが出てきたとして,その中から相互作用アプローチ,機能的アプローチ,システム論的アプローチを紹介している。

相互作用アプローチとは,コミュニティの概念を個人や集団といった構成要素に分解してその相互作用として捉え,動態化するとともにコミュニティの範囲を狭く限定するものである。それに対して,機能的コミュニティという概念は,特定の生活上のニーズや関心を持つ生活者が,多元的な都市コミュニティの機能的連関の中で,さまざまなコミュニケーションの場で織りなす「生活システム」のことであるとしている。また,Warren (1970) は,コミュニティを「地域にかかわりのある主要な機能を果たしている社会単位やシステムの複合体」と定義し,地域性と機能 (課題) がコミュニティの焦点であるとしている。

これらの動態的概念について,植村 (1995) はコミュニティの概念が,単なる地域的存在概念から,人々が現実の生の相互作用の中で作りあげているものという,地域住民の生活福祉をより高めるための操作概念に変化してきていることを指摘している。

2) コミュニティ心理学におけるコミュニティ概念

コミュニティ心理学の定義として,山本 (1989) は,Benett, Anderson, Cooper ら (1966) と Murrel (1973) の定義をあげている。Benett ら (1966)

は「コミュニティ心理学は複雑な相互作用の中で個人の行動を社会体系と関係づける心理的過程全般に関する研究に貢献するものである。この関係づけについての概念化の試みによる明確化は，個人，集団，そして社会体系を変革するための実践計画を示す学問であることが強調される」としており，Murrel（1973）は「コミュニティ心理学は社会システムのネットワークとポピュレーションおよび人々の間の交互作用に関する研究，人間と環境の適合性を改善するための介入方法の開発とその評価，新しい社会システムの設計とその評価，そうした知識や変革による当該個人の心理－社会的条件の向上の試みなどを行う，心理学という科学の一領域である」と述べている。

このようにコミュニティ心理学者は個人と環境の適合性を目的としており，そのために個人および環境，個人と環境の相互作用に実践的に介入していく姿勢を持っている。したがってコミュニティ心理学者のコミュニティ概念は，機能的なものとなっている（山本，1989；植村，1995；平川，1995）。

機能的なコミュニティ概念提唱者の代表的な1人として大きな影響を与えたKlein（1968）は，地域精神保健活動に従事した実践家であるが，「コミュニティの定義はそれが有用であるためには，物理的に所在するコミュニティと，物理的に依存しないコミュニティの両者に適用可能でなければならない」とし，「コミュニティは安定と身体的安全を手に入れ，ストレス状態にあるときは支持を引き出し，さらにライフサイクル全体を通じて個性（selfhood）と重要感を獲得するなどのことをめざす一領域（domain）の人々の間の様式化された相互作用である」と述べている。ここでの一領域とは地理学的に存在する物理的場所だけでなく，そこに生活する人々にとって現象学的に実在する社会－心理的な場所にも言及するものとして用いられている（山本，1989）。

Murrel（1973）は介入の複雑さと目標の野心性の度合い（原，1995）によって，レベル1からレベル6のコミュニティ心理学的な介入を提示しているが，それらはすべて個人と環境の適合性を求めてのものであり，介入・援助対象は当該個人を取り巻く機能的コミュニティとなっている（平川，1995）。

安藤（1979）も同様の立場から「コミュニティ心理学は自らの実践と研究の対象であるコミュニティについて大胆に独自の実用的定義を試みるべきである」と述べ，「コミュニティ心理学にとって戦略的意味を持つコミュニティの定義は，個人や家族，ならびに各種の集団ごとに個別に捉えられるところ

の機能的コミュニティでなければならない」とした。

こうした機能的コミュニティは,家族,学校,職場集団,公共の組織などの社会システムとその下位システムのような可視的なものだけでなく,諸々の社会システムのネットワークのような目に見えないものも指している（山本,1989）。

3）臨床心理学におけるコミュニティ概念

第1部第1章で述べたように,わが国の心理臨床は面接室内の1対1の関係中心に発展してきた。その一方で,早くから学生相談,児童福祉,留学生援助,精神科デイケアなどにおいて面接室内活動にとどまらない多様な活動が展開されてきたものの,正統的な心理臨床活動とは位置づけられずに経過し,その担い手の一部はコミュニティ心理学の領域に発表と協議の場を求めた経緯がある。1988年に認定が開始された臨床心理士の第3の専門性として,「臨床心理学的地域援助」が位置づけられたことや1995年以降阪神淡路大震災被災者への心理的ケア,スクールカウンセラー活用調査研究事業の開始,HIV派遣カウンセラー制度の開始などによって,急遽コミュニティへのかかわりの重要性がクローズアップされたことは前述の通りである。

このような中で,今日臨床心理学においてコミュニティをどのように捉えかかわっていくかを明らかにすることは非常に重要な課題となってきているが,活動モデルの中に明確に位置づける取り組みは十分とは言えない。

4）本書におけるコミュニティ概念

本書では,問題を抱えた当事者,身近な支援者,および彼らが所属するコミュニティに同時並行的に働きかけることによって,それぞれの本来の力を活性化し,問題の解決・問題からの回復を促進するアプローチとして「臨床心理学的コミュニティ・エンパワメント・アプローチ」を提案しようとしている。

したがってここでのコミュニティとは,問題を抱えた当事者と身近な支援者を構成員として内包する上位システムを指している。この場合の上位システムとは,安藤（1979）が指摘しているように,家族,学校,職場集団,公共の組織のような可視的なものに限らず,それら社会システムのネットワークなどといった不可視的なものも含んでいる。また,遭遇した問題の質や問題が生じた範囲,問題から直接影響を受けた範囲に応じて,どのレベルの上

位システムまでが支援・関与の対象となるかは異なってくる。例えば、いじめ被害の事例であっても、支援・介入の対象とする上位システムを当該学年の範囲にとどめるか、学校全体とするかはそれぞれの事例の特質によって異なってくる。

コミュニティが、Klein（1968）が指摘しているように「構成員の安全を保障し、ストレスのもとで支持を引き出し、さらに生きる意味を獲得することをめざすための機能」を潜在的に持っているという前提で、構成員が何らかの問題に遭遇した際にコミュニティが上記の機能を活性化するためのアプローチを、「臨床心理学的コミュニティ・エンパワメント・アプローチ」とすることにした。

2．エンパワメント概念

エンパワメントという概念は、今日、保健・医療・福祉・教育という対人援助領域のみならず、住民運動、組織管理、行政、国際支援などさまざまな領域で注目されている非常に幅広い概念である。それぞれの領域で、また研究者によって捉え方にも大きな幅があり、現段階では理論的発展途上（野嶋、1996）であり、理論的な整理だけで1つの研究テーマとなりうる問題である。ここでは、本書で用いようとしているエンパワメント概念を明らかにしていくという目的に即した範囲において、各領域における取り扱われ方を概観するにとどめたい。

1）エンパワメントの起源

久木田（1998）によれば、エンパワメントという語の最初の使用は、17世紀の法律用語としてであり、「公的な権威や法律的な権限を与えること」であった。実際に幅広く用いられるようになったのは、アメリカの1950年代から1960年代にかけての公民権運動や1970年代のフェミニズム運動の中であり、「社会的に差別や搾取を受けたり、自らコントロールする力を奪われた人々が、そのコントロールを取り戻すプロセス」を意味するものとなっていった。

2）対人援助領域におけるエンパワメント概念

久木田（1998）はエンパワメントが用いられている領域として、ジェンダー・人種差別、貧困と開発援助、教育・心理学、福祉・医療・精神保健、ビ

ジネスといった領域をあげているが，ここでは，教育・心理学，福祉・医療・精神保健といった対人援助領域に限定して，エンパワメント概念の概観を行う。

(1) 社会福祉領域におけるエンパワメント概念

福祉領域は，エンパワメント概念が最も浸透している領域の1つということができよう。社会福祉の領域では，Solomon (1976) が黒人のエンパワメント実践を示した著書の中で「スティグマを負った人が社会の中で関係を取り結び，価値ある社会的役割を遂行するようにスキルを身につけるべく援助される過程」として提示したのがその起源と位置づけられている。久保 (1995) によれば，その後1980年代以降のソーシャルワーク理論，実践においては，ソーシャルワークが「empowering profession」と称されるほど，中核的な概念として取り扱われている。差別や抑圧によってパワー欠如に追い込まれた人々へのソーシャルワーク実践そのものが，エンパワメント・アプローチとして整理され，発展してきているといえる。わが国においても小田・杉本・久田 (1999) の著作で各方面での実践報告がなされており，ソーシャルワークにおける基本的枠組みとして位置づけられている。

田中 (1997) は，コミュニティ・ソーシャルワーカーの立場から，わが国の地域精神保健福祉領域の具体的な実践との関連でエンパワメント概念に基づくアプローチの適用可能性を論じている。

(2) 保健・看護領域におけるエンパワメント概念

野嶋 (1996) は，看護領域におけるエンパワメント研究の動向と課題をまとめている。

それによると，看護におけるエンパワメントは1990年代の初めからアメリカやヨーロッパで，当初は看護管理の領域で，看護者自身の自律性や決定権が保障されるような組織作りや管理体制を考える際の概念として導入された。その後，看護の働きかけについても注目されるようになり，患者がコントロール感を再獲得していくようなアプローチが検討されている。

また，麻原 (2000) によれば，エンパワメントは地域看護学の専門性としての「コミュニティの個人や集団に対してケアを提供しながら，健康問題を生じている人々の共有する環境に働きかけ，必要に応じて制度やシステムを変えながら，コミュニティ自身が主体的に問題解決できるよう援助していく」

活動を「一言で表現してくれるような言葉」であり，地域看護のキー概念の1つと考えられるようになっている。2006年には『保健師ジャーナル』誌に「コミュニティ・エンパワメント」の特集が組まれる（中山，2006）など，地域保健・看護領域でのエンパワメント概念の重要性は高まっている。

（3）コミュニティ心理学におけるエンパワメント概念

コミュニティ心理学の領域でエンパワメントの概念を明確に位置づけたのはRappaport (1981) であるとされている（三島，1997；山本，1999）。Rappaport (1981) によれば，エンパワメントとは「個人，組織，コミュニティが自分自身の生活を統制できるその過程であり，メカニズムのこと」である。さらにZimmermanとRappaport (1988) は，エンパワメントを「個人が自分自身の生活全般にわたってコントロールと支配を獲得するのみならず，コミュニティへの民主的参加にも同様にコントロールと支配を獲得する1つのプロセス」としており，環境に積極的に働きかけ変革していく方向性がより明確になってきている。

Rappaportはコミュニティ心理学のみならず他領域に対しても最も大きな影響を与えたエンパワメントの理論的研究の第一人者（三島，1997）であり，当初からセルフヘルプ・グループに着目しており，専門家が一方的にサービスを提供するという従来の援助モデルへの痛烈な批判を展開している。

わが国においては，1997年第22回コミュニティ心理学シンポジウムで「コミュニティ心理学におけるエンパワメント研究の動向」というシンポジウムが開催され（植村，1997)，それを受けて『コミュニティ心理学研究』誌に特集論文が掲載されている。エンパワメントについて，理論面（三島，1997)，実践面（平川，1997)，測定・評価面（門間，1997）からの検討がなされた。その中で，山本 (1997) はエンパワメント概念は，援助者と被援助者の関係の捉え直し，個人の側から環境への積極的な働きかけ，下位システムが上位システム側からの働きかけや影響に変更を促す力を獲得することを内包する概念で，弱者のみならずコミュニティに生活する人々すべてにかかわる重要な概念であるとしながらも，そのわが国への定着には個の自立，個の確立が不十分といわれる日本文化の壁も影響していると指摘している。

最近のコミュニティ心理学についての成書，『よくわかるコミュニティ心理学』（植村・高畠・箕口・原・久田，2006)，『コミュニティ心理学入門』（植

村, 2007),『コミュニティ心理学ハンドブック』(日本コミュニティ心理学会, 2007), いずれにおいても, エンパワメントは, コミュニティ心理学の基本的な理念にかかわる重要な概念として大きく紙数を割いて取り扱われている (村本, 2006；平川, 2007；三島, 2007)。

3) まとめと問題点

これまで見てきたように, エンパワメント概念は福祉, 医療・看護, コミュニティ心理学などの対人援助領域において1980年代から非常に大きな注目を集めてきた概念である。

具体的な定義やその用いられ方には, 領域によって, また研究者によって違いがあるが, 基盤となる価値観・考え方には次のような共通点があることが指摘されている (下山田・吉武・三島・上埜, 2002)。

すなわち, まず第1に人間の潜在能力, 能動性, 強さといった肯定的側面への着目, 第2には社会政治的な文脈で問題を捉えること, 第3に専門職と対象者の関係の捉え直しといった視点である。

一方で, 以下に記すように, 同じ語を用いながらも立場の違いから内包するものが異なっているための混乱も見受けられる。また, 一部に援助パラダイムの転換に代表される社会変革の理念が強く打ち出され, 具体的な方法論の検討は必ずしも十分でない面も見られる。

(1) エンパワメントの定義をめぐって

もともとエンパワメントとは, 力を意味するpowerに「〜にする」という接頭語のemと名詞形を作るmentという接尾語がついたものという久木田 (1998) の説明にもあるように,「力がある状態にする」という外部からの働きかけを含んだ概念である。

Solomon (1976) によるエンパワメントは「スティグマを負った人が社会の中で関係を取り結び, 価値ある社会的役割を遂行するようにスキルを身につけるべく援助される過程」であり, 援助者のかかわりを内包した定義となっているが, Rappaport (1985) やZimmerman (1985) になると,「個人が自分自身の生活全般にわたってコントロールと支配を獲得するのみならず, コミュニティへの民主的参加にも同様にコントロールと支配を獲得する1つのプロセス」というように, より積極的に外界へ働きかける過程を含むものになっている。この概念そのものの定義に, 従来の援助パラダイムへの異議を

申し立てる Rappaport, Zimmerman の立場が反映されていると考えられる。

このように，エンパワメント概念は，専門職と対象者の関係の捉え直しを余儀なくしており，先にあげた Solomon の流れを汲むソーシャルワークの領域では，empowering profession としてのソーシャルワーカーがクライエントとパートナーシップを組んで問題解決に向けて取り組む協働者，側面的援助者となる方向性を示している（久保，1995）。

一方，三島（1997）は Rappaport の論考を紹介しながら，エンパワメントは専門職との関係の枠組みを離れたところで使われてこそ力を発揮する概念であり，従来の援助枠組みの中に位置づけることはエンパワメントを disempower するだけであると断じ，援助資源としてのセルフヘルプ・グループの重要性を指摘している。

村本（2006）は，Zimmerman（2000）を引用しながら，エンパワメント概念について，価値的方向づけとしてのエンパワメントと結果を理解するための理論的枠組みとしてのエンパワメントを区別する必要性を指摘している。

（2）エンパワメントの複数のレベルをめぐって

ところで，これまで見てきたエンパワメントの定義には，個人，組織，コミュニティや組織など複数のレベルが含まれていた。Hawks（1992）は，二者関係，小集団，組織，地域社会，社会という次元を，Fawcett, Paine-Andrews, Francisco, et al.（1995）は個人，グループ，環境，Gutierrez（1990）は個人的，対人関係的，環境的の3つのレベルをあげている。

しかしながら，このように複数のレベルのエンパワメントが提示されている場合には，2つの捉え方がある。Hawks（1992），Fawcett ら（1995）は，「個人の能力や経験を豊かにする」，「グループが持っている構造や能力を豊かにする」，「社会的資源を高める」といったように，それぞれのレベルで潜在的な力を発揮しコントロール感を獲得することをめざすことを意味している一方で，Zimmerman（1985）や清水（1997）は，「個人が個々の生活に対して意思決定をし統御できるようになる」，「組織の中で意思決定の役割を担うことで自らの統御感を高める」，「個人やグループがコミュニティに働きかけ社会的・政治的・経済的な資源の再配分に影響を及ぼす」といったように，個人のコントロールが及ぶ範囲の拡大として捉えている。

（3）具体的方法論をめぐって

エンパワメントに関する議論は、考え方や取り組む姿勢の問題が大きく取り上げられており（平川,1997）、具体的方法論に触れた研究は十分ではない。そもそも、エンパワメントの過程を当事者の自律的な過程と位置づけた場合、それがどのように実現されるかという議論にはつながりにくい。また、専門職のかかわりの弊害を強調しすぎることも、エンパワメント実現のための具体的方法論の発展を損ねる危険がある。専門職に代わる援助資源として、Rappaportは早くからセルフヘルプ・グループの有用性を提起しているが、その場合もセルフヘルプ・グループが援助的に機能するための専門職の関与のあり方の検討（三島,1998）が必要となるだろう。

いずれにしろ、これまでの議論が理念にとらわれて実践的な方法論から遊離していた感は否めない。

4）本書におけるエンパワメント概念
（1）臨床心理学へのエンパワメント概念導入の意義

わが国の臨床心理学は、精神分析に代表される伝統的な個人臨床のモデルが中心となって発展してきた。しかし、臨床心理士の専門性の第3の領域として位置づけられている「臨床心理学的地域援助」の重要性が、1995年の阪神淡路大震災やスクールカウンセリング活用調査研究委託事業の開始とともに一気に高まり、その中で、クライエントの生活の場で非専門家を含むさまざまな人々と連携・協働していくことが求められるようになった。また、そのような中では病者や問題を抱えた人への治療的なかかわりにとどまらず、健康な人々への予防的なかかわりや成長・発達の支援へと活動内容も広がってきた。

このようにコミュニティ・アプローチが浸透していく中で、コミュニティ心理学で重視されてきたエンパワメントの視点は徐々に浸透しつつあるといえる。

もっとも臨床心理学の従来のモデルにおいても、人間の持つ潜在的な力、成長・発達の志向性は早くから重視されてきた。Rogersらの人間性心理学では人間の自己実現傾向を前提としている。家族療法における、問題を外在化しクライエントとともに問題に取り組むアプローチ（問題の外在化）や、ソリューション・フォーカスト・アプローチのクライエントがすでに行っていることの中から解決を構築していく方法には、クライエントとの対等な関係

性やクライエントの持つ潜在的な力への着目といった，エンパワメント概念に通ずる視点が含まれており，今後の臨床心理学の専門性の発展を考える上で注目される概念（大西，2000）ということができる。一方で田嶌（2003c）は援助目標としてのエンパワメント概念に注目しながらも，臨床心理行為にはエンパワメント概念の中核をなす「外的な環境に積極的に働きかけ何かを達成する」ことに限らず，現実を受け止める力，「健全なあきらめ」に達する力，自助のための周囲に援助を求める能力などを引き出すことなど多様なものが目標となることを指摘し，エンパワメント概念適用の限界を指摘している。

　ここで，臨床心理学の中にエンパワメントの概念を導入することで，これまでさまざまなモデルとそれに基づくアプローチの中に点在していた，「当事者や身近な人々を含むコミュニティの潜在的な力に注目し，それを生かす視点」を明確に位置づけることが可能になる。また，そうすることで，これまでさまざまな形で用いられてきた具体的な方法論をエンパワメントの視点から位置づけ，体系づけることができると考えられる。

（2）本書におけるエンパワメント概念

　本書では，エンパワメントを「個人や集団，コミュニティが潜在的に持っている力を高めること」とし，エンパワメント概念に外界からの働きかけを内包する立場を取る。また，個人，集団，コミュニティ・レベルのエンパワメントとは，それぞれの力を高めること（Hawks, 1992 ; Fawcettら, 1995）とする。いずれも，専門職としての関与を前提とした立場であり，その関与の内容と質を具体的に明らかにしていくことこそが重要であると考えるからである。潜在的に持っている力とは，問題解決・問題対応の力はもとより，その前提としての現実認識，自己理解・自己受容など幅広い力を対象とする。

3. 臨床心理学的コミュニティ・エンパワメント・アプローチの基本的視点

　本項では，前項までに示した本書において用いるコミュニティ概念，エンパワメント概念を基礎にして，「臨床心理学的コミュニティ・エンパワメント・アプローチ」の基本的視点を提示する。

1）本書におけるコミュニティ概念

第5章　臨床心理学的コミュニティ・エンパワメント・アプローチの創出

　本書では，何らかの問題を抱えて生活上に不都合が生じた当事者と身近な支援者を構成員として内包する上位システムをコミュニティとする。遭遇した問題の質や問題が生じた範囲，問題から直接影響を受けた範囲に応じて，どのレベルの上位システムまでが支援・関与の対象となるかは異なってくる。例えば，いじめ被害の事例であっても，支援・介入の対象とする上位システムを当該学年の範囲にとどめるか，学校全体とするかはそれぞれの事例の特質によって異なってくる。システムが相互に関連しあっているという点では，地域社会，市レベル，県レベルとつながっていることは否めないが，実践的な介入・支援が可能な範囲に限定して考えている。
　ここで，コミュニティはKlein（1968）が指摘しているように，「構成員の安全を保障し，ストレスのもとで支持を引き出し，さらに生きる意味を獲得することをめざすための機能」を潜在的に持っているものだと捉えている。

2）本書におけるエンパワメント概念

　エンパワメントについては特に1980年代以降多くの領域で膨大な議論が展開されている。筆者の関心は，個人，集団，コミュニティが本来の力を発揮して自律的に問題解決を図ることができるようになるために，専門家として具体的にどのような支援を行っていけばよいのかという点にある。従来の一方的な援助者からのサービスの押し付けの弊害は十分理解しながらも，必要以上に専門家の関与を排除することなく，よりよい支援のあり方を明らかにしていきたいと考えている。
　そのような立場から，エンパワメントとは「個人や集団，コミュニティが潜在的に持っている力を高めること」とし，個人，集団，コミュニティ・レベルのエンパワメントとは，それぞれの力を高めることした。ここでの力とは，問題解決や問題対応の前提となる現実理解（自己理解，関係性の理解，コミュニティの現状認識）や現実受容の力など幅広い力を想定している。

3）臨床心理学的コミュニティ・エンパワメント・アプローチの基本的視点

　臨床心理学的コミュニティ・エンパワメント・アプローチとは，何らかの問題を抱えた／問題から直接大きな影響をこうむって心理的な不適応が生じている当事者，身近な支援者，彼らが所属するコミュニティに対して，同時並行的・多層的に支援を展開することによって，それぞれが潜在的に持っている力を高め，より自律的な生活の実現を図ろうとするものである。

II 臨床心理学的コミュニティ・エンパワメント・アプローチの創案

本節では，「臨床心理学的コミュニティ・エンパワメント・アプローチ」の概要を提示する。

1. 臨床心理学的コミュニティ・エンパワメント・アプローチとは
1) 臨床心理学的コミュニティ・エンパワメント・アプローチとは

臨床心理学的コミュニティ・エンパワメント・アプローチとは，何らかの問題を抱えた／問題から直接大きな影響をこうむって不適応を生じている当事者，身近な支援者，彼らが所属するコミュニティに対して，同時並行的・多層的に支援を展開することによって，それぞれが潜在的に持っている力を高め，より自律的な生活を実現することをめざすアプローチである。

2) ストレス-脆弱性-対処技能モデルと臨床心理学的コミュニティ・エンパワメント・アプローチ

第1章で提示したストレス-脆弱性-対処技能モデルによれば，人は環境からのストレッサーが対処技能と周囲からのサポート，生活技能などの防御因子を上回った時に不適応に陥る。その回復には，ストレッサーの軽減とともに，サポートや対処技能の提供によって防御因子を高めることが求められる。このような場合に，心理臨床家が不適応に陥った当事者に直接的に心理的サポートや対処技能を提供することは重要だが，それに加えて，家族や友人，同僚，教師など当事者が生活するコミュニティの身近な人々に対する支援を行うことで，当事者の回復を促進することが可能になる。身近な人々が，心理的なサポートを得て安定し，問題に対する正しい知識・情報と適切な対処方法を獲得することで，当事者は周囲の無理解による不適切な対応という2次的なストレッサーを回避でき，適切な対応とサポートを得ることができるからである。

学校コミュニティにおける不登校生徒への支援の例でいえば，学校コミュニティにかかわる専門的支援者としてのスクールカウンセラーは，不登校生徒への直接的な支援，身近な支援者である家族や教員への支援，およびこれらの人々への支援を恒常的に提供できるシステムの開発と運用についての学

第5章 臨床心理学的コミュニティ・エンパワメント・アプローチの創出

表5.1 臨床心理学的コミュニティ・エンパワメント・アプローチのプロセス

プロセス	内容
準備段階	協働関係作り，契約
アセスメント段階	アセスメント，支援計画
実施段階	プログラムの実施
評価と終結段階	評価，フォローアップ体制

校コミュニティ（の管理者）への支援という3層の支援を行うことで，学校コミュニティの力を引き出し，今後の問題への対処能力を高めることが可能になると思われる。

3）臨床心理学的アプローチとしての臨床心理学的コミュニティ・エンパワメント・アプローチ

　ここで「臨床心理学的コミュニティ・エンパワメント・アプローチ」とした理由の1つとしては，対象をコミュニティにおいて何らかの問題に遭遇したために臨床心理学的な援助を必要としている人々としていること，もう1つの理由としては問題，影響を受けている当事者，支援体制のアセスメントや支援プログラムの実施に際して，臨床心理学的な視点やアプローチを用いていることがあげられる。心理的な問題を抱えた人々が可能な限り，自分自身や身近な人々とのつながりの中で問題を解決，問題から回復できるように支援する臨床心理学的なアプローチの1つとしての位置づけを明確にしておきたいと考えている。

2. 臨床心理学的コミュニティ・エンパワメント・アプローチのプロセス

　臨床心理学的コミュニティ・エンパワメント・アプローチとしては以下のプロセスが考えられる。実際にはいくつかの段階が同時に進行すること，段階の一部が繰り返されること，順番が交錯することもあるが，おおむね以下の要素から構成される。表5.1に示すように，準備段階，アセスメント段階，実施段階，評価と終結段階からなっている。

3. 臨床心理学的コミュニティ・エンパワメント・アプローチの方法

　臨床心理学的コミュニティ・エンパワメント・アプローチでは，問題を抱

第2部　臨床心理学的コミュニティ・エンパワメント・アプローチの創出

表5.2　各層へのアプローチの目的と方法

対象者	目的（理念）	方法
当事者	過去の振り返り・目標設定 自己理解・自己表現 問題の理解・対処スキル獲得	心理カウンセリング 心理教育
身近な支援者	問題の理解・対処スキル獲得 当事者の理解とかかわり方の獲得 支援者相互のつながりの強化	心理教育 ケース・コンサルテーション 支援者のネットワーキング
コミュニティ （管理者）	コミュニティの全体状況の把握 問題の理解・対処スキル獲得	コミュニティのアセスメント 心理教育

える／問題から直接大きな影響をこうむっている当事者，身近な支援者，コミュニティの見立てに基づき，表5.2に示すような支援を同時並行的・多層的に展開する。

4．臨床心理学的コミュニティ・エンパワメント・アプローチの特徴

1）個からネットワーク，支援システムまでを視野に入れた活動モデル

　当然のことながら，従来の「臨床心理学的コミュニティ・アプローチ」は個の支援を目的に組み立てられ，個から身近な支援ネットワークへという広がりの中にあるのに対し，「コミュニティ心理学的臨床実践」では，支援システム作り，非専門家の参加・協力体制作りなど間接的な援助を重視するという色彩が濃い。

　「臨床心理学的コミュニティ・エンパワメント・アプローチ」は，個からネットワーク，支援システムまでを視野に入れた活動モデルであり，個（当事者），身近な支援者，彼らを構成員として内包する上位システムであるコミュニティ全体をはじめから視野に入れた上で支援プログラムを組み立てることをその特徴の1つとしている。

　それぞれのアプローチの重点を表5.3に示す。

2）コミュニティ・エンパワメントの実現のための具体的方法論の検討・提示

　コミュニティ心理学的臨床実践においては，強さとコンピテンスの重視，エンパワメントの重要性，黒子性の重視などのコミュニティ心理学的な理念は強調されているが，その理念実現のための具体的方法論を検討する姿勢に

第 5 章 臨床心理学的コミュニティ・エンパワメント・アプローチの創出

表 5.3 それぞれのアプローチの重点

	当事者	身近な支援者	コミュニティ（システム構築）
臨床心理学的コミュニティ・アプローチ		→	·····>
コミュニティ心理学的臨床実践	<····		
臨床心理学的コミュニティ・エンパワメント・アプローチ	<—————————————————>		

乏しく，結果として理念と実践が遊離した感が否めない。

　臨床心理学的コミュニティ・エンパワメント・アプローチは，個（当事者），身近な支援者，コミュニティ全体を視野に入れ，それぞれの丁寧な見立てに基づいて，個（当事者），身近な支援者，コミュニティ全体の本来の力を活性化してより自律的な生活を実現するための具体的方法論を検討するものである。

第3部

臨床心理学的コミュニティ・エンパワメント・アプローチによる援助の実際
――実践を通しての検討過程――

第3部では,「臨床心理学的コミュニティ・エンパワメント・アプローチ」による援助の実際を提示し,事例を通してモデルを実践的に検討する。問題や領域が可能な限り多様であるように留意し,①当事者の範囲(含直接的かかわりの有無),②身近な支援者の規模,③コミュニティの規模,④支援期間が異なる4事例を選択した。

	問題	当事者の範囲	身近な支援者の規模	コミュニティの規模	支援期間
6章	学生のDV被害	個人	小:サークル仲間	中:学生部・人権委	長期
7章	生徒の反社会的行動	小集団*	中:保護者,学年教師	中:中学校・管理職	中期
8章	学生の修学問題	全学学生	大:教職員	大:大学・事務局	長期
9章	生徒の事件への遭遇	全生徒	大:担任・副担任	大・高**:高校・管理職・教委	短期

* 当事者である生徒との直接的なかかわりなし。
** 直接支援の対象となっているコミュニティの上位システムまでを視野に入れている。

　第6章のDV被害学生への支援事例は,当事者の範囲,身近な支援者の規模,コミュニティの規模,支援期間は,本アプローチを創出するもととなった第2部の事例とほぼ同様であるが,統合失調症でなくDV被害という問題にも適用可能であることが示され,また人権保障システムの構築にまで至り,コミュニティへの働きかけがより強く行われた事例である。
　第7章の反社会的問題行動を繰り返す生徒を抱えた中学校への支援事例は,第6章と異なり,当事者が個人から小集団へ,身近な支援者が小規模から中規模へと大きくなっていることに加え,限られた支援期間の中では動機づけの乏しい当事者とのかかわりは持たず,コミュニティの管理者である校長との作戦会議,身近な支援者である保護者・学年教師集団の解決志向的なグループワークを通してそれぞれをエンパワメントした特徴的な事例である。
　第8章は学生の修学問題解決のために,大学コミュニティ全体を対象に情報提供や研修などさまざまな活動(キャンパス・トータル・サポートプログラム)を試みた事例であり,第6章,第7章と比べて,当事者の規模は全学生と大変大きく,身近な支援者,コミュニティの規模も大きくなっている。
　第9章は事件・事故後の児童・生徒の急性ストレス反応に対し,学校コミュニティとして対応するシステムの構築とその運用への支援事例である。援助内容の今日的価値もさることながら,当事者の児童・生徒への支援,身近な支援者である担任・副担任への支援,コミュニティの管理者である管理職への支援に加え,直接支援の対象になっているコミュニティの上位システムまでを視野に入れていることが特筆される事例である。

第6章

DV 被害学生への支援事例から

　本章では，DV 被害学生の個人面接（窪田，1999），学内ネットワークの活用による加害学生への対応，大学コミュニティ全体への働きかけを行った事例を提示し，「臨床心理学的コミュニティ・エンパワメント・アプローチ」について実践的に検討する。なお，プライバシー保護の観点から事実関係については本筋を損なわない程度の改変を行っている。

I　DV 被害者支援における臨床心理学的コミュニティ・エンパワメント・アプローチの必要性

1．DV とは

　DV（ドメスティック・バイオレンス）は，夫や恋人など親密な関係にある，またはあった男性から女性に対してふるわれる暴力であり，「親密な関係」という私的な領域で行使される暴力であったため，長い間被害者－加害者相互の個人的な問題と見なされ，あるいは「法は家庭に入らず」というように，法律も立ち入れない領域の問題と捉えられがちであった。

　アメリカでは，1970 年代から DV が夫と妻の関係性の問題ではなく社会問題として取り上げられるようになり，ヨーロッパにおいても 1970 年代から 80 年代にかけて DV 被害者のためのシェルター活動が盛んに行われるようになった。一方，わが国で「家庭内暴力防止および被害保護などに関する法」（通称 DV 防止法）が制定されたのは 2001 年で，DV への取り組みは欧米諸国に比して，30 年も遅れているのが実情である（高畠，2001）。その後，2004 年，2007 年と 2 度にわたる改正がなされ，ようやく社会問題としての認識と取り組みが進みつつあるところである。

2．DV 被害者への支援

　DV 被害者の安全を確保し，被害からの回復と新たな人生設計を保証するには，被害者個人へのアプローチに加えて，支援者がネットワークとして機能するための援助や，それらを保証する法律を含めた社会における支援システムが統合的に準備されることが必要である。具体的には，以下のような機能が求められている（高畠，2001）。

1）ホットライン機能：
　　24 時間いつでも援助を求めることができるホットライン
2）DV 被害者を緊急に安全に保護する機能：シェルター
3）自分の人生と人間関係を再構築するきっかけを作る機能：
　　個人療法や集団療法
4）当事者および支援者相互のエンパワメント機能：
　　セルフヘルプ・グループ
5）当事者の権利を擁護する機能（アドボカシー機能）
6）関係者や関係機関をつなぐネットワーク機能
7）DV に関する情報の収集・提供機能

　これらの支援機能は，臨床心理学的コミュニティ・エンパワメント・アプローチ」の視点からみると，主として，1），2），3），4），5），7）による被害者個人が被害から回復し自らの力を再発見していくことをめざす個人へのエンパワメント，主として4），6）による支援者のエンパワメント，5），7）や1），2）を保証するシステムの構築・運用を行うコミュニティへのエンパワメントと分類できる。このように DV 被害者支援にはコミュニティ・エンパワメントの視点が欠かせないことがわかる。
　次節より，DV 被害学生への支援を臨床心理学的コミュニティ・エンパワメント・アプローチの視点から述べる。

Ⅱ　加害－被害関係の見立てと支援体制の準備

1．問題の発覚

　女子学生 A さんと加害学生 B は，筆者が顧問教員の 1 人としてかかわっているサークルのメンバーとして現れた。活動に積極的で場を仕切りたがる B

といつも一緒にいてニコニコしているAさんについて，他のメンバーも筆者もてっきり恋人同士であると思っていた。

同じサークルの友人たちからAさんがBから継続的に暴力を受けているらしいとの情報が筆者らに入ったのは，それから数カ月後のことだった。立ち上げ時でサークル活動そのものが揺れる中，活動の今後について数名が相談してきた中で出た話であった。話によれば，Bは相談にきた数名の比較的きちんと自己主張ができるメンバー以外の部員に対しては，きわめて支配的な行動が目立つとのことだった。具体的には，サークル活動に伴うさまざまな仕事を一方的に指示し押しつけた挙句，できあがったものに対してあれこれ難癖をつけては，時間構わず呼びつけてやり直しを命ずるといったことがあるとのことだった。応じないと暴言を吐き，しつこく呼び出すなどで，気弱な男子学生1人はしばらく大学を休んで姿をくらますに至っていたと聞き，愕然とした。Bは教員の前ではきわめて礼儀正しく，すべてに意欲的でリーダーシップが発揮できる学生だと思っていた。考えてみれば，上に篤く下に苛酷，内面と外面がまったく違うという加害者像そのもの（Walker, 1979）なのだが，数名の関係教員はいずれも完全に教員に向ける彼の姿のみを見ていて，そのようなことになっているとは思いもよらなかった。

Bの言動によってサークル活動をやめるメンバーも続き，サークルそのものが崩壊の危機に瀕していること，Aさんがどうも殴られているようでその痕跡もあるがBがいつも一緒にいるので手が出せないでいることがその日の彼らの主たる相談内容だった。サークル活動の今後については，教員も入ったミーティングを重ねて体制を建て直していくことにして，AさんとBについてはかかわりのある教員数名で働きかけていくということにした。

2．Aさんへの働きかけ

ただちにAさんから事情を聞き本人の意思を確認しようとして，筆者ともう1人の女性教員が出会うごとに「ちょっと話がしたいので研究室にきてほしい」と声をかけたが，Aさんはから離れて教員を訪ねてくることすら難しいようで，なかなかその機会が持てなかった。そこで，筆者は，「1）サークルの仲間からの話を聞く限り，AさんがBに受けているのは重大な人権侵害に当たると考えられること，2）万全を尽くして守るのでとにかく連絡を

してほしいこと,3)Bのことを心配しているかもしれないが,そうすることは結果としてBを救うことにもなること」を記した手紙を,Bが側を離れた一瞬の隙にAさんに渡し,Aさんの動きを待った。しかし,Aさんはその後もほんの短い時間やってきて,「Bとは恋人ではない,できればBから逃れたいが無理だと思う」とそそくさと去っていくことを繰り返した。

　サークルでは立て直しについて話し合いを重ね,AさんにはBを外した新体制の中で役割を担ってもらうことでサークルにとどめ,Bと離れる機会にするという案が出され,何度もAさんへの説得がなされたが,結局AさんはBとともに辞めてしまうことになった。Aさんは容易には逃れられない強い支配－従属関係の中にあり,現状にとどまるしかないと諦めている様子がうかがえた。サークルを辞めることで,辛うじて歯止めとなる可能性のあった仲間からも離れてしまうことになり,2人の関係がますます密室化し暴力が増幅する危険が予測された。一方で,学業やその評価を気にするBはAさんとともに授業にはきちんと出席していたため,日常的に関係教員の目に触れるところにおり,外から見とがめられるような怪我を負わせる危険は低いかとも思われた。

　このような中で当初Aさんを心配し何とかしたいと考えていた周囲の学生たちや教員の中に,「離れようとしないAさんにも問題がある」といった,典型的な被害者非難のムードが出てきた。筆者はその都度,「AさんはBから暴力を受け続ける中で力を失い,報復を怖れて動けないでいる可能性が高いこと」,「Aさんが覚悟を決めて行動を起こすことができるようになるまで『逃げてくれば引き受ける』とのメッセージを伝え続けることが重要であること」を伝えた。そうはいっても,被害者心理についての知識のない学生,教員は「それにしても……」と首をかしげることが多く,筆者の中にも日がたつにつれ「いくら何でも本気で逃げようと思えば何とかなるのでは」という思いが浮かんでくることもあった。それでも自分自身も含めてAさんを気にかけている教員や学生たちと,Bの支配の大きさと逃げられずにいるAさんの状態について確認しあった。筆者ともう1人の女性教員からは,出会うごとに寸暇を惜しんで「逃げてくれば絶対に守る」ことを伝え続けた。

3. 加害－被害関係の見立てと支援計画

　これまでの経過から,Aさんは身体的暴力のみならず日常生活全般にわた

ってBに行動を監視，制限されており，その中ですっかり無力化されていることが推察された。恋人でないと言いながら，常に行動をともにさせられていることから，性的暴力の存在もうかがえた。身体的暴力，心理的暴力，性的暴力が複合的，継続的に行使されているDV被害状況にあると認められた。

したがって，Aさんの支援のためには，安全性を保障した上で心理的な回復を図り本来の力を取り戻すための心理的な支援はもちろんだが，日常的に彼女を支援するネットワークの形成や，何よりAさんの安全を保障するために加害学生Bへの強制措置を講じられるシステムの構築・運用が必要だと思われた。

Ⅲ 学内外ネットワークの活用による加害学生Bへの対応

1．Aさんの脱出

やがてAさんはようやくBから逃れ，援助を求めて学生相談室を訪れた。直接的なきっかけは，Bの横暴にたまりかねたAさんが，「今後一切縁を切りたい」と何度目かの意思表示をしたことに対し，BがAさんを殴り，殴られたAさんが近くの警察に駆け込んだことだった。筆者が手紙を渡して半年以上経過していた。

とにかく「今後一切Bとかかわりたくない」というのが当面のAさんの切なる願いだった。そのためには，Bに対しては単なる説得などではなく，何らかの強制力をもった対応が必要だと判断した（並行してAさんとは改めて学生相談室で定期的なカウンセリングを行うことにした）。

2．学内ネットワーク（学生部）との連携による加害学生Bへの対応

この当時，学内にはセクシュアル・ハラスメント防止システムは未整備であった。したがって，学生の処遇を管轄する学生部との連携で対応することが適切だと思われた。そこで，学生部長，課長と協議の場を持ち，学生部としての対応を依頼した。当初，両者は「恋人同士の痴話げんか」といった捉え方をし，「下手に大学が介入しても元に戻って馬鹿をみることがある」などとかつて経験した例など持ち出してくる始末だった。もっとも，この当時日本社会全般のDVについての認識はまだまだ不十分であり，まして今日デー

トDV（山口, 2003）といわれるようになった婚姻関係（内縁を含む）にない交際中のカップル間の暴力についてはほとんどその存在が知られていなかった。彼らが特別に非常識だったわけではなく，その世代の男性としての典型的な認識を示したに過ぎない。しかし，直近の「殴られて警察に駆け込んだ」ことについては，暴行傷害罪に当たるので放置できないという判断で一致した。また，相手によって巧みに態度を使い分けるBのしたたかさ，典型的な加害者像との一致，その中で無力化して長く動けなかったAさんの状態など繰り返し説明する中で，次第に理解が共有され，以下のような方針で合意した。

1）これまでの話から推察されるBのAさんに対する継続的な暴力は，「学生としての本分にもとる行為」として懲戒処分に値すると考えられること。
2）そのためには事実関係の認定が必要となること。
3）警察へ駆け込んだ際の暴力以外についてBが容易に認めるとは考えにくいこと。
4）事実関係の認定を行うにはAさんにも事情聴取等で負担をかけることになり，処分決定までには時間を要することが予測されること。
5）Aさん自身現段階では「ともかく今後一切かかわらないでほしい」と望んでいること。
6）以上の1）～5）より，Bの過去の言動についての処分ということではなく，今後の行動の制限のための措置を緊急に講ずること。

具体的には学生部長よりBを呼び出し次の点を申し渡してもらった。

1）Aさんから，Bより暴力を受けてきたことで援助を求められたこと。
2）Aさんへの暴力は，法律的にも暴行傷害罪に相当し得ること。
3）Aさんは今後一切Bと接触したくないと言っていること。

そこで

4）今後一切Aさんと接触してはならないこと。
5）自分を振り返り今後暴力を振るうことのないよう，大学が指定した機関でカウンセリングを受けること。
6）4），5）が守られていないことが明らかになった場合には，これまでの行為について懲戒処分の対象にすることを検討していること。

権威に対して従属的なBは，大変神妙に学生部長の話を聞き，了解したとのことだった。

3．学外資源との連携による加害学生Bへの対応
1）カウンセリングの開始
　一方で筆者は，当時まだ非常に乏しかったDV加害者プログラムについての情報収集を行い，女性センターでDV被害者支援にかかわっている臨床心理士から「暴力なしで暮らす方法」というプログラムの存在とそのプログラムの実施を引き受けてくれそうな精神科医C先生についての情報を得た。早速，C先生に連絡を取り，Bの援助を依頼した。

　通常の，自発的に本人が援助を求めて開始されるカウンセリングと異なり，大学として強制措置とセットで依頼するカウンセリングであるという性質上，最初に以下のような内容を明記した契約書にC先生とBがサインを交わすことから開始していただいた。

　すなわち，
1) このカウンセリングは，Bが暴力なしで暮らす方法を獲得するために行うものであること。
2) 大学からの依頼で開始するものであるため，必要に応じて大学と連絡を取り合うこと。
3) 今後Aさんへの接近や他の人に対する暴力行為や，カウンセリングの無断欠席があった場合には，C先生はただちにカウンセリングを打ち切り，大学側に連絡すること。

といった内容のものだった。3）の連絡を受けた大学は，ただちにBを懲戒処分の対象として取り扱うということである。

　その後Bは，2週間に1度C先生のもとに通い，プログラムに沿ってレポートを書いたり，「怒りを意識したらタイムアウトを取る」といったスキルを学びつつ，日常生活についてC先生に話をするセッションを重ねていった。時折の情報交換によると，C先生の前では非常に礼儀正しく，プログラムに真面目に取り組み，レポートもいかにも「暴力を深く反省し相手に詫びている」内容だとのことだった。また，セッションの最後のC先生の「Aさんに接触するようなことはしていないか？」という問いに対して，「そんなことは一切していません」と断言して帰るとのことだった。

2）学内外の連携による加害学生Bへの警告
　ところが，数カ月して，Aさんより「自分が話をしている友人に話しかけ

てくる」、「共通の知人を通じて、Bの部屋にあったAさんの物を返したいと申し出てくる」ことが続き、定期試験を控えて試験会場などで顔を合わせる可能性も増すことを予測して不安になっているとの相談があった。

　早速C先生に連絡を取った。C先生からの指摘に、Bは曖昧に答えたようだったが、C先生から「このような間接的な接近も接近であること」、「今後このようなことが続いたら大学側にカウンセリングの打ち切りを通告する」と申し渡してもらった。同時に学生部長からも警告を与えてもらった。

　このような繰り返しの中で、少なくともBがAさんへ接近することはなくなり、Aさんも次第に安心して大学生活を送れるようになっていった。

Ⅳ　Aさんの被害の実態と「克服ノート法」を用いたエンパワメント

1．Aさんの被害

1）身体的・心理的・性的・経済的暴力

　AさんはBから離れて日常生活を取り戻すにつれて、定期的な個人面接の中でBからの3年間にわたるすさまじい暴力の実際について語り始めた。

　BがAさんを完全に自分の支配下に置くために行使し続けていた、身体的・心理的・性的・経済的暴力の実際は、想像をはるかに超えたものだった。BによってAさんは、修学の権利を侵害されていた点でセクシュアル・ハラスメントを受けていたといえるが、権利の侵害は生活全般におよび、その様相はDVそのもの（小西, 2001）だった。繰り返される暴力にAさんがすっかり無力化され、動けなくなっていたのは予想していた通りだった。

　話を聴くまでは正直なところ、筆者の中にもAさん自身の中にBの暴力を誘発する要因があるのではないかという思いがまったくなかったとはいえない。しかし、具体的な過程が明らかになってくるにつれ、そのような思いは雲散霧消した。Bの接近とその後の支配は、きわめて巧みなものであり、いったんターゲットにされると何人（なんびと）も逃れがたいものであることが理解できた。

2）DVの経過

（1）Bの接近

　AさんがBと出会ったのは、入学試験の帰り道である。そこでAさんは今

後の大学生活上必要な情報交換をするためにというBの申し出に対し，連絡先を教えた。初対面の相手に連絡先を伝えることは軽率といえなくもないが，同じ大学をめざしているという親近感とはじめから交際を求めるといった接近ではなかったために，Aさんはつい警戒もせずに教えたという。

入学当初は週1回くらいのペースで電話が入るようになる。初めての一人暮らしで心細かったAさんにとって，学部は違うものの同じ大学で学ぶという安心感もあり，当初はBの電話はそれほど迷惑でなかったという。知り合いも多く，大学生活についても沢山の情報を持っているB（後になって，Bの情報には間違いも多いことがわかったが）は，土地にも慣れなかったAさんにとって頼りになる存在に見えたとしても不思議はない。

やがて電話の回数が増え，時々会うことになる。実はその頃Aさんには高校時代からつきあっていた恋人がいたのだが，Bにはつきあってくれと言われたわけでなく，例によって大学生活についての重要な情報と言われると特に断る理由もなく，何となく応じ続けている。結果としてAさんは，週に何回かBと一緒に過ごすようになり，周囲からは恋人同士と見られるようになっていった。

これは，カルト集団が信者を勧誘する時に使う手口そのものである。親切で感じのよい人を装ってさりげなく接近し，相手が断らないような小さな要請を繰り返して既成事実を積み重ねていき，気づいたときにはすっかり取り込まれてしまっているというものである（西田, 1998）。フット・イン・ザ・ドア・テクニックというセールスマンが用いる手法（Cialdini, 1988）でもある。

(2) 生活全般にわたる支配の経過

Bがそれまで隠していた牙をむいたのは，出会って約1年後に突然Aさんの住むマンションの隣に引っ越してきてからだった。引っ越しの手伝いにと呼ばれたAさんは，それから約1週間すぐ隣のマンションの自室に帰ることができず，監禁同然の生活となった。

食事の用意や片付けを強制し，やりかたについて一つひとつ難癖をつけて文句を言い続けたり，やり直しをさせたりして夜遅くまで拘束し，挙句の果ては深夜に女性が外に出るのは危険だからと言って帰さないといった有様だった。大声や身体的暴力で脅されることが続き，Aさんはわけがわからなく

なってしまったという。

　1週間ほどしてようやく自室に帰ることができたものの，それからの約2年間のAさんの生活は，朝Bのマンションに出向いて朝食の用意をしてBを起こすことに始まり，授業が終わると急いでBの部屋に駆けつけて食事の用意や掃除，洗濯をしてBの帰りを待つという信じられないものになる。また買い物に行っては彼女にお金を出させるといったことや，自分が買った材料で彼女が作った料理を彼女にも食べさせた場合には，支払いを要求するといった経済的暴力も行使していた。

　少しでも気にいらないことがあると物を投げる，彼女の物を壊す，殴る蹴るの暴行となり，挙句に「怒らせるお前が悪いのだから反省文を書け」と命じて自分は寝てしまうという暴君ぶりだった。深夜寝入ったBを起こさないように抜き足差し足で自室に帰ろうとしていると，必ずといっていいほど目を覚ましたBに「帰ることは許さん！」と怒鳴られ，引き戻されたというAさんの話は，その時の恐怖に包まれたAさんの胸がはりさけんばかりの鼓動が聞こえてくるほどの臨場感を持って筆者に伝わってきた。

　一方，大学ではBは共通科目や教職科目など学部が異なっても履修可能な科目についてはほとんど同じ授業を取るように強要し，それ以外の授業についてもAさんの時間割をすべて支配し，休み時間や空き時間はBと一緒に過ごすことを強いていた。同じ授業ではAさんにノートを取らせ，その内容については夜になってBがチェックを入れ，まとめ直しをさせていたとのこと（後に筆者は教職の授業で2人を担当したが，Bは一見積極的に気のきいた発言をしているように見える割にレポートの質は決して高くなかった。それに比してAさんのレポートは要点が漏らさずに記述されており，Aさんのほうが能力が高いことは歴然としていた）。

　辛うじてBと一緒ではない授業の場合も，終わると走って所定の場所にかけつけることが強要されており，結果として同じ学部の友人との交流が制限され，AさんはB以外の人とのかかわりを断たれて孤立させられていった。休日はBの意のままに連れ回され，長期の休暇もあれこれ理由をつけては実家に帰ることを許されなかったため，Aさんは家族から親不孝者と言われるようになる。集中講義などを理由に長期の休みも帰省しない娘を気遣って母親がアパートを訪ねてきた際も，Bの部屋から帰してもらえずに結果として

母親を1人で過ごさせてしまい，ますます家族の怒りを買っている。

2．知られることが何より嫌だったAさん

　これほどの目に遭いながらも，Aさんは誰にも言えずに1人で耐え続けていた。ノートのまとめ直しや資料作成，反省文などBの要求で睡眠不足が続いたり，しばらく消えない痣ができるほどの激しい暴力を受けながらも，サークルの仲間がBの暴力を目の当たりにするまで，Aさんは決してそのような様子を見せなかった。大学ではきちんと授業に出席して好成績で単位をとり，いつもにこにこと穏やかな笑顔を見せていたのは驚くべきことであった。同時期，やはり男子学生からの暴力で援助を求めてきていた女子学生が，不安定になって摂食障害やリストカットなどの症状を呈していたのとは対照的であった。

　「とにかく人に知られることが一番嫌だった」，「弱いところを見せたくなかった」のだそうだった。BはAさんのこのような思いにつけこんで，人前で大声を出したり，「家族に言うぞ」という脅しで支配を継続していた。また，毎日のように「お前は何一つ1人ではできない」，「お前は生きている価値がない」などと言われ続け，Aさんは自分でも駄目な人間だと感じて，だからこそ誰にも言えないという思いを強めていった。

　面接の中でも何度も「嫌と言えなかった自分が情けない」，「Bの言うことを聞いていた自分が悪い」という言葉が出てきた。何度かBに対して「これ以上かかわらないでほしい」，「連絡しないでほしい」と言いながらも，応じるどころかそれ以後ますます支配を強めるBに対して，次第に諦め，卒業まで我慢するしかないと思っていたそうである。

3．Aさんの被害

　このようにAさんは生活全般について自由を奪われていた。中にはAさんが希望していた資格取得に向けて絶対に参加が必要であった説明会への出席を力ずくで阻止されたことも含まれている。これはAさんの人生を狂わせる重大な人権侵害であり，看過できないものである。Bと離れての単独での他者との接触は，家族とのかかわりまでも含めてほとんど阻止されており，また先に述べたようにBとの関係を知られることを怖れたためにAさんのほう

からかかわりを断つこともあり，結果として孤立せざるを得なかった。経済的な依存関係が基礎にある夫婦間のDVに比べて，そのような関係がなく，表向きの権限の差もない同級生の間で，ここまで強力な支配－従属関係が生じ，あらゆる種類の暴力が行使され続けていたことは，驚くべきことだった。マインド・コントロール，繰り返される暴力とその脅しがそれを可能にしてしまったのだろう。

4．回復に向けて──克服ノートの活用──

　Aさんにとって何より重要なことは，被害を受け続けることですっかり低下してしまった自尊感情を回復することだった。そのためには，カウンセリングの中で，彼女が現実生活の中でできている部分に焦点をあて，そこが拡大していくよう援助するとともに，暴力を受け続けた過去を振り返り，自分の言葉で意味づけし直す作業を行っていくことが必要だった。面接の中でBの仕打ちを語るAさんの口調は淡々としており，実感に乏しい印象を受けた。それだけ受けた傷が大きく，ある程度情緒を切り離すことが必要なのだと思いながら話を聴き続けた。

　面接が現実的な制約から2週間に1度しか設定できなかったことも含めて，Aさん自身のペースで行えることはないかと考えて始めたのがノートを用いての過去の振り返り作業である。

　認知療法で用いるコラム法（Burns, 1999）を参考にして，ノートに，
1）日時（覚えていない場合はおおよそ）
2）具体的な出来事
3）その時の気持ち
4）振り返っての今の気持ち

の欄を設け，書けるところから書いていこうとするものであった。
1）思い出せないこと，思い出したくないことについては無理に書こうとしないこと。
2）十分ノートに空白を空けておいて書けるところから埋めていくこと。

　は，初めに確認した約束ごとだった。

5．克服ノートを用いたAさんのエンパワメント

　Aさんは,「克服ノート」と名づけて表紙に書き，次の回からは大切に抱えて面接にやってくるようになった。面接では，ノートを渡した翌日から早速書き始めたという彼女の記述に沿って過去の一つひとつの出来事を振り返り，気持ちを語る作業を重ねていった。前項までに述べたBの暴力の大半とその時のAさんの思いは，このような形で確認したものである。

　ノートは徐々に埋まっていったが，そこに綴られたBの行動に対して，筆者の中に強い怒りの感情がわき起こり何度も圧倒されそうになった。しかし，Aさん自身からはしばらくの間は怒りが表現されることはなかった。Bに従っていた自分のふがいなさとその時の恐怖だけが繰り返し語られることが続いた。筆者は改めて，Aさんが怒りを表現できるようになることが回復の目安であると考え，ノートを介しての振り返り作業を続けていった。

　やがて半年を過ぎる頃から，Aさんは自分自身がBから受けてきた支配とそれによって失ったもの，とりわけ家族との関係が壊されたことがいかに理不尽なことであったかを強く表現するようになってきた。知られることを怖れるあまり，事を大きくしたくないと目の前の要求に従い続け，結果としてどうしようもないくらいの悲惨な事態を招いていたことを実感していた。ここから立ち直るために，自ら両親と姉にこれまでの経過を話すことを決断した。

　Aさんは久々にゆっくりと実家に帰り，両親と姉に話をした。両親はあまりのことに動転し，特に父親はAさんのほうに隙があったからだとなかなか理解してくれなかったようだが，姉が全面的な理解者となってくれ，最終的には両親とも数年間のわだかまりを解くことができたと，明るい顔で報告してくれた。

　2冊にわたる克服ノートの記述が，書いたり消したりを繰り返ししながら，徐々に埋まっていくにつれて，AさんはBに対する強い怒りに加えて，自分が悪いのではなかったということを明らかにしたいという思いを強めていった。

V 人権保障システムの構築と運用

1．大学におけるセクシュアル・ハラスメント対策

　わが国におけるセクシュアル・ハラスメント対策は，1999年4月に施行された改正男女雇用機会均等法に雇用者のセクシュアル・ハラスメント防止義務が明記されたこと，1998年10月に人事院規則10-10に公務職場におけるセクシュアル・ハラスメント防止が規定されたことなど，1998年から1999年にかけて法制化が進んだ。文部省（当時）も，1999年3月に訓令で高等教育機関へセクシュアル・ハラスメント防止対策を講ずるよう求めた。これを受けて全国の大学，短大，高等専門学校でセクシュアル・ハラスメント防止のため，防止対策委員会の設置，ガイドラインの制定，相談窓口の開設が相次いだ。しかしながら，多くの大学等ではセクシュアル・ハラスメントという人権侵害が生じる背景や被害者が置かれる立場，被害の実態等についての十分な認識なしに急遽作られたシステムによって，被害を訴え出た被害者がかえって深刻な2次被害を受けるといった事態が続出しており，より実効性の高いシステムの構築とその運用が求められていた（窪田，2000）。

2．D大学における人権保障システムの構築

　筆者が当時勤務していたD大学には主として同和問題を取り扱う同和・人権委員会という組織が存在していたが，そこには当然のことながらセクシュアル・ハラスメント問題への対応は含まれていなかった。

　そこで，教員有志で大学としてのセクシュアル・ハラスメント防止体制の確立について学長に具申した。その結果，セクシュアル・ハラスメント防止体制構築のためのワーキンググループが設置され，筆者は臨床心理の専門家として法律専門家教員とともにメンバーの1人として関与することになった。

　既存の同和・人権保障規定を吸収する形でセクシュアル・ハラスメントを含むキャンパスにおける人権侵害全般を視野に入れた「人権保障規程」制定の検討過程で，主として被害者支援の観点から考慮した点は以下の点である。

　1）相談窓口を常にアクセス可能な学生相談窓口におくこと。
　2）相談窓口の機能として，人権救済の申立の窓口機能に加え，心理カウンセ

リング,対応方法についての相談機能を加え,被害者の意向をより尊重できるようにすること。
3) 相談窓口の機能と調査委員会の機能を分離し,調査開始後も被害申立者への継続的な支援を可能にすること。
4) 被害者の申立がなくても,人権委員会が必要と判断した場合には調査開始を可能にすること。
5) 被害の申立人,被申立人は調査に際して補佐人(付添人)をつけることを可能にすること。
6) 必要に応じて調査には外部の専門家を活用することができること。
7) 人権委員のうち,申立人,被申立人と同一部署に所属する委員や何らかのかかわりのある委員は,調査やその結果に基づく審議には加わらないこと。

1)〜5)の背景には,セクシュアル・ハラスメントをはじめとする人権侵害の被害者に共通する以下のような特性が想定されている。これらのほとんどは,Aさんの支援の過程でも明らかになった点である。
1) 被った人権侵害が重篤なものであればあるほど,被害者は無力化されていたり,被害の発覚や報復を怖れていたりすることから,相談に訪れることは非常に困難であること。
2) 被害者自身混乱しており,どのように対応してよいかが当初判断しがたい状態にあるため,対応方法決定のための援助も重要であること。
3) 被害者自身自責の念が強いため,申立,調査等の過程で2次被害を受けやすいこと。
4) 被害者の回復には長い時間を要し,継続的な支援が必要であること。

また,6),7)については公平性,中立性および専門性の確保という点から挿入された。

3．Aさんの申立

第Ⅳ節の末尾に記したように,Aさんは回復していくにつれて,Bから受けた被害の理不尽さを意識するようになり,「Bの行為が理不尽なものであったこと」を明らかにすることで,「自分が悪かったのではなかったこと」を納得したいとの思いを語るようになった。
前項で述べたD大学人権保障規程は,AさんがBから離れ学生相談室で相

談を開始してからほぼ1年後に制定された。規程とそれに基づく救済の仕組みを説明すると、Aさんは真剣に話を聞いていた。しばらく考えさせて欲しいということだったが、間もなく「自分が悪くなかったということをはっきりさせたいので」申立に踏み切ると言ってきた。家族に相談したところ、当初両親はもう終わったことだし、そんなことをしてせっかくおとなしくしているBを刺激することになったら大変だからと、反対の意向を示したそうだった。はじめに被害を伝えたときと同じように、姉がAさんの思いを理解して一緒に両親の説得に当たってくれたとのことだった。

こうしてAさんは人権救済の申立をすることになった。筆者は、相談窓口である学生相談室の担当者の1人として、Aさんからの申立を受け付け、人権委員会に上げる役割を担った。

4．人権保障システムの運用による本事案の取り扱い

Aさんの申立は人権委員会で受理され、ただちに規程に基づいて調査委員会が発足した。

筆者は人権委員の1人ではあったが、本事案についてはAさんの支援に当たってきた相談担当者であるという立場上、その後の調査やそれに基づく審議からははずれることが確認された。

調査委員会は外部の専門家（弁護士）を含む4名の委員で構成され、調査が開始された。筆者はカウンセラーの立場で定期的にAさんの話を聴き、その間のサポートを行った。克服ノートを通じて随分整理してきていたとはいえ、改めて調査委員会の中で具体的な被害事実について尋問を受けることはAさんにとって相当に辛い作業であることがうかがえた。

母親と姉に来学願っての聞き取りも含め、Aさんへの数回の調査とそれを基にしたBへの調査を経て、重篤な人権侵害があったことが認定され、それに基づいて人権委員会によりBには懲戒処分が必要であるとの判断が示された。

Aさんにとって Bの処分は、それそのものが目的であったわけではなかったが、結果として自分自身の正当性について社会的な保証を得たこととなり、回復の最終ステージに至る大きな契機となったと思われた。

Ⅵ　まとめと考察

　本事例は，学生間のDV事案であり，被害者の安全の確保と回復，さらなる加害の防止のためには，大学コミュニティの力を最大限に活用しながら対処する必要性があった。一方，長期にわたってBの支配下に置かれ，すっかり無力化し自責的になっていたAさんの回復のためには，大学コミュニティとしてAさんの安全を保障した中での個人面接が必要であった。個人面接で用いた克服ノート法ではAさんのペースに合わせた過去の再構築が可能になった。

　同時期，検討がなされていた人権保障規程には，先述した相談窓口機能の強化のみならず，申立によらない調査の開始，外部の専門家の調査委員への就任など被害者主体の諸施策が盛り込まれた。大学コミュニティとしての人権侵害の防止と対応の力が強化された。

　このように本事例は個人，身近な支援ネットワーク，大学コミュニティに対するアプローチが同時並行的・多層的・有機的になされることで展開した事例であった。

　以下，個人，支援ネットワーク，コミュニティそれぞれに対して行った支援を臨床心理学的コミュニティ・エンパワメント・アプローチの視点から考察する。

1．個人面接を中心とした個のエンパワメント――克服ノートの活用――

　繰り返し述べてきたように，Aさんは長期的・継続的なBの暴力の中ですっかり無力化され，Bから逃れられずにいた。日々，目前のBの暴力から逃れること以外のことは何も考えられずに過ごしていたとAさんは後に語っている。

　一方で，Aさんは，朝早くから深夜までBに支配されるという想像を絶する生活を強いられながらも，表向きは破綻することなく，Bの指示もあって授業にきちんと出席し，単位取得を重ねていた。Aさんのもともとの能力と健康度の高さが推察された。それでも，Aさんの傷つきと自尊感情の低下はきわめて大きく，その回復のためには安全でゆっくりした時間と場所で個人

面接を重ねることが必要であった。その中で，Aさんが自らの力を再認識し，将来展望を持てるように援助することが求められた。

そのためには，Aさんが暴力を受け続けた過去を振り返り，自分の言葉で意味づけし直す作業が必要であったが，しばらくの間はAさんからBへの怒りは一向に表出されず，従い続けた自分を責める言葉が続いた。また，Bの凄まじい仕打ちを語るAさんの口調は淡々としたもので，聞かされる側には違和感があった。もちろんAさんにしてみれば，情緒を切り離すことでかろうじて破綻せずにきたのであろうし，当然の防衛だと思われた。

このような面接の状況と文章表現が得意なAさんの資質を考えて，筆者は出来事，その時の思い，振り返っての現在の思いを書けるところから書いていくという「克服ノート」を導入することにした。Aさんは自分のペースでの振り返る作業と，面接場面で筆者とそれについて話し再確認する作業とを繰り返すなかで，徐々に被害の理不尽さとBへの怒りを実感し表現し始めた。

Aさんが自らの力を再認識することを援助するという個へのエンパワメントに際して，自分のペースで進むことができる克服ノート法は有効に機能したということができよう。

2．支援ネットワークの形成と維持
1）インフォーマルな支援ネットワークの維持

Bの暴力に気づいた周囲の学生や教員たちが，何とかAさんを救いだそうと懸命になっていたにもかかわらず，Aさんが実際に行動を起こすには半年以上の月日を要した。その間，友人や教員の間には，「離れようとしないAさんにも問題がある」ので「どうしようもない」といったムードが漂い始めた。その都度，筆者はこのような事案における加害者の一般的な特性や被害者が陥る状態，被害者に対して周囲ができることについて伝え続けた。AさんがBと離れる決心をするまでの間は，不用意な接近はかえってAさんへのBの支配を強化する危険もあったため，友人たちと関係教員はゆるやかな支援ネットワークとしてAさんとBの学内での様子を見守り，相互に情報を交換しあった。また，Aさんが1人になった一瞬の隙も逃さず，「逃げてくれば必ず守る」ことを伝え続けた。

これらの支援ネットワークの存在は，AさんがBから離れる決心を固める

上で重要な役割を果たした。一時は崩壊しそうであった支援ネットワークが維持されるには，DVのメカニズムや加害－被害関係についての専門的な知識の供給による支援ネットワークのエンパワメントが必要であった。

2）学内ネットワークの活用

　一方，Bから離れたAさんの安全を確保するには，学生部によってBに対しての強制的な措置を講じてもらうことが必要であった。当初，DVとしての認識が持てずにいた学生部関係者には，繰り返しその特徴についての理解を求め，結果としてBにAさんへの接近の禁止と学外機関によるカウンセリングを申し渡してもらうことができ，Aさんの安全確保が可能になった。ここでもDVのメカニズム，加害－被害関係についての専門的な知識の供給による支援ネットワークのエンパワメントが必要であったと言える。

3）学外ネットワークの形成と活用

　Bのカウンセリングについては，暴力防止に関心を持つ精神科医に引き受けてもらうことができ，Bとの間で契約を交わした上で開始してもらった。随時情報交換を行うことで，学内外のネットワークが強化され，有効に機能したと思われる。

　上記1）～3）の支援ネットワークの形成と維持には，いずれも対象者の理解と対応についての正確な知識と情報，および支援者相互のサポートの供給によるエンパワメントが必要であった。これらによって，Aさんの安全が確保され，Aさん自身が回復に向けて歩む環境が整えられた。

3．コミュニティのエンパワメント

　この時期検討がなされていた人権保障規程には，相談窓口機能の強化，申立によらない調査の開始，外部の専門家の調査委員への就任など被害者主体の諸施策が盛り込まれた。このような規程が整備されることによって，大学コミュニティとしての人権侵害の防止と対応の力が強化されることとなり，コミュニティがエンパワメントされた。

　Aさんは，回復の最終段階として，規程に基づいた被害の申立を行い，外部の専門家を加えた調査によって被害を認定された。

　このように本事例は個人，身近な支援ネットワーク，大学コミュニティに対するアプローチが同時並行的・多層的になされることで効果的に支援でき

第3部　臨床心理学的コミュニティ・エンパワメント・アプローチによる援助の実際

表6.1　臨床心理学的コミュニティ・エンパワメント・アプローチの
プロセスに即した各層への支援

	当事者	身近な支援者	コミュニティ
準備段階	「逃げてくれば守る」メッセージ	情報共有，ネットワーク作り	学生部との連携（Bへの措置）
アセスメント段階（結果）	長期にわたる支配による自尊感情低下	加害者Bのカウンセリングのための学外資源の発掘の必要性	セクシュアル・ハラスメント防止体制の不備
実施段階	克服ノートを用いた個人面接 人権委員会への申立	学外資源との情報交換，Bの行動規制	人権保障システムの構築と運用
評価・終結段階	個人面接における振り返り		

た事例であった。

　表6.1に臨床心理学的コミュニティ・エンパワメント・アプローチのプロセスに即した各層とのかかわりを示した。

第 7 章

荒れた中学校へのシステム・コンサルテーションの事例から

　本章では，筆者が学校臨床心理士として荒れた中学校へのシステム・コンサルテーションにかかわった事例（窪田，1996，窪田・小川，1996）を提示する。本事例では，問題行動を起こしている生徒たちには直接的にはかかわりを持たなかったが，管理職との間で学校コミュニティの見立てと支援計画を共有しながら，保護者グループ，当該学年教職員グループのミーティングを重ね，それぞれの対処能力を引き出すかかわりを持った「臨床心理学的コミュニティ・エンパワメント・アプローチ」の事例である。

I　学校臨床活動における臨床心理学的コミュニティ・エンパワメント・アプローチの必要性

1．学校臨床心理士の役割

　スクールカウンセラー活用調査研究委託事業の開始に際して，日本臨床心理士会，日本臨床心理士資格認定協会，日本心理臨床学会の3団体からなる学校臨床心理士ワーキンググループは，『学校臨床心理士のためのガイドライン』（学校臨床心理士ワーキンググループ，1997）において，学校臨床心理士の役割について次の点を強調して述べている。不適応児童・生徒の担任への助言や支援を優先すること，小グループ形式の話し合いなどによる校内関係者の相談活動の活性化に努めること，学校内外の地域関連機関との連携的援助のあり方について配慮することの3点である。
　同ワーキンググループのメンバーでもある鵜養（1996）は，学校臨床心理士は学校教育自体が成長しようとする試みの触媒として，学校・教師・教育の専門性を尊重し，その専門性が十分発揮され，教育機能が円滑に機能する

ように臨床心理学的地域援助を行うことが重要であると述べている。

また，近藤（1995）は，「学校臨床心理学の理論と方法」の中で，学校臨床心理学の対象は学校というシステムであり，学校という場の中で子どもがどのように問題を抱え，どのように回復・成長していくかを学校というシステムと関連させて把握すること，そこで得られた具体的知見を基に問題への対処や予防，成長促進の援助方略を誰がいつどのように行えばよいのかを具体化することがその役割であるとしている。学校臨床心理士の活動は，問題を抱える子どもを生活する場と離れた場で援助していた従来の教育相談とは異なり，学校という子どもの生活の場で，一人ひとりの子どもの問題を個人レベルのみならず，学校システムとの関連で捉え，学校システム全体を対象にかかわっていくものと特徴づけられている。

このように，スクールカウンセラー活用調査研究委託事業の開始当初から，学校臨床心理士は学校システム全体へかかわっていくものであり，特に子どもの主たる援助者である教師への援助としてのコンサルテーションが重要であること（鵜養，1995）が指摘されていた。

2．学校臨床心理士のかかわり方と臨床心理学的コミュニティ・エンパワメント・アプローチ

学校臨床心理士の学校システムへの介入として，近藤（1995）は子どもへの直接的援助，教師への援助を通しての間接的援助，教師の援助力そのものの向上を支援する教師への直接的援助，および学校システム全体への援助をあげているが，子どもへの直接的援助についても，それによって子ども自身の回復を助けることで，教師の働きかけを側面から援助するというように，学校における主たる援助者である教師への援助を中核に据えている。

このように学校臨床心理士の役割においては，学校コミュニティ全体を対象にしながら，児童・生徒を支える支援システムそのものに働きかけ，支援ネットワークが有効に働くようにアプローチすることが重要である（山本，1986）。

臨床心理学的コミュニティ・エンパワメント・アプローチは，問題を抱える／問題から直接大きな影響をこうむっている当事者，身近な支援者，彼らが所属するコミュニティ全体を視野に入れ，それぞれが本来持っている力を最大限生かして問題の解決／問題からの回復に寄与できるよう，当事者や身

近な支援ネットワーク，コミュニティへの支援を同時並行的・多層的に展開していくものである。これまで見てきたように学校臨床心理士に求められている役割は学校コミュニティ全体へのかかわりであり，問題を抱える／問題から直接大きな影響をこうむっている児童・生徒，身近な支援者である教師や保護者，彼らが所属する学校コミュニティ全体を見立て，それぞれに対して同時並行的・多層的に支援を展開していく「臨床心理学的コミュニティ・エンパワメント・アプローチ」によって，効果的に遂行することが可能になると思われる。

3．臨床心理学的コミュニティ・エンパワメント・アプローチとしてのスクール・アドバイザー活動

　スクールカウンセラー活用調査研究委託事業の開始と同時に，筆者が所属する自治体においては，学校／教育委員会からの要請に応じて随時臨床心理士を学校に派遣するスクール・アドバイザー活用事業が開始された。派遣の対象になるのは，教職員研修の講師や事例検討会のスーパーバイザーなどで，教師への援助が中心である。個別事例についてのコンサルテーションの過程で直接的な関与が必要だと判断された場合には児童・生徒，保護者との面談を実施する場合もあるというものである。

　学校コミュニティの管理者である校長が，起こっている問題が学校コミュニティの本来の力のみでは解決／回復が困難であると判断した場合に，管轄の教育委員会に臨床心理士の支援を要請し，教育委員会があらかじめ活動領域・活動場所などを登録している臨床心理士を当該校に派遣することでかかわりが開始される。

　スクール・アドバイザーは，支援を要請した学校コミュニティの管理者である校長の求めに応じて，問題を抱える／問題から直接大きな影響をこうむっている児童・生徒の直接的な支援者である担任教師や学年教師集団，全学年教師集団と接触を持ち，情報を収集する。その中で，児童・生徒，身近な支援者である教師や保護者，および学校コミュニティ全体の支援機能について見立てながら，今後必要かつ可能な対応について教師および教師集団と話し合っていく。個々の児童・生徒だけの問題，または児童・生徒と保護者や担任など身近な関係者だけの問題とするのではなく，学校全体の問題として

捉え，個人レベル・身近な支援者のレベル・学校全体のレベルでそれぞれ取り組むべきことを具体的に明らかにする臨床心理学的コミュニティ・エンパワメント・アプローチの視点は，特にスクール・アドバイザーの活動は場合によっては単発のものであるだけに，なおさら重要であると考えられる。

次節からは，筆者がもう1人の臨床心理士とともにスクール・アドバイザーとしてかかわりを持った事例を提示し，臨床心理学的コミュニティ・エンパワメント・アプローチの視点から検討を加える。

Ⅱ 学校コミュニティの見立てと支援計画

1．荒れた中学校からの支援要請

X年10月，A教育事務所指導主事より，管内のB中学校にスクール・アドバイザーとして行ってもらえないかとの連絡が入った。スクール・アドバイザー事業はX年に始まったものだが，実質的に動き出したのは9月になってからであり，筆者にとってもA教育事務所にとっても初めての事例であった。指導主事からファックスで送られてきた申込書によると，B中学校のC校長からのオーダーは，「問題行動が目立つ生徒の保護者の指導をしてほしい」というものであった。

筆者はそれまで精神科リハビリテーションと学生相談の場をフィールドとして活動しており，この時点で学校臨床への直接的な関与経験はなかったが，システミックなものの見方や家族援助の技法などがこれまでの領域と同じように適用可能であろうとは考えていた。また臨床心理士会の当該地区の役員であったため，本事業については積極的に協力せざるを得ない立場にあった。とはいえ，当初予想していた不登校やいじめの事例ではなく，いきなり問題行動生徒の保護者支援の要請がきて大いに戸惑いを感じた。そこで，同じ地区の役員をしている臨床心理士Dに相談し，指導主事に以下の要望を伝えた。

1）結果的に保護者にお会いするにしろ，まずは身近な教師から話を聴かせてほしいこと。
2）関係者が多数にわたっていて問題が複雑化していると考えられることから，2名の臨床心理士がチームで，複数回にわたってかかわることを検討して欲しいこと。

いずれの要望もただちに了承された。事前に校長にも電話で先生方の話が聴きたい旨伝えたところ，初回は，特に問題行動が目立つ生徒2名の担任との面談，その保護者との面談，最後に教師全体とのミーティングという盛りだくさんのスケジュールが組まれていた。

2．見立てと支援計画の策定
#1　X年10月19日

　臨床心理士Dと筆者で学校に出向いた。C校長は，挨拶もそこそこに，「とにかく何とかしたいと思ってスクール・アドバイザーを要請した」と述べ，「保護者の指導力不足でどうしようもないので保護者を指導をしてほしい」と申込書にあった主訴を繰り返した。

　まずは問題行動が特に目立つE君，F君の担任から個別にそれぞれの問題行動および家族の状況について40〜50分程度話を聴いた。3年生E君の担任を臨床心理士Dが，F君の担任の話を筆者が聴いた。

　続いて，E君，F君の保護者から子どもの行動についての保護者の捉え方，家庭での様子，保護者との関係などについて，約1時間程度話を聴いた。E君の母親を臨床心理士D，F君の両親を筆者が担当した。

　その後，放課後に全教師とのミーティングが準備されていた。臨床心理士Dと筆者からはスクール・アドバイザー制度の説明をした上で，各クラスごとに問題行動が目立つ生徒の状況について話を聴いた。

　全教師ミーティングの最後にコメントを求められた筆者は，3学年教師から，問題行動が目立つ生徒の保護者相互につながりができ始めているという話が出たことを受けて，保護者のネットワークを強化する働きかけが有効である可能性があることを述べた。

　全教師ミーティング後，管理職と今後の進め方について協議した。次回は管理職，校内で問題行動が目立つ生徒とのかかわりが深い生徒指導担当教師，E君担任，F君担任とスクール・アドバイザーとで，今回明らかになった情報を基にさらなる作戦会議を行うということで合意した。

　第2回目までに臨床心理士Dと打ち合わせの時間を持ち，#1で得た情報の整理およびその提示方法について話し合った。その際の基本的な考え方として，地域も含めた学校コミュニティ全体を視野に入れてシステミックな状

況把握をこころがけること，現状の中でうまくいっていることに光を当て，現在までの解決努力とその効果を洗い出していくことを合意した。これまでの対応で疲弊しきっており，また突然やってきた臨床心理士に警戒的である教職員と協働関係を結ぶためにも，「スクール・アドバイザーは決して学校の対応を非難するようなつもりはないこと」，また「われわれが効果的な解決策を持っているわけではなく，これまでの対応を整理する中からより効果的な取り組みが可能になること」を強調したいと考えた。また整理した情報を文章化，図式化して提示することで現状の共有を促進することにした。他に問題行動の時間的推移を整理するためのシートを準備することにした。

#2 X年11月1日

　校長，生徒指導担当教師，E君担任，F君の担任とスクール・アドバイザーとで話し合いを持った。その際，前回スクール・アドバイザーが把握した現状について図7.1の資料を提示した。

　図7.1を校長，生徒指導，E君担任，F君担任に提示し，検討した。校長は特にシステム関係図に関心を持ったようで，身を乗り出して見入っていた。話の中で，問題行動が目立つ生徒といっても一様ではなく，地元暴走族のたまり場に出入りしている過激派と穏健派，それに中間派とでもいうべき3つのグループに分けられるということが明らかになり，それに基づいて図を修正することにした。

　また，前回の全教師ミーティングの最後に筆者が述べた保護者ネットワークの強化ということにヒントを得て，3学年教師たちが保護者への働きかけを行ったことなどが3学年教師集団所属の生徒指導担当教師から語られた。加えて，生徒指導担当教師は時間に余裕がある限り，授業に入らない生徒たちを相談室に呼び込んで勉強を教えたり，時にはビデオを見せるといった取り組みも続けているとのことだった。その中で，ストーリー性の高い映画を筋を追って見ることができない生徒もいるといったエピソードが語られた。

　今後短期目標を明確にして，学校として一致して取り組んでいくためには，これまでの問題行動出現の推移をより明確に把握しておく必要があると考え，問題行動の種類別に4月以降の推移を整理するためのシートを提示し，各教師に次回ミーティングまでに記入してもらうよう依頼した。

　#3までに臨床心理士Dと，次回ミーティングで提示する資料の準備を

第7章　荒れた中学校へのシステム・コンサルテーションの事例から

（1）初回に把握した現状

1) 2学年，3学年に各5～6人程度の問題行動が目立つ生徒のグループが存在する。
2) 現在の主たる問題行動としては，校舎内でのいたずら，怠学（登校するが授業に参加しない），服装違反，シンナー吸引，喫煙，深夜徘徊，外泊など。バイク盗など警察で取り調べられるような触法行為は減少している。
3) 暴走族のたまり場に出入りしている生徒が数名いる。
4) 個別の指導の際には比較的素直に反応する生徒もいるが，グループの吸引力（集団凝集性）が強いため，行動変化は難しい。
5) 問題行動が目立つ生徒たちの家族の中には，熱心にかかわっている家族もいるが中には指導を放棄しているように見える家族もある。

問題行動が目立つ生徒の特徴
・遅刻はするが必ず登校する（学校の中に居場所を求めている）。
・担任教師等からの指導に対して攻撃的な反応は示さない。
・対人暴力はない（対教師，生徒間とも）。

（2）現在の対応（生徒，家族，学校，地域のかかわりを図示し，説明を付した）

1) 学校→生徒本人
   ①担任教師による個別の対応
   ②相談室（仮称）における集団対応
   ③その他，学校全体として随時指導
2) 学校→家庭
   ④担任教師による個別の対応，複数での家庭訪問
   ⑤家族懇談会（仮称）
3) 地域→生徒本人
   ⑥地域ボランティアによる夜間パトロール

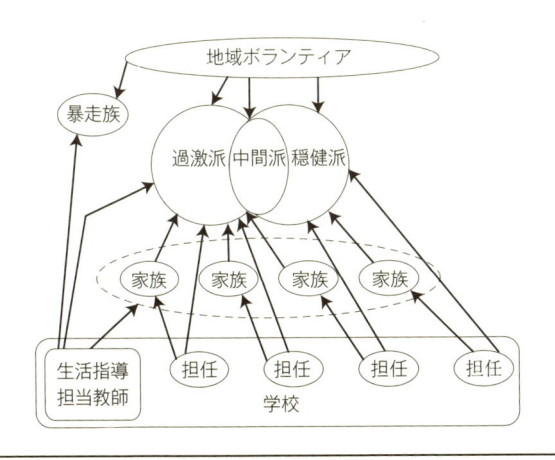

図7.1　現状のまとめ（その1）

現状のまとめ

・学校→生徒本人・家族，地域→生徒本人では，関係者の精一杯の努力ですでにさまざまな対応がなされている。(すでに有効な対応メニューは出揃っている)
・それらの努力の結果，基本的に最悪の時期に較べると事態は改善している。
(バイク盗などの触法行為は収まり，外泊する者が限定されてきている)
・家族→生徒本人への対応は，家族によるばらつきが見られる。
(熱心な家族，指導を放棄している家族)

推測される問題点

・対応のほとんどは，担任教師→生徒・保護者といった形で個別になされることが多かった。
(→現在は徐々にチーム対応になりつつある)。
・関係者間で長期目標(問題行動の改善)は一致していても，短期目標(取り組むべき問題の優先順位)やその具体的方法については，話し合いはなされていても十分な整理の作業に至っていない。

図 7.1 現状のまとめ (その2)

行った。

#3 X年11月30日

引き続き校長，生徒指導，E君担任，F君担任と臨床心理士D，筆者でミーティングを持った。前回の話し合いの結果訂正を加えた（1）現状のまとめ，（2）これまでの対応に加えて，それらを基に事前に準備してきた（3）今後の取り組みについてのスクール・アドバイザー案（図7.2）を提示し，検討した。

これまで暗黙のうちには了解していた目標が明確に示され，それに向けて具体的にどのように取り組むかの道筋を共有し，実際にやるべきことはこれまで続けてきた地道な対応であることを確認したことで教師チームは安堵したようだった。特に校長は，勢いを得た感があった。

次に各担任から提出されていた問題行動出現表をともに眺めながら，これまでの問題行動の推移を検討した。集約していくことで，漠然と把握されていた個々の問題行動の時間的な流れが見えてきて大変興味深かった。7月頃から9月にかけて顕著だった外泊や夜間徘徊が減少するにつれて遅刻，授業に出ないといった学校内での問題行動や服装違反が目立ってきており，問題行動の範囲が収束しつつあることが見て取れた。

これらの作業のかたわら，3学年担当教師からは，#2以降も保護者とのかかわりを強め，保護者相互のつながりも育ってきているとの話が出た。進路の問題が現実化する時期を迎えていることもあり，3学年の生徒たちは「○

第7章 荒れた中学校へのシステム・コンサルテーションの事例から

　　　　　　　　（3）今後の取り組み（スクール・アドバイザー案）
1) 目標　問題行動が目立つ生徒の学校，クラスへの定着
　　　　居場所作り，学力の補充
2) 課題　①問題解決に向けてのスケジュール作り
　　　　　　　　解決すべき個々の問題の洗い出し，優先順位づけ
　　　　　　　　スモール・ステップの作成
　　　　②現行の対応メニューの整理・統合
　　　　　　　　現行の具体的対応とその結果についての明確化
　　　　　　　　（他のメンバーが行っている対応から学ぶことも多い）
　　　　　　　　個別対応のチーム対応への整理・統合
　　　　　　　　関係者間の問題と方針の共有，具体的対応方法についての検討
　　　　　　　　時間的・心理的エネルギーの効率的な活用
3) 方針　これ以上の時間・エネルギーをかけずに行えるシステムの検討!!
4) 方法　問題行動が目立つ生徒の直接の関係者（担任教員，生徒指導教員などの協議）
　　　　　→各学年担任チーム
5) スクール・アドバイザーの役割
　　　4)のミーティングに必要に応じて参加し，3)の遂行を援助
　　　3)に基づく具体的対応についてのケース検討会への参加とアドバイスなど

図7.2　スクール・アドバイザー案

○の髪の毛が黒くなった」というように徐々に落ち着いてきているようだった。それに対して2学年教師の動きが悪く，保護者のつながりも希薄であり，生徒の行動も相変わらずとの指摘がなされていた。

　そこで今後の取り組みとして，2学年保護者，2学年教師について相互のつながりを強化することをめざして，それぞれグループ・ミーティングを実施することにした。

Ⅲ　グループ・ミーティングによる問題行動生徒の保護者のエンパワメント

　#4では，問題行動が目立つ2学年生徒の保護者のグループ・ミーティングを行うこととし，スクール・アドバイザー2名がファシリテーターとして参加することになった。それまでのやりとりで，学校と保護者の間にしばしば行き違いが生じていたことは明らかであったため，保護者どうしが本音を出し合い相互に支え合う関係を作るには，学校関係者は入らないほうがよいだろうということになった（実際，ミーティングのはじめに確認すると保護者からも入ってほしくないとの希望が述べられた）。

　今回のミーティングの目標を

第3部　臨床心理学的コミュニティ・エンパワメント・アプローチによる援助の実際

家族グループのルール
（1）お子さんとの関係がうまくいかないときに生じる気持ちの混乱は，どの家族にも見られる当たり前の反応です。決して家族の欠点ではありません。
（2）ご家族同士がお互いの気持ちを認め合い，お互いを非難しないようにしましょう。
（3）お子さんへの対応方法について意見を交わしあいましょう。
（4）「なぜそうなったか」より「どうすればうまくいくか」を考えましょう。
（5）1度に1つの話題を取り上げましょう。
（6）話す人は短く話し，聞く人は人の話を遮らずに聞きましょう。
（7）伝えたい人の方を向いて話をしましょう。

図7.3　家族グループのルール

1）子どもの理解と対応についての保護者相互の経験を分かち合い，知恵と工夫を共有すること
2）同じ問題を抱えた保護者相互が支え合う関係を強化すること
3）1），2）によって保護者の本来の力を回復すること

とし，そのためには特定のメンバーの場の独占，原因追及と悪者探しといったことをできるだけ防ぎ，メンバー全員の交流を促進して問題解決志向に話を進めることが重要だと思われた。プリント（図7.3）を作成し，開始時に参加者で確認することにした。統合失調症者の家族対象に行われる解決志向の心理教育ミーティングの実施方法（伊藤，1997；鈴木，1997）を参考にした。

#4　X年12月25日

2年生保護者6家族7名に，臨床心理士Dと筆者が加わって保護者ミーティングが実施された。前述したように，ミーティングへの学校関係者のかかわりは開始時と終了時の校長の挨拶のみにとどめてもらうことにした。

保護者どうしはもともと面識があり，また最近連絡を取りあっているメンバーが多かったこともあり，会は和やかな雰囲気で話が進んだ。その中で出た話をまとめるとおおよそは以下のようなことだった。

「問題行動が目立ち始めた1学期は，保護者は学校から連絡があるたびに厳しく叱責し，服装違反や外出などを無理に止めようとした。仲間とつきあわないようにも言った。そうすると本人は落ち着くどころか，保護者に反抗的な態度をとるようになり，気に入らないと暴れたり家を出て行くことが多くなるなど，かえってひどくなった。学校からは再三家で指導をするように言われたが，子どもは親を避けるようになりどうしようもなかった。親どうし話をする機会があり，きいてみると同じような状況のようだった。考えてみ

第7章 荒れた中学校へのシステム・コンサルテーションの事例から

ると，子どもたちも確かに悪いことはしているが学校でも家でも怒られてばかりではかわいそうだという話になり，家庭での対応を少し変えてみることにした。本人の言い分を聞いたり，よいところを探して褒めたりすることや，一緒に過ごす工夫をした。夜になると出ていくのは，家でどう過ごしてよいかわからないからではないかと思ったので，一緒にできるゲームに誘ったりした。そうすると少しずつ，授業が全然わからない，自分でもやめたいと思うけれども友達を裏切れないといった気持ちを話してくれるようになった。また，少しずつ深夜外出が減り，出かけても帰ってくるようになった。見送る親に気遣う言葉をかけてくれたこともあった。親どうし話してみると子どもたちには，『素直で幼稚なお調子者で，1人では何をしてよいかわからず，何もできない。認めてもらいたがっている』などといった共通点があることがわかった。まだまだ全然駄目だとは思うけれど，学校も悪いところばかり見るのではなくていいところを認めていってほしい」といったことである。

　臨床心理士Dと筆者は，発言が特定の家族に偏らないように適宜介入して話を振りながらも，大半は自然な流れに沿って話を聴いた。大変な状況の中で保護者がそれぞれ子どもを理解し，かかわり方を工夫して肯定的な変化を生んできていることについてのねぎらいと敬意を表し，効果的な視点やかかわり方を抽出して明確化するという援助を行った。

　開始時の校長の挨拶は，事前に依頼したように保護者に対して日々の対応とミーティングへの参加のねぎらいにとどまったが，終了時には，冬休みを控え家庭でしっかり指導してほしいとのいつもの檄(げき)となった。しかし，保護者の表情は明るかった。

　学校からは指導力不足で相互のつながりも乏しいと見られていた2学年保護者は，実はすでに相互に連絡を取りあい，その中で力を得て子どもの理解とかかわり方についてさまざまな工夫をし始めていたのだった。筆者らがかかわって実施したミーティングの場は，すでに保護者グループの中に解決に向けて始まっていた動きを保障し強化するとともに，保護者の力を学校とつなぎ，協働体制を作っていくためのきっかけという意味を持つと考えられた。

　次回は2日後に2学年教師のグループ・ミーティングを持つことになっていた。筆者らはそれに向けて，#4で出た保護者の話を整理し，保護者の対応とその成果について教師グループに提示したいと考えた。

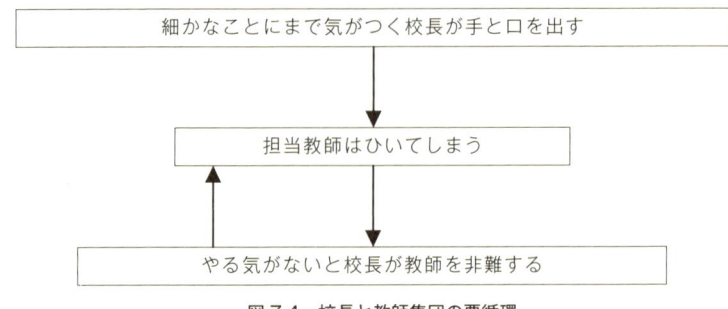

```
┌─────────────────────────────────────┐
│ 細かなことにまで気がつく校長が手と口を出す │
└─────────────────────────────────────┘
                    │
                    ▼
      ┌─────────────────────┐
      │ 担当教師はひいてしまう │
      └─────────────────────┘
          ▲             │
          │             ▼
┌─────────────────────────────────┐
│ やる気がないと校長が教師を非難する │
└─────────────────────────────────┘
```

図7.4 校長と教師集団の悪循環

Ⅳ グループ・ミーティングによる教師集団のエンパワメント

　教師集団は日々頻発する問題行動の対応に追われるとともに，保護者とのトラブルや学校内で管理職から指導力不足を指摘されることも加わり，疲弊しきっているようだった。これまでのかかわりの中で，校長と担当教師の間には図7.4のような悪循環が生じている可能性が見て取れた。

　この悪循環は，特に2学年教師集団との間で顕著になっているようだった。この悪循環を断ち切ることが急務だった。2学年教師のグループ・ミーティングの実施自体は,「指導力不足」という校長の貼ったレッテルに基づくものではあったが，結果として疲弊している2学年教師集団が力を回復するためのきっかけになればと考えた。

　しかし，そもそもスクール・アドバイザーの活用自体，問題行動が目立つ生徒の最も身近で対応を余儀なくされている担任教師たちのニーズに基づくものではなかった。今回のグループ・ミーティングについても2学年教師集団からの要請ではなく，校長によって年末に有無をいわせず呼び出されたものであるに違いなかった。＃2の校長らとの作戦会議開始時と同様に，スクール・アドバイザーは「決して学校の対応を非難するようなつもりはないこと」，また「われわれが効果的な解決策を持っているわけではなく，これまでの対応を整理する中からより効果的な取り組みが可能になると考えているので一緒に考えていきたいと思っていること」を伝えることが大切だと考えた。

＃5　X年12月27日

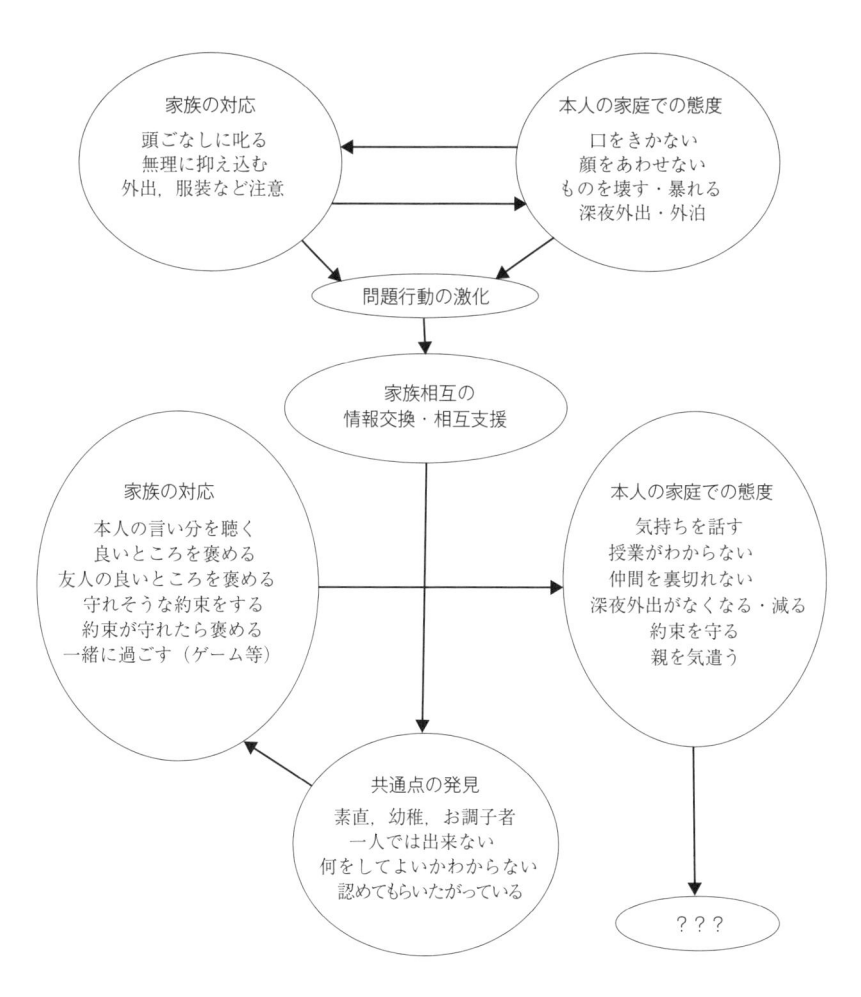

第7章 荒れた中学校へのシステム・コンサルテーションの事例から

```
    家族の対応                本人の家庭での態度
  頭ごなしに叱る              口をきかない
  無理に抑え込む              顔をあわせない
  外出，服装など注意          ものを壊す・暴れる
                              深夜外出・外泊

              問題行動の激化

              家族相互の
              情報交換・相互支援

    家族の対応                本人の家庭での態度
  本人の言い分を聴く          気持ちを話す
  良いところを褒める          授業がわからない
  友人の良いところを褒める    仲間を裏切れない
  守れそうな約束をする        深夜外出がなくなる・減る
  約束が守れたら褒める        約束を守る
  一緒に過ごす（ゲーム等）    親を気遣う

              共通点の発見
            素直，幼稚，お調子者
            一人では出来ない
            何をしてよいかわからない
            認めてもらいたがっている

                               ？？？
```

図7.5 保護者の対応と子どもたちの状態の変化

　最初にスクール・アドバイザーの立場を明らかにした上で，今回のミーティングを「情報を共有し，今後取り組むべき問題を明確にして具体的に考えていく場とすること」で合意した。まずは前々日に行われた保護者グループの内容について，生徒の理解と対応，肯定的な変化に着目して内容を抽出し図式化した資料を事前に作成し，提示した（図7.5）。

　2学年の教師たちは，保護者なりの工夫によって「親を気遣うようになっ

た」というように親子関係が改善しつつあることに驚き，興味深そうに資料を眺めていた。特に共通点として掲げられている素直，幼稚，お調子者といった特徴については，笑いとともに教師の側からも具体的なエピソードが話されるなど和やかな雰囲気であった。

続いて，各担任教師から問題行動が目立つ生徒一人ひとりの最近の様子について話してもらった。日々忙しさに追われて学年教師間でも十分情報の共有の時間を取ることができていなかった模様であり，ミーティングは2学期のまとめをする機会となったようだった。とはいえすでに，教科担当教師，担任教師が各時間の授業中の様子を簡単なメモを用いて申し送るという取り組みが開始されており，学年全体で取り組んでいく体制ができつつあるようだった。臨床心理士Dと筆者はこのような動きを取り上げて効果的な対処方法として評価し，今後の継続を依頼した。

約1カ月後にその後の状況確認のために再び2学年教師のグループ・ミーティングを持つことにした。

終了後，校長に2学年教師集団が主体的にチームとして取り組みつつある現状を伝え，今後は「校長は直接口や手を出すのではなく，可能な限り学年教師集団に任せて自らはバックアップにまわってもらう」よう依頼した。「校長が自分でやったほうが早いと思われることであっても，そうすることで学年教師が力をつけていくことにつながる」と説明し，了解を得た。

#6　X+1年1月23日

ほぼ1カ月後に再度2学年教師のグループ・ミーティングを行った。問題行動が目立つ生徒一人ひとりのその後の状況と学年全体の状況の変化について各教師から話を聴き，共有した。教科担当教師，担任教師の申し送りは継続されており，日常的に学年教師全体での共有が進んでいるとの印象が強かった。全体としては落ち着いてきて，授業に参加できるようになってきた生徒が増えてきたが，数名については，授業に対する理解力が極端に乏しく，参加が難しいといったことが明らかにされてきた。知的な問題もうかがわれるため，これらの生徒については個別の対応が必要だと思われた。

これらの生徒については，保護者と話をした上で必要に応じて関係機関につなぐといった対応が必要かと思われた。臨床心理士Dと筆者から学年教師にその旨伝え，ミーティング終了後校長とも協議して，次回は3名の生徒の

保護者との面談をセットしてもらうことにした。

#7　X＋1年2月20日

　3名の生徒の保護者に臨床心理士Dと筆者が手分けして個別に話を聴いた。その中には、保護者グループ・ミーティングの際に、することがなくて家を出てしまうと思われた息子とともに小学生向きのゲームを一緒にしていると話していた母親も含まれていた。

　他の生徒たちが徐々に教室に戻り、クラスの生徒との関係を回復していく中で、これらの3名は取り残された感じになっているようだったが、保護者の話からも知的な障害の存在がうかがわれた。先の母親も含めて保護者もすでにうすうす気づいていたことであったようだが、今後の進路を考える上でも1度専門機関で診断を受けることが重要と考えられること、希望があれば地元の専門機関を紹介することができることを伝え、家族で話し合ってもらうよう依頼した。

　#7の後、校長と簡単にこれまでの経過を振り返った。校長をはじめ学校全体の取り組みのおかげで、おおむね問題行動は収束し学校は落ち着いてきていることを確認しあった上で、臨床心理士Dと筆者から、これまでの取り組みとその成果を振り返り、来年度に向けての方向づけを行う全教師でのミーティング（学年単位での話し合いと全体での共有）を持つことを提案し、了解を得た。

#8　X＋1年3月18日

　グループ・ミーティングの開始に際しては、#4の保護者ミーティングの際と同様、話し合いが前向きで解決志向的なものになるための留意点を文章化し、参加者と確認しあった。その内容は図7.6の通りである。

　学年毎のミーティングの中で出された肯定的な点は表7.1の通りである。

　各学年ともに、共通しているのは、学年教師がつながりを強化し、学年全体としての取り組みを行ったことであり、遅刻、自習、掃除といった日々の生活について地道な指導を重ねる中で変化を実感していることである。1学年、3学年では生徒の班という小集団を育て、その中で生徒相互に支え合い導き合う関係ができたことが示されている。それに対して最も困難な状況を抱えていた2学年では、よくなったこととして唾吐き、お菓子の紙の減少、朝自習時や給食時の着席率の増加など、生徒の行動の小さな具体的な変化が

第3部　臨床心理学的コミュニティ・エンパワメント・アプローチによる援助の実際

話し合いのテーマ
この半年間の学校をめぐって
(生徒・保護者・教師個々について，クラス・学年・学校全体について，相互の関係について，など)
・よかったこと，よくなったこと
・よいと思ったこと，よいと思えるようになったこと
・嬉しかったこと，嬉しいと思えるようになったこと
・効果的だった取り組み
・ちょっとした工夫，秘訣・やってみるとよさそうな取り組み，工夫
・今後続けていけそうな／いきたい取り組み，工夫　　　　　　　　　　　など

話し合い（ブレイン・ストーミング）のルール
・思いついたことをそのまま発言する
・他人の発言について批判はしない（違った意見は新たに発言する）
・積極的に他人の尻馬に乗る
・出た意見をそのままメモする（まとめなくてよい）

図7.6　半年間を振り返って＆今後に向けて

多くあげられている。教師たちが自らあげているように，とにかく「よく動き」生徒たちとともに過ごしたからこそ抽出できた変化であり，その中で生徒と教師，教師どうし，教師と保護者とのコミュニケーションが改善していったことが如実に示されている。2度のグループ・ミーティングの経験が，細かい具体的変化への着目やコミュニケーションの改善にどのようにかかわっているかは明らかではないものの，1学年，3学年との抽出ポイントの違いは興味深い。気合いが入っていたために風邪をひかずにすんだというリフレイミングには思わず拍手を送りたくなった。

　上記の内容を全体で共有したのち，今後に向けて取り組んでいきたいことを出し合ってもらった（表7.2）。ここでも1学年，3学年から出たものがやや抽象的であったのに比して，2学年教師からあげられていたのは現在の取り組みの延長であり，いずれも具体的・実践的なものであったのが特徴的であった。

　最後に校長より，半年間担任，副担任含めて全員がよく動いたことで問題行動が収束してきたと同時に，各クラスの集団作りが進み，不登校の減少にもつながったと考えられること，またPTAとの協力関係も強化されたことなど，さまざまなよい変化がみられたことについて，教師をねぎらい，さらに来年度もこの努力を続けて欲しいとの発言があった。スクール・アドバイザーからも教師たちの苦労をねぎらい最後の挨拶とした。

第7章 荒れた中学校へのシステム・コンサルテーションの事例から

表7.1 効果的だった取り組みとよかったこと・よくなったこと

学年	効果的だった取り組み・工夫	良かったこと・良くなったこと
1学年	1日の目標を決めて取り組んだこと 家庭訪問を増やしたこと 職員の共通理解をしようという呼びかけ 学級の問題を学年の問題として捉えたこと 生活ノートを活用して褒めるようにしたこと 放課後のプリント学習の取り組みをしたこと 班を大切にする取り組みをしたこと	ホームルームで良かったことを発表 学びあい学習ができたこと 自主的に給食当番を手伝う子どもが増えた 教師が問題行動の生徒に声かけができた わからないことをわからないと言えるようになった 班やクラスの中でよいところを認め合い,悪いところを指摘できるようになった きつい立場の子の立場に立って考えたり行動できるようになった
2学年	担任も副担任もよく動いた（給食,ホームルーム,掃除など） 授業中の様子をその都度担任に申し送りをした	問題行動の子どもたちと話しやすくなった 子どもたちが言葉で話しかけてくれるようになった こちらの話を聴いてくれるようになった 保護者と意思疎通ができるようになった 教師間で話がしやすくなった 唾吐きが減った 菓子の包み紙が減った 服装違反が減った 遅刻が減った 朝自習時に教室にいる生徒が増えた 給食の準備や給食時の着席率が良くなった 片付けを積極的に手伝ってくれる生徒がいる 気合いが入っていたので風邪をひかなかった
3学年	学級作りに共通理解で取り組んだ 班を育てる取り組みをした 担任以外の教師もともに取り組んだ	他のクラスの実践に学ぶことが多かった 生徒が掃除をよくするようになった 班で勉強を助け合うことができた 班ノートで互いに指摘しあう関係ができた ひとりぼっちを作らずにすんだ 登校拒否が減った 問題行動を起こす生徒の親同士のつながりが強くなって,他の生徒に親身にかかわってくれた 親が教師を支えてくれた

V まとめと考察

　かかわりの開始時には，学校は相次ぐ生徒の問題行動への対処に追われるとともに，地域からの苦情にもさらされ，混乱状態にあった。校長は藁にも

表7.2 今後に向けて取り組んでいきたいこと

1学年	2学年	3学年
皆の生徒，皆の先生という視点から，ホームルームには全教師が参加する 欠席者を大切にする 一人ひとりを大切にした反差別の集団作りをする	遅刻をさせない 朝自習を継続する 授業の申し送りを継続する 給食・ホームルーム・掃除には全員であたる 終礼を続けてほしい	人の痛みがわかる生徒として自立させていくための具体的な取り組みを考える（授業，ホームルームで）

すがる思いで，学校からのオーダーに応じて臨床心理士を派遣する制度（県のスクール・アドバイザー活用制度）を利用して援助を求めてきた。当初の校長からの依頼は，「問題行動が目立つ生徒の保護者の指導をしてほしい」というものであったが，依頼を引き受ける段階でチームによる複数回のかかわりをお願いし，まずは教師の話を聴かせて欲しい旨伝え，その後のかかわりについては話し合いながら，学校コミュニティ全体に対する臨床心理学的コミュニティ・エンパワメント・アプローチとして展開した事例である。この事例では問題行動を繰り返していた生徒自身とのかかわりは持たなかったが，身近な支援者である保護者，教師，および学校コミュニティ（校長）とかかわりを持ちながら，それぞれが本来持っている問題解決力や成長促進力を回復・向上させるという臨床心理学的コミュニティ・エンパワメント・アプローチの視点から種々の働きかけを行った。

1.. 学校コミュニティ（の管理者）のエンパワメント

　先にも述べたように，当初学校コミュニティは混乱状態にあった。モグラたたきのようにこちらを押さえればあちらが吹き出す状況の中で，教師はそれぞれ目の前の対応に追われ，全体としてばらばらな動きになっていたようだった。校長は担任や学年教師を飛び越えて生徒や保護者に対応することも多く，その過程で「指導力に欠ける保護者」や「指導力に欠ける教師」が問題であるとの見方を強く持っていた。そのため，校長はこれらの「指導力に欠ける」保護者や教師に，きちんと生徒を指導するよう強く圧力をかけ，保護者や教師たちとの間に亀裂が生じているようだった。物事がうまくいかないときの典型的な反応で，それぞれが相手のせいでうまくいかないと責任を押しつけあう事態が生じているようだった。

第7章 荒れた中学校へのシステム・コンサルテーションの事例から

　そこで事態の改善のためには，ものごとをシステミックに捉えて（遊佐，1984, 1995）特定の悪者を作らない視点を共有すること，現在起こっていることの中で肯定的な要素を抽出し強化していく解決志向のものの見方を導入することが重要だと考えた。校長，および校長と問題行動が目立つ生徒とのかかわりが深い数名の教員チームとの作戦会議の中で，このような視点を提示し，それに基づいてその後の取り組みを検討することにした。
　具体的に作戦会議の中で行ったことは以下に示す通りである。

1）現状の見立ての共有
　文章化と図示によって，現在の状態，これまでになされてきた取り組みについての見立てを共有するべく努めた。端的に文章化・図示することによって，これまで曖昧であった問題を明確に共有することにつながったと思われる。
　現状の問題点として，すでに対応メニューは出揃っており，1）さまざまな有効な対応がなされているが個別になされることが多いこと，2）関係者間で長期目標は一致していても短期目標や具体的方法について十分合意されていないことを取り上げ，今後の取り組みにつなぐことにした。

2）今後の取り組みについて原案提示
　目標，課題，方針，方法およびその中でのスクール・アドバイザーの役割についての原案を端的に示した。1）基本的にはこれまでの取り組みを生かすこと，2）関係者間の協議を重ねる中で短期目標と具体的方法を共有していくということであった。
　校長はシステム関係図や可能な限り関係者のネットワークを強化していくという方向性に親和性を示した。校長が，「家族や学年教師の指導力不足」という当初の見方にこだわらず，新しい見方を取り入れる柔軟性を持っていたことがその後の展開につながった（そもそも海のものとも山のものともつかないスクール・アドバイザーの導入を思い立ったこと自体，校長が非常に柔軟な考えの持ち主である証左といえる）。その後は毎回校長らと作戦会議を持ち，#3～#8まで具体的にどのようなミーティングを持つかを話しあった。

3）2学年保護者グループ，2学年教師グループとの関係調整
　校長が当初指導力不足と決めつけていた2学年保護者グループ，2学年教

師グループとのミーティング（＃4〜6）後には，彼らが自分たちなりに工夫しながら生徒に対応し成果を上げてきつつある点を抽出して校長に提示し，校長は第一線に出るのではなく彼らを信頼して任せ，後方から支援するポジションを取ってもらうように依頼した。

このような働きかけの中で，校長は個別の事象にとらわれることなく，学校コミュニティ全体を見渡しながら方針を打ち出すという本来のリーダーシップを回復していったように見えた。

2．身近な支援者のエンパワメントその1――2学年保護者のエンパワメント――

問題行動が目立つ生徒の身近な支援者である保護者の中には，当初指導を放棄しているように見える保護者もおり，校長のいらだちのもとだった。また，熱心な保護者は保護者で，強引なかかわりをする校長や，教師によって対応が違うことのある学校と対立関係に陥っている者もいるようだった。一方で，3学年の保護者同士は，初回ミーティングの段階で，すでに自発的に連絡を取り合い，つながりが育ち始めているとの話も出ていた。＃2，＃3でも3学年教師が保護者グループへの働きかけを強め，保護者相互のつながりが強化され生徒の問題行動も収束方向にあるとの報告がなされた。

そこで，つながりが希薄であるとされていた2学年保護者相互のつながりを強化するために＃4で2年保護者のグループ・ミーティングを行った。「保護者同士の知恵と工夫のわかちあいと相互支援」という目的を達成するために，保護者の交流を促進し，問題解決志向に進めることが必要だと思われた。そのための約束事を確認してから開始したが，予想外にも保護者はすでに交流を持ち始めており，その中で子どもとの関係改善に向けての種々の取り組みがなされていたことが明らかになった。ミーティングによって，インフォーマルな交流には参加できていなかった保護者にとっても交流の機会が得られたこと，保護者なりのこれまでの対応を振り返り自分たちのやり方が間違っていないのだという保証が得られたことなどが，保護者それぞれのエンパワメントにつながったと思われる。

第7章 荒れた中学校へのシステム・コンサルテーションの事例から

3．身近な支援者のエンパワメントその2——2学年教師のエンパワメント——

　＃5，＃6では，2学年教師のグループ・ミーティングを持った。3学年教師グループが迅速に動き生徒も落ち着きつつあったのに比して，2学年教師の動きが悪いというのが＃3時点での校長の言い分であった。常に第一線で動いてしまう校長との間で悪循環に陥っているものと思われたが，その解消のためにも2学年教師のエンパワメントが必要だと思われた。

　それぞれの教師が個別対応に追われ，学年教師集団でもこれまで情報の共有が十分でなかったようだった。2度のグループ・ミーティングは，そのような彼らが，問題となっている生徒一人ひとりについてきめ細かな情報交換を行い，それに基づいて一丸となって取り組んでいくという体制作りをすることに寄与したと思われた。すでに担任と教科担当教師の間での申し送りなどの取り組みも始まっており，改めてその意味を確認する機会にもなったようだった。保護者グループの場合と同様，指導力不足といわれた彼ら自身，さまざまな工夫をしながら努力していることが話し合いの中で明らかになった。スクール・アドバイザーは彼らの努力を心からねぎらうとともに，エッセンスを抽出して後に校長に伝え，悪循環の解消に努めた。

　学年末の最終ミーティングの際には，2学年教師グループは他学年の教師グループに比べて，生徒の細かで具体的な変化を多く拾っていること，今後の取り組みとしても地道で具体的な取り組みを重視していたことが特徴的だった。とにかく動いて生徒とともに過ごし，生徒，教師相互，保護者とのコミュニケーションの改善に努めた結果だと思われた。それは，彼らが教師としての問題解決能力と成長促進力を回復したからできたことである。

4．臨床心理学的コミュニティ・エンパワメント・アプローチの有効性

　このように本事例では，1）スクール・アドバイザーという立場での限られたかかわりであったこと，2）問題を抱える生徒がかなりの数に上ったこと，3）生徒自身には問題解決への動機づけが乏しいと考えられたことから生徒への直接的な働きかけを行わず，身近な支援者である保護者と教師，コミュニティ（管理者である校長）へのさまざまな働きかけを行った。その際，

第3部　臨床心理学的コミュニティ・エンパワメント・アプローチによる援助の実際

表7.3　各回の支援内容

	身近な支援者		コミュニティ（管理者）
	保護者	学年教師	
＃1	保護者面談（E，F）	全体ミーティング	次回についての打ち合わせ
＃2			現状の共有と今後の方針
＃3			問題行動の推移，今後の対応
＃4	2学年保護者グループ		現状の共有，今後の対応
＃5		2学年教師ミーティング	現状の共有，今後の対応
＃6		2学年教師ミーティング	現状の共有，今後の対応
＃7	保護者面談（G，H，I）		現状の共有，今後の対応
＃8		学年教師ミーティング→全体共有，振り返り・評価	経過の振り返りと評価

　それぞれが本来の力を回復して問題解決に向けて動くことができるよう支援する臨床心理学的コミュニティ・エンパワメント・アプローチの視点が有効であった。

　表7.3にX年10月中旬からX＋1年3月中旬までの約半年間の8回のかかわりの中で実際に行った支援内容を示した。＃1の保護者，教師集団からの情報を基に，＃2ではコミュニティ（の管理者）に現状の見立てを提示し，それに基づいて今後の方針を話し合った。それに基づいて＃3では問題行動の推移を問題行動の種別に整理した。それまでの流れの中で必要性が明らかになった2学年保護者および2学年教師集団のエンパワメントに向けて，＃4～＃6で解決志向のグループ・ミーティングを行い，「保護者同士の知恵と工夫のわかちあいと相互に支え合う場」，「教師どうし情報を共有し，今後取り組むべき問題を明確にして具体的に考えていく場」を提供し，肯定的な変化と取り組みを抽出した。＃7ではこれまでの情報から個別対応が必要と思われた保護者との面談を行い，＃8では，学年単位で半年間の肯定的な変化，効果的であったと思われる取り組みを抽出し，今後の具体的対応について話し合うミーティングを行い，全体で共有して振り返りと評価を行った。この間，コミュニティ（の管理者）とは毎回現状の共有と具体的対応についての作戦会議を持ち，その中で校長が「指導力不足」としていた2学年保護者グループ，2学年教師グループの前向きの対処や成果について理解を求め，彼

第7章　荒れた中学校へのシステム・コンサルテーションの事例から

**表7.4　臨床心理学的コミュニティ・エンパワメント・アプローチの
プロセスごとの支援内容**

	当事者	身近な支援者	コミュニティ（の管理者）
準備段階			スクールアドバイザーとして関与の契約
アセスメント段階	保護者面談	教師全体ミーティング	打ち合わせ
実施段階	2学年保護者ミーティング	2学年保護者グループ・ミーティング 2学年教師グループ・ミーティング	今後の取り組みについて原案提示 2年保護者グループ，2学年教師グループとの関係調整
評価・終結		学年グループ・ミーティング 全体共有 振り返りと評価	経過の振り返りと評価

らと校長の間の悪循環の解消に努めた。このように，本事例では身近な支援者としての保護者，教師およびコミュニティ（の管理者）への支援を同時並行的に行いながら，それぞれが有機的なつながりを持って機能するように組み立てることが重要であった。

　また表7.4に臨床心理学的コミュニティ・エンパワメント・アプローチのプロセスに即して支援内容（とアセスメント内容）を示したが，実際にはアセスメントに基づいて行った支援から新たな情報が得られ，それに基づいて次の対応を計画・実施し，さらにその中で得られた情報に基づいて次の対応を検討するというように，アセスメント段階，実施段階，評価段階は螺旋状に進んでいった。

第8章

修学問題のためのキャンパス・トータル・サポートプログラムの事例から

　近年わが国における大学進学率は年々上昇し，高校卒業者の約半数が大学・短大に進学するようになり，学生の多様化が急速に進んだ。それに応じて，大学教育の役割・機能として，従来の知的・専門技術的教授研究に加えて，人格的形成を総合的に援助することが重要となってきた（文部省大学審議会，1998）。大学コミュニティ全体の教育・支援力を高めることが求められてきたともいえる。

　本章は，このような状況の中で，学生相談室が特定の個人ではなくすべての学生の学力・意欲低下の問題解決のために行ったキャンパス・トータル・サポートプログラムの試み（窪田・川北・松尾・荒木，2001）である。種々のプログラムを通して，直接的に学生，教職員，大学コミュニティのエンパワメントを図った事例を報告する。なお，この試みは学生相談室のコミュニティ全体への周知を図り，構成員との協働関係を築くという意味からも重要であった。

I　学生の多様化と学生相談

　学生相談は，一人ひとりの学生の心理的な発達を促し，主体的な学生生活を送れるよう支援するものである。そのためには，相談室を訪れる学生個人への心理臨床的な援助にとどまらず，大学全体へのさまざまな教育的働きかけが必要であることは，早くから指摘されている。鳴澤（1986）は学生相談活動を，相談活動，こころの健康増進教育活動，調査研究活動の3領域にわけ，学生相談の主な活動が治療ではなく教育であり，発達支援であることを強調している。また，下山・峰松・保坂ら（1991）は，学生相談の活動を

援助活動，教育活動，コミュニティ活動，研究活動と分類し，それぞれについて方法と対象による細分化を行うことで，学生相談活動の全体構造を示している。心理的な問題を抱えた学生への個人面接という従来学生相談の中核的活動と考えられてきた活動は，上記の分類では，学生個人を「対象」とし，「心理治療」という方法を用いた「援助活動」として，多様な活動の1つとして位置づけられる。

齋藤（1999）は，これらを含む多くの理念研究の詳細な検討を行った上で，近年教育的な機能を重視する立場が強まってきており，大学というコミュニティを視野に入れ，学生個人のみならず，教育システム全体への支援を行っていくことの重要性の認識が高まってきているとしている。その背景には，大学をとりまく環境の変化が大きくかかわっていることはいうまでもないだろう。

大学の大衆化ということがいわれるようになって久しいが，大学・短大の進学率は2007年度には51.2％と高校卒業者の過半数を占めるに至っている。そんな中で，「資質や能力，知識，興味・関心などの面でさまざまな学生」が入学してきており，「目的意識が希薄であったり，人とうまくつきあえない，無気力などさまざまな心の問題を抱える学生」が増えていることが全国的な傾向として指摘されている（文部省高等教育局，2000）。

これらの学生は，不登校から留年や休学・退学といった形で大学生活からドロップアウトしてしまう危険性すらはらんでいる。このような学生の心理的な発達を支援し，将来の進路に向けて主体的な大学生活を送れるように援助することは，高校卒業者の半数近くの教育に携わる以上，大学教育の重要な役割である。そのためには，「正課教育の内容・方法の改善にとどまらない相談・支援機能の充実」（文部省大学審議会，1998）が求められる。一人ひとりの状態をきちんと見立て，それに応じたきめ細かな援助を行っていかねばならず，そのために学生相談室の心理臨床家のかかわりが必要になってくる。しかしながら，このような学生の多くは，問題を抱えながらも自ら援助を求めて学生相談室を訪れることは非常に稀である。したがって，このような学生を援助していくためには，学生相談室は，大学コミュニティ全体へ積極的にかかわり，学内のさまざまな資源と協働していくことが欠かせなくなってくる。

II 大学コミュニティ全体を対象にした取り組みの背景

　第1節では，学生の多様化に伴い，学生相談室は従来のように自ら問題を認識し相談室を訪れる学生の面接室内での援助にとどまらず，大学コミュニティの諸資源と協働して，将来目標や学習意欲が希薄で大学生活そのものからドロップアウトする危険性の高い学生への援助にも取り組む必要性が高まってきていることを述べた。

　しかしながら，筆者が勤務していた大学においては，X年の段階では学生も含めた大学コミュニティの多くの構成員は，学生相談室やカウンセラーを重篤な精神保健上の問題を抱えた学生への援助に携わるものと捉えており，目的意識や学習意欲に乏しい学生を巡って学生相談室，カウンセラーとともに考えようとする構成員はほとんどいないといってよい状態であった。

　多様化する学生の成長・発達の支援のためには，学生相談室が重篤な精神保健上の問題のみならず，将来目標，学習意欲なども含めた学生の全体的な見立てとそれに基づく具体的なかかわりについても臨床心理学の視点からの情報と技術を提供する専門的支援者としての認知を獲得し，教職員との協働関係を築くことが必要だと思われた。第3節で示す大学コミュニティ全体を対象にした取り組みは，それによって大学コミュニティをエンパワメントし教育力を高めるとともに，学生相談室の専門的支援者としての認知を獲得し，教職員との協働関係を築くことを目的としたものである。本節ではその背景について述べる。

1．大学の概要
1）大学の概要

　プログラムを展開したA大学は，3学部6学科，2研究科を擁する社会科学系の私立大学であり，学生数は約5,000名である。学園としては付属高等学校，付属中学高等学校（中高一貫）を持っており，夜間の法律専門学校としてのスタートから数えると創立50年あまりを経ている。長らく地元自治体や企業に多くの卒業生を輩出しており，地元中堅大学として位置づけられてきた。しかしながら，A大学でも入学生の質の多様化は急速に進み，従来の

枠組みだけでは対処困難な事態が数多く生じ始めていた。

2）キャンパスの移転・統合と事務組織の変更

そのような中，創立50周年記念事業の一環としてX年4月，現在地に新キャンパスが完成し，それまで2カ所に分散していたキャンパスが統合された。それに伴って，事務組織の大きな変更がなされた。学生課，教務課が廃止されて学部事務室制となり，それまでの学生課所管事項は，学生サービスグループ（スタッフ部門：企画立案）と学部事務室（ライン部門：実務）が分け持つというコンセプトの組織となった。しかし，このようなコンセプトは十分浸透せず，業務の分担をめぐっての混乱が続くことになった。

3）カリキュラムの変更

カリキュラム上の大きな変更としては，2つの学部で，新入生を対象とする20名程度の演習（入門演習）が必修課目として導入された。入学生の質の変化に対応するためのもので，高校教育から大学教育へのスムーズな移行をめざして行う転換教育の一環である。

2．学生相談室の概要
1）学生相談室の概要と位置づけ

学生相談室は，筆者がA大学に教員として着任したX−6年に規程を整備し，週6時間の開室で発足した。その後徐々に体制が強化されたものの，キャンパス・トータル・サポートプログラムを開始したX年の時点で週22.1時間，日本学生相談学会特別委員会（1998）の基準で実質カウンセラー数0.55人というきわめて不十分な配置となっていた。

筆者は学内外の種々の資源との連携を重視する立場で活動を行ってきた（窪田，1997）ものの，兼任と非常勤で週13時間開室（X−1年度）という圧倒的なマンパワー不足の中で，実際の活動は主として精神保健上の問題を抱えて相談室を訪れる学生への個別援助が中心で，連携も個々の事例をめぐるものにとどまらざるを得なかった。実際，実質カウンセラー1人当たりの延べ来談者数はX−1年度で全国平均（同規模大学）の1.81倍（日本学生相談学会特別委員会，1998）であり，それだけでキャパシティを越えていた。したがって構成員全体への広報・啓発活動は不十分な状態で経緯していた。

そのため，A大学では学生相談室について「重い精神障害の持ち主が利用

```
        教職員
      第4次対象者
      第3次対象者
      第2次対象者
大学コミュニティ
      第1次対象者
```

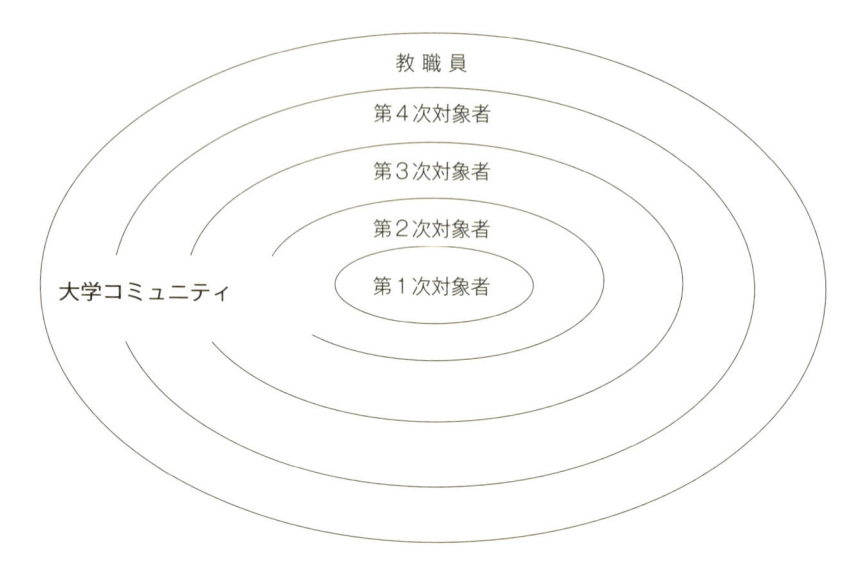

図8.1　大学コミュニティの4層の学生と教職員

する場所」という捉え方をする構成員も未だに少なくなく，学生の理解や対応に戸惑いながらもそれらの問題について直接相談室に援助を求める教職員は多くはなかった。

2）学生相談室の体制強化

　移転後の新キャンパスでは，面接室に加えて待合室兼ミーティングルーム（以下ミーティングルーム）を確保することができた。また，再三の働きかけの結果，X年5月からは週5日23時間の開室が可能となった。そこで，それまで場所やマンパワーの不足から困難だったグループ活動や広報・啓発活動に多少は力を入れることが可能な状態になった。

　このような状況の変化を背景に，X年の新学期より大学コミュニティ全体を視野に入れた活動に本格的に取り組むことにした。

3．学生相談の視点から見た大学コミュニティの構成員の分類（図8.1参照）

　前節で述べたように，学生相談は一部の重篤な心理的問題を抱えた学生のみならず，すべての学生の成長・発達を支援するものである。われわれは対象

者を，抱える問題と支援方法の視点から便宜的に4つの水準にわけることができると考えた。精神保健上の比較的重篤な問題を抱えており，学生相談室が主に個人面接によって心理的な支援を行っている第1次対象者，対人関係上の問題が中心でグループ活動などを通して発達支援を行う第2次対象者，進路上の問題，修学上の問題についてキャリア支援，修学支援を行う第3次対象者，広報・啓発の対象となる第4次対象者の4層である。この4層の対象者は，個人，小集団，中・大集団，学年全体，学生全体と同心円状をなして大学内に存在していると考えることができる。支援者として学生相談室と連携・協働態勢を取る必要がある教職員はその一番外側にすべての学生を包み込む形で存在するものと位置づけた。

大学コミュニティは，これらの4層の学生と教職員から成っている。次節ではそれぞれに対して展開した具体的プログラムについて述べる。

Ⅲ 大学コミュニティ全体を対象にした活動の具体的展開

本節では，第1次対象者から第4次対象者，および教職員を対象にして第1期から第3期の3段階で展開した活動の実際を提示する。

1．第1期：開かれた相談室へ（X年4月～X+1年3月）
1）目的

この時期の取り組みの目的は，それまで一部の重篤な精神保健上の問題を抱える学生が利用する特別な場所と考えられていた相談室を，大学構成員全体が利用できる資源の1つとして認識してもらうことである。

まず，相談室の存在についてより多くの学生に知ってもらい，彼らが学生生活の中で直面する種々の問題への対処方法の1つとして相談室を利用できるようにすること，加えて，相談室スタッフが多くの教職員と直接的にかかわりを持ち，学生の理解や対応についての相談を受けたり，種々の問題を抱える学生の紹介を受けたりする機会を増やすことをめざした。

2）方法

そのために具体的には，以下のような取り組みを行った。
（1）心理教育的アプローチ
こころの健康チェックキャンペーン（6月初旬の1週間）

入学直後に新入生全員に行ったUPIテスト（松原，1993）のチェックの多い学生（60項目中30項目以上），および「相談したいことがある」と答えた学生に，この期間の都合のよい時間に自由に来室するよう郵送で案内を行った。

例年，UPIテストの実施と呼出し面接は行っていたが，前もって日時を指定しての呼出しであったため，授業等で都合がつかない場合に時間の変更を申し出てまで来室する学生は多くはなく，結果として来室率が低くなっていたことの反省に基づくものである。

同時に，「こころの健康チェックキャンペーン」と対象を全学生に拡大した企画に衣替えし，全学的に相談室訪問を呼びかけた。来室者には希望に応じてエゴグラム，ミニカウンセリングを行うなどして，相談室の存在を身近に感じてもらうようにした。ミーティングルームでは，お茶を飲んだり，ちょっとしたゲームを楽しむことができるように準備した。

（2）情報発信／広報
（ⅰ）「学生相談室だより」の発行・配付：

年に2回程度の発行であった，「学生相談室だより」をリニューアルして発行回数を増加した。また，入門演習を通じて新入生全員に配布するとともに，関連した講義で配布したり，学内数カ所に配置して幅広く配付するように工夫した。

（ⅱ）学生相談室ホームページの開設

新キャンパスの特徴の1つであるコンピュータ・ネットワークの充実に伴って，大学ホームページ上に学生相談室ホームページを開設し，広報を強化した。

（ⅲ）学内LANにディスカッション・ボードを開設

加えて，学内LAN上に学生相談室の掲示板とディスカッション・データベースを開設した。行事の案内を行ったり，「あなたのストレス対処法は？」「おすすめの場所は？」といった書き込みを募集するなどの活用を行った。

(ⅳ) 入門演習単位での学生相談室訪問の受入れ

この年に新たに開講された入門演習は，新入生が大学生活にスムーズに定着できるためのオリエンテーション的な機能もその役割として期待されていた。その一環として，新入生が学内の諸施設の位置と機能を理解し適切に活用できるようにするために，演習単位で学内諸施設を訪問する「キャンパスツアー」の実施が開講前の担当者会議の中で提案されていた。そこで，学生相談室から入門演習担当教員に対して，キャンパスツアーでの訪問施設の1つに学生相談室を加え，訪問してもらうように呼びかけた。

キャンパスツアーが実施される新学期1～2週目の演習開講時間にカウンセラーが待機し，演習単位での訪問を受入れて相談室内で簡単なオリエンテーションを行った。

(3) グループ活動
(ⅰ) フリースペース

新キャンパスで新たに確保できたミーティングルームを，授業の空き時間などに自由に利用できる場として開放することにした。ゲームをする，音楽を聴く，お茶を飲む，おしゃべりをするなどといった形でくつろげる場所として活用してもらうよう，種々の広報媒体を通して，またキャンパスツアーの折に呼びかけた。

(ⅱ) クリスマス会

相談室で個別面接を行っている第1次対象者の学生，学生窓口の職員などに呼びかけてクリスマスパーティを開催した。一緒にサンドイッチを作るなどの作業を通して，日頃顔を合わせることがほとんどないクライアント同士や担当外のカウンセラー，事務職員との間にゆるやかなつながりを作ることをめざした。

(4) 臨床心理学的視点からの知識・情報の提供

成績不振者面接への資料提供

年間の取得単位数が10単位以下の学生とその保護者を呼び出し，事情を確認した上で事態を改善するための指導を行う面接が，主として教務関係の教員によって行われていた。単位取得が困難な事態を引き起こす状況をパターン分けし，それに応じた指導方法を簡単に記した資料を作成し，担当教員に提供した。相談室利用を促すちらしの配付も依頼した。

3）結果

 20演習約400名近い新入生と担当教員が呼びかけに応じて相談室を訪れた。全体の約4割にあたる新入生に相談室の中で直接カウンセラーからオリエンテーションを行えたことは，利用の促進にとって有効であったと考えられる。訪問が昼休みなど空き時間の前であったような場合は，その後居残ってミーティングルームで過ごしていく新入生も少なくなかった。また，1年生の来談者が前年度の10名から24名に増加していることからも，相談室の気軽な利用に結びついたということができるだろう。

 加えて，それまでほとんど訪れることがなかった教員にも随分相談室に足を運んでもらうことができた。面識がなかった非常勤カウンセラーと教員が顔を合わせる機会となり，今後の連携強化のために大きな意味を持つと思われた。

 こころの健康チェックキャンペーン期間中に訪れたUPI呼出し面接該当者数は，10名（呼出し者の14.3％）で前年同様であり，形式の変更の効果はみえなかった。それ以外の訪問者は，入門演習で訪れた新入生中心で，全学年対象としたにもかかわらず2年生以上への広がりは乏しかった。

 演習担当教員や学生窓口の職員と非常勤カウンセラーが少しずつ顔見知りになったこともあって，教職員にとって相談室が多少とも身近な存在となったことがうかがえた。教職員からの相談はこれまでは専任教員である主任（筆者）を通してであったが，直接相談室に持ち込まれるケースも出てきた。

2．第2期：グループ活動の展開（X＋1年4月〜6月）
1）目的

 ささやかながらマンパワーがさらに充実したことを受けて，第2期では，グループ活動をより本格的に展開し，学生の利用の促進を図ることをめざした。これは，従来相談室が個別面接を通して援助してきた，主として精神保健上の問題を抱える学生（第1次対象者）のみならず，対人関係の改善や自己理解をめざすより幅広い層の学生（第2次，第3次対象者）に対しても，成長発達の機会を提供し，支援を行っていこうとするものである。

 また第1期に引き続き，教職員との距離を縮め，学生の理解と対応についてともに考える関係を強化していくことをめざした。

2）方法

具体的には，第1期に行った活動に加えて以下の活動を行った。

（1）心理教育的アプローチ

（i）フレッシュマン・ミーティングへの参加（4月）

　新入生全員を対象として学部単位で行われる1泊2日の大学生活のガイダンスと友だち作りを主たる目的とする合宿（フレッシュマン・ミーティング，X＋2年度よりフレッシャーズ・ミーティングと名称変更）にカウンセラーが分担して参加し，相談室のオリエンテーションを行った。新入生全員に顔を見せ直接オリエンテーションを行う機会であると同時に，参加している各学部の教員とカウンセラー，特に非常勤カウンセラーとのコミュニケーションを深める機会としても意味を持つと考えられた。

（2）グループ活動

（i）一人暮らしのランチタイム

　週に1回，昼休みをはさんだ時間帯に各自持参した昼食を取りながら，一人暮らしの苦労や工夫を語り合うというグループを開始した。「学生相談室だより」や学内LAN上で，また入門演習訪問時に案内を行った。

（ii）読書会

　心理学関係の本を読み，感想などを語り合う中から，自己理解を深めるグループを開始した。上記のほかに，心理学授業の中で案内を行った。課題図書としては，初回の話し合いで『青年期の心』（福島，1992）を選択した。

（3）臨床心理学的視点からの知識・情報の提供

（i）入門演習の教育方法についての会議（学部主催）への参加

　X年度から始まった入門演習については，必修課目であるにもかかわらず欠席が多い，自分自身が報告の日に休む学生がいるなどの問題が生じていた。また，出席していても学生はきわめて受け身的でディスカッションが成立しにくく，ゼミとしての運営が困難であるとの声も聞かれていた。入門演習を担当する多くの教員はそれまで上級生対象のゼミで用いていた方法が通用せず，戸惑いと苦痛を感じているようだった。

　そんな中で，学部単位で入門演習についての問題を共有し，よりよく対処できる方法を見出すための会議が開催された。学生相談室カウンセラーは要請を受けてそれらの会議に参加し，現在の学生気質についての臨床心理学的な視

3）結果

期待に反して学生の来談は増加しなかった。4～6月の新入生の来談は前年が26名であったのに対して10名,UPI呼出しに応じた学生数は10名から3名とむしろ減少した。特にUPI呼出し者の来室率は年々減り続け,4.1％と悲惨な状態に陥った。

また,グループ活動の参加者は「一人暮らしのランチタイム」「読書会」ともに個別面接を受けている第1次対象者を含む数名に過ぎず,広がりに欠けた。しかも,次第に参加者が減り,6月の終わり頃には自然消滅状態になった。

一方,入門演習単位での訪問は20ゼミから24ゼミに増加し,フレッシュマン・ミーティングへの参加,入門演習についての会議への参加などとあわせて,カウンセラーと教員とのかかわりが増え,コミュニケーションが深まった。その中で,学生の理解と対応に悩める教職員の姿が浮き彫りになってきた。

3. 第3期：大学全体へのアプローチへ――ストレス・マネジメント教育を中心とする展開――（X＋1年7月～）

1）目的

第1期,第2期の活動を通じて,全学的に学生相談室カウンセラーの存在と専門性についての認知が次第に高まり,他部門から会議への出席などを要請される関係が育ってきていた。第3期では,学生の来室を待つだけではなく,カウンセラーが相談室を出て大学全体を活動の場としたプログラムを展開し,より多くの学生とかかわりを持ち,援助のきっかけとすることをめざした。

具体的には,少し前から相談室として実践と学びを深めつつあったストレス・マネジメント教育（山中・冨永,1999；冨永・山中,1999）の視点を中核にして種々の活動を行っていくことにした。そうすることで,相談室の活動をすべての学生にとって身近で有用なものとして認知してもらうことをめざした。

また,教職員に対してもストレス・マネジメント講座の実施を計画した。

第8章　修学問題のためのキャンパス・トータル・サポートプログラムの事例から

直接教職員自身を対象にしたプログラムを行うことで，教職員と相談室スタッフの関係を深めると同時に，結果として大学コミュニティ全体の健康度が向上し，一人ひとりの学生に対してのより効果的なかかわりに結びつくと考えたからである。

2）方法
(1) 出張プログラム
(ⅰ) 就職ガイダンスへの出講（2回）

就職相談室が主催する就職ガイダンスに，学生相談室の立場から講義をするように依頼を受けた。2年生対象には「自己表現について」と題したアサーションの話を，3年生対象には「就職活動のためのストレス・マネジメント」というタイトルで講義を行った。

(ⅱ) オープン・キャンパスへのブース設置

「受験生のためのストレス・マネジメント講座」と銘打ってオープン・キャンパスの催し物の1つとしてブースを設置した。心理テスト・コーナー（エゴグラム），ミニ・カウンセリング・コーナー，リラクセイション・コーナーを設けた。

(ⅲ) 学園祭にブース設置

学園祭の折にも，ブースを設置し，心理テスト（エゴグラム），ストレス・チェックとリラクセイション・コーナーを設けた。

(ⅳ) 入門演習への出前

依頼を受けて入門演習の時間に教室まで出向き，エゴグラムの実施と解説を行った。

(2) 臨床心理学的視点からの知識・情報の提供

演習長期欠席者面接（教務担当）への資料提供と同席

必修課目である演習に長期にわたって欠席している学生を呼出し，事情を確認の上，改善を促す面接が教務担当教員によって行われていた。学生自身が，長期欠席に至る背景を把握するためのチェックリストとその結果に基づき改善に向けて必要なことを記した資料，および対処方法としてそれぞれの問題に応じた学生相談室の利用方法（個別面接とグループプログラム）を案内する資料を作成し，提供した。また，要請を受けて1学部で教務担当教員とともに面接を行った。

（3）教職員対象プログラムの企画・実施

教職員対象ストレス・マネジメント講座

これまでのさまざまなかかわりを通して，教職員から「こっちのほうがどうかなりそう」，「教員相談室がほしいくらいだ」といった形で，自身の戸惑いや苦痛を率直に表現されることが増えてきた。一方，教職員の健康管理にもかかわっている保健室には，以前からストレスで体調を崩している教職員が訪れていた。

このような中で，「教職員対象ストレス・マネジメント講座」を企画した。教職員と相談室スタッフの関係を深めること，教職員自身が健康感を取り戻し，問題により適切に対処できる力を実感してもらうことが期待された。学生相談室の本来の職務の範囲を超えた活動とも考えられるため，事務局長に理解を求め了解を得た。事務局を通じての全教職員への案内，非常勤カウンセラーの時間外勤務手当ての確保などについても了承された。

講座は2部構成であり，第1部はストレス・チェックとストレスの仕組みについての簡単なレクチャー，第2部はリラクセイション体験である。リラクセイションのプログラムとしては呼吸法，漸進性弛緩法，ペア・リラクセイションを行った。

第1回目をX＋1年8月，第2回目を12月に実施した。第2回目は，第3部「ちょっと一杯，おしゃべり・たいむ」としてビール片手の気軽な語らいの場を設定した。

3）結果

オープン・キャンパスの際には，相談室のブースには受験生の訪問がほぼ絶えることなく続き，約30名が心理テストやリラクセイションを体験した（人気企画の1つとして，翌年には関係部署のほうから設置を要請された）。また，学園祭のブースには，学生，教職員および学園祭にきていた地域住民あわせて約30名が訪れた。

主としてこれらの2つの活動を通して，学生相談室は大学行事に取り組む学内の一部署としての市民権を得たという感触が得られた。準備や片付けの段階で，非常勤カウンセラーが日頃あまり接する機会のない事務職員の手助けを得たり，ともに動いたりする機会となったことの意味も大きいと思われた。

第8章　修学問題のためのキャンパス・トータル・サポートプログラムの事例から

　教職員対象ストレス・マネジメント講座の参加者は，第1回目が27名，第2回目が7名であった。第1回目は春学期の定期試験終了直後でオープン・キャンパス前日という疲労がピークに達している時期であったことが多くの参加に結びついたと考えられた。参加した教職員は熱心にストレス・チェックなどに取り組み，リラクセイション体験を通して心身の緊張を緩めることができたとの感想が数多く寄せられた。

　このような中で，以前は重い精神障害を対象とする部署で自分たちとはかかわりのないところだと思われていた学生相談室が，構成員全体の心身の健康の増進にかかわる身近な機関と実感されるようになっていったと考えられる。

4．活動のまとめ

　表8.1は，対象者別に活動内容を分類し，各期に行ったものをそれにしたがって整理したものである。

　第1期には，第4次対象者に向けての活動を新たに開始することによって，その中から第1次，第2次の対象者を掘り起こし，相談室に足を運んでもらうことをめざした。その結果，ミーティングルームのフリースペース利用者がある程度定着し，その中から第1次対象者として個人面接につながった例もいくつかあった。そこで，第2期には，積極的に第2次対象者に向けてのプログラムを開始したが，期待に反してあまり広がらなかった。その一方で，第4次対象者（学年全体）への活動を通して第5次対象者である教職員との関係が育ち，学内の他の部署が主催する第3次対象者についてのプログラムへ学生相談室カウンセラーの参加が求められるようになってきた。第3期には，学生の来室を待つことに限界を感じ，大学全体（相談室外）の中で種々のプログラムを展開することに努めた。学内他部署から要請されての活動もさらに増えた。

　第3期には，さまざまな層を対象にストレス・マネジメントという視点からの活動を展開した。その有用性をいくつかの点から述べる。

　1つは，ストレス・マネジメントの視点を導入することにより，第1次対象者から第5次対象者まですべての大学構成員をその対象とすることが可能になるということである。学生相談室が積極的にストレス・マネジメント教育

第3部 臨床心理学的コミュニティ・エンパワメント・アプローチによる援助の実際

表8.1 対象者別の活動内容の分類と時期毎に行った活動

対象者	第1次	第2次	第3次	第4次	
	個人 ⇔	小集団 ⇔	中・大集団 ⇔	学年全体⇔学生全体	
問題	精神保健上の問題	対人関係上の問題	進路上の問題 修学上の問題		
支援	心理支援	発達支援	キャリア支援 修学支援	広報・啓発	
活動内容	個人面接 a 個人面接	小グループ活動 a クリスマス会 b ランチ・タイム c 読書会 d フリー・スペース	就職ガイダンス a アサーション b ストレス・マネジメント 出前講座 c エゴグラム 修学面接 d 成績不良者 e 演習長期欠席者面接 検討会議 f 入門演習担当者会議	オリエンテーション a UPI実施 b 入門演習訪問ツアー* c 新入生合宿	広報活動 a 「相談室だより」 b ホームページ イベント c こころの健康チェックキャンペーン* d 大学祭 e オープン・キャンパス
活動場所	学生相談室内		大学全体（学生相談室外）*は相談室内		
実施主体	学生相談室	学生相談室	就職相談室 教務委員 学部教員など	学生相談室 学部教員	学生相談室 広報委員会 大学祭実行委員会
開始前	a			a	a
第1期 X年 4〜3月	a	a, d	d	a, b	a, b, c
第2期 X+1年 4〜6月	a	b, c, d	f	a, b, c	a, b, c
第3期 X+1年 7月〜	a	a, d	a, b, c, d, e		a, b, d, e

を推進することにより、学生相談室は重い精神保健上の問題を抱える人(第1次対象者)だけが利用するところというそれまでのイメージを払拭し、すべての構成員の心身の健康の回復・保持・増進を担う身近な存在として認知されるようになる。また、「悩みを他者に相談する」ことは、自分を弱者という位置におくことになると考えるために、特に男性にとっては抵抗が強いものだが、ストレスの仕組みについて学びうまく対処する方法を体験するストレス・マネジメント研修に参加することは決して自らに弱者の烙印を押すことにはつながらない。

もう1つは、ストレス・マネジメントの基礎となっているストレス・プロセス・モデルは、心理面、身体面、行動面に現れた種々の不適応をパーソナリティーなど個人の内的な問題に帰属するのではなく、種々のストレッサーにさらされた結果のやむを得ないものと位置づけている点にある。このように問題を外在化する視点を内包していることによって、当事者を傷つけずに問題を取り扱うことができる。問題の外在化を行うことで、第1次対象者である重い精神症状を持っている人も、「精神病の人」としてではなく、多くのストレッサーを被った結果、ストレス反応としての「精神症状という問題を抱えた人」として位置づけることができ、援助者との間にもその問題への対処方法をともに考える者どうしという対等な関係を築くことが可能になる。

このように、大学全体への支援にあたって、ストレス・マネジメントの視点を導入することの有用性は大きいと考えられた。

Ⅳ　まとめと考察

キャンパス・トータル・サポートプログラムとは、大学コミュニティの構成員全体を対象にし、大学全体を活動の場として展開する一連の活動を総称したもの(窪田・川北・松尾・荒木, 2001)である。臨床心理学的コミュニティ・エンパワメントの視点からその意味について考察を加えたい。

これまで述べてきたように、臨床心理学的コミュニティ・エンパワメント・アプローチとは、問題を抱える個人、身近な支援者、および彼らが所属するコミュニティ全体を視野に入れ、それらに対する働きかけを多層的・統合的に展開するものである。第6章では大学コミュニティを舞台にし、DV被害

学生を対象に展開した臨床心理学的コミュニティ・コミュニティ・エンパワメント・アプローチの事例を扱った。これは個別事例を対象にした臨床心理学的コミュニティ・エンパワメント・アプローチであり，事例の特性に応じて，個への支援，身近な支援ネットワークへの支援を組み立て，それらを支える支援システム構築を行うという，いわばオーダーメイドの臨床心理学的コミュニティ・エンパワメント・アプローチであった。それに対して，本章で示したキャンパス・トータル・サポートプログラムは，このプログラムを通して直接的に学生，教職員，大学コミュニティのエンパワメントをめざしており，いわばプレタポルテの臨床心理学的コミュニティ・エンパワメント・アプローチといえる。本プログラムは一定の効果をあげたが，支援を必要とする多くの学生に対しては大学コミュニティ全体として，単発ではなく，恒常的に支援を提供できる体制の構築が必要であり，体系的な臨床心理学的コミュニティ・エンパワメント・アプローチが求められる。本プログラムは大学という大きなコミュニティにおいて，心理臨床家が専門的支援者としての認知を獲得し，構成員との協働関係を築く役割を果たしており，準備段階に位置づけられるものといえるだろう。

1．学生（当事者）へのアプローチ——学生のエンパワメント——

　精神保健上の比較的重篤な問題を抱える第1次対象者の学生が，自ら相談室に援助を求めて訪れるのに比較して，対人関係，将来目標，学習意欲，学習スキルなどの問題を抱える第2次，第3次対象者の学生の多くはこれまで学生相談室に援助を求めてくることは少なかった。

　キャンパス・トータル・サポートプログラムでは，これらの学生に学生相談室を身近な援助資源の1つとして気軽にアクセスしてもらうことを目標に種々の取り組みを行った。

1）相談室の存在を知って，足を運んでもらうためのアプローチ

　「学生相談室だより」の強化，ホームページの開設，こころの健康チェックキャンペーンなどは，多くの学生に学生相談室の存在について知ってもらい，気軽に利用してもらうことをめざしたものだった。

　特に新入生については，入門演習の学内見学ツアーの一部に組み込んでもらい，入学後間もない時期に足を運んでもらったことで，身近な援助資源の

第8章 修学問題のためのキャンパス・トータル・サポートプログラムの事例から

1つとして認知され,その後の気軽な来談に結びついたケースも見られた。

2）小グループ活動

クリスマス会,ランチタイム,読書会などの小グループ活動を行った。参加者は少なかったものの,これらに参加した学生たちは,学内での新しい居場所,そこで出会った仲間との緩やかなつながりを獲得したと思われた。

3）スキル・トレーニング

就職課から依頼されて行った就職ガイダンスの中で,アサーション・トレーニング,ストレス・マネジメントをテーマにした講座を実施した。また,大学祭,オープン・キャンパスなどでもストレス・マネジメント・プログラムを行った。参加した学生たちは,コミュニケーションやストレス対処のスキルを身につけるきっかけが得られた。

1）〜3）を通して,学生は大学コミュニティ内に新たな居場所と仲間,問題に直面した際の新しい対処レパートリーを獲得し,エンパワメントされたということができる。

2．身近な支援者としての教職員へのアプローチ——支援者のエンパワメントをめざして——

第1節で述べたように,キャンパス・トータル・サポートプログラム開始前は,学生相談室を「重い精神障害を抱える学生が利用する特別な場所」と考えている教職員も少なくなかった。多様化する学生の理解と対応に戸惑いながらも,それらの問題について相談室に援助を求める教職員は稀であった。まずは,相談室について周知するとともにスタッフが直接かかわりを持ち,学生の理解や対応についてともに考える関係を築くことが重要だと考えられた。

1）相談室の存在と役割の周知

広報活動の強化やさまざまな大学行事への参加により,相談室やスタッフを身近な存在として認識してもらうことをめざした。

特に,1年生の入門演習担当の教員には,演習単位での相談室訪問で学生とともに相談室に足を運んでもらうこと,また演習経由で「学生相談室だより」を配布することなどで,相談室の存在と活動内容について知ってもらうように努めた。それまで教員兼任カウンセラーの筆者を通しての相談依頼がほとんどであったが,演習担当教員や学生窓口職員と非常勤カウンセラーが

少しずつ顔なじみとなったことで，直接相談室に持ち込まれるケースも出てきた。

2）臨床心理学的視点からの知識・情報の提供

教務関係教員が中心となって実施されていた成績不振者（年間取得単位が10単位以下）面談に際し，単位取得が困難となるいくつかのパターンとそれに応じた援助方法を記した資料を提供した。次の機会には，関係教員のほうから資料作成を求められたり，ある学部では面談への同席を要請されるなど，重篤な精神保健上の問題を抱える学生への治療的かかわりのみならず，修学上の困難を抱える学生の理解と対応についても臨床心理学の専門家として援助を求められる関係が育ってきた。

第2期には，入門演習担当者会議で昨今の学生気質とそれを踏まえたかかわり方の工夫についての助言を求められた。

このように，キャンパス・トータル・サポートプログラムの試みによって，相談室の存在が教職員の中に定着し，臨床心理学的な視点からの知識・情報の提供や個別事例の理解と対応についてのケースコンサルテーションといった支援が行える体制が整っていった。結果として，学生の身近な支援者である教職員の学生への対応力を高めるなど教職員エンパワメントにつながったと考えられる。

3．コミュニティのエンパワメント──身近な支援者を支える体制作りに向けて──

キャンパス・トータル・サポートプログラムを試みたX年からX+2年に至る時期は，大学が志願者減を食い止め，多様化する学生に対応していくために組織変更とカリキュラムの改変を繰り返した時期であった。直接的に学生の教育・支援に携わる教職員は，さまざまなタイプの学生や刻々と変わる制度，それに伴う事務処理の複雑化に翻弄され，疲労の色を濃くしていた。

そのため，大学コミュニティとして，直接学生に対応する教職員たちを支える仕組みが必要だと思われた。第3期に行った教職員対象ストレス・マネジメント講座は，学生相談室の本来の職務の範囲を超えた職員厚生にかかわるものであり，まさに教職員を支えるプログラムの1つといえる。この実施について，事務局長に提案し，実現できたことは，コミュニティが教職員を

表8.2 第1期から第3期にかけて各層に対して試みた具体的プログラム

各期の活動目標	当事者 （学生）	身近な支援者 （教職員）	コミュニティ （事務局）
第1期 身近な援助資源として相談室を知ってもらう	こころの健康チェックキャンペーン 「相談室だより」配布 入門演習の訪問受入れ フリースペース開設 クリスマス会	成績不振者面談への資料提供 演習教員の訪問受入れ	
第2期 学生の利用の促進と教職員との距離の縮小	フレッシュマン・ミーティングでガイダンス 昼食会，読書会の開催	入門演習担当者会議への参加，助言	
第3期 ストレス・マネジメントを中核とした活動ですべての学生に身近な相談室をアピール，教職員との協働関係作り	就職ガイダンス（アサーション，ストレス・マネジメント） 入門演習へ出前講義	演習長期欠席者面談への資料提供 入門演習へ出前講義 ストレス・マネジメント講座の実施	オープン・キャンパスにブース設置 学園祭に出店 教職員対象ストレス・マネジメント講座の提案

支える機能の強化，すなわちコミュニティのエンパワメントにつながったと思われる。

表8.2に，それぞれの学生，教職員，コミュニティに対して行った期ごとの具体的なプログラムを示す。

4．学生相談室の認知の拡大

このようなキャンパス・トータル・サポートプログラムの試みによって，学生相談室は大学コミュニティの重要な資源として構成員に認知されるようになった。このプロセスそのものが，結果として学生や教職員など大学コミュニティのさまざまな構成員のエンパワメントとなっていることに加え，この後学生の抱える問題に応じて，個とネットワーク，コミュニティ全体へ同時並行的にアプローチする臨床心理学的コミュニティ・エンパワメント・アプローチをより恒常的・体系的に展開する素地を作るものであったともいえる。

第9章

学校コミュニティへの緊急支援システムの構築と運用
―教師の不祥事発覚後の高校への支援事例から―

　本章では，学校コミュニティへの緊急支援システムの構築と運用を行った事例を提示する。コミュニティの支援システムの構築という点では，第8章と共通している面もあるが，コミュニティの大きさやコミュニティにおける専門的支援者（心理臨床家）の位置づけ，関与の仕組みという点では異なっている。直接支援の対象とするコミュニティの規模は大学に較べて小規模であり，専門的支援者はコミュニティ外から当該事案についてのみ関与するものである。またその関与については，学校コミュニティの上位システムである教育委員会と専門的支援者の上位システムである県臨床心理士会との間で決定されるものとなっていることが本事例の特徴である。
　第1節で学校コミュニティの危機（窪田,2005a），第2節で緊急支援システムおよびプログラムの概要（窪田,2005b；福岡県臨床心理士会,2001,2005），第3節でその構築過程について述べた上で，第4節でその活用事例（窪田,2005c）を通して「臨床心理学的コミュニティ・エンパワメント・アプローチ」の実践的検討を行う。

I　学校コミュニティの危機

1．学校コミュニティの危機

　危機状態とは，Caplan（1961）によれば「(個人が）人生上の重要目標が達成されるのを妨げられる事態に直面した際，習慣的な課題解決法をまず初めに用いて，その事態を解決しようとするが，それでも克服できない結果生

じる状態」であり，このような危機状態は，通常平衡を保っていたこころの状態を揺さぶるような事態，すなわち，脅威，喪失，挑戦によってもたらされるとされている。

　学校コミュニティの個々の構成員についても，このような脅威や喪失，挑戦を体験することによって個人的な危機状態に陥ることは珍しくない。さまざまな背景を持つ人格発達途上にある児童・生徒の成長と発達を支援するという学校コミュニティの機能を考えれば，彼らの個人的な危機状態はむしろ日常的といえるかもしれない。危機状態が特定の個人に限られており，またその深刻さの程度が一定範囲にとどまっている限り，構成員の個人的危機は，学校コミュニティの日常的な機能の範囲内で十分に対応可能である。教職員，保護者や友人のサポートを得ることで，危機状態に陥った児童・生徒は徐々に回復することが可能となる。これは必要に応じて適切な外部の専門家や機関の援助を得ることも含めて，学校コミュニティの対処能力を発揮した結果といえる。

　ところが，危機状態をもたらす出来事の深刻さが一定レベルを越え，構成員の多くが危機状態に陥ると，学校コミュニティの通常の対処方法では収拾が困難となる。そのような事態では，学校コミュニティそのものが混乱し，平常時には発揮できるはずの機能を発揮できなくなり，混乱は助長される。そのような事態に陥ると，もはやコミュニティ自体の力だけでは危機状態からの回復が困難であり，何らかの形で外部からの支援が必要となる。本稿では，学校コミュニティの危機とは，「構成員の多くを巻き込む突発的で衝撃的な出来事に遭遇することによって，学校コミュニティが混乱し本来の機能を発揮できない状態に陥ること」とする。

2．学校コミュニティに危機をもたらす出来事

　学校コミュニティの危機は，構成員の多くを巻き込む突発的で衝撃的な出来事をきっかけに生じる。Caplan（1961）が掲げた危機状態をもたらす要因は，脅威，喪失，挑戦である。そのうち，挑戦は別の枠組みでは発達上の危機に分類されるものだと考えられるが，児童・生徒の発達上の危機が学校コミュニティ全体の危機に結びつくケースは稀だと思われる。安（1996）もこころの傷，心的外傷体験をもたらすものとして，恐怖体験と喪失体験をあげ

ている。そこで，本稿では，挑戦以外の要因，脅威と喪失に即して，学校コミュニティに危機をもたらす出来事について考えてみる。

『DSM-Ⅳ-TR 精神疾患の分類と診断の手引き　新訂版』（高橋他訳，2003）には Post-Traumatic Stress Disorder（外傷後ストレス障害）診断の前提条件として，

「A　その人は以下の2つがともに認められる外傷的な出来事に暴露されたことがある。

（1）実際にまたは危うく死ぬまたは重症を負うような出来事を，一度または数度，あるいは自分または他人の身体の保全に迫る危険を，患者が体験し，目撃し，または直面した。

（2）その人の反応は強い恐怖，無力感または戦慄に関するものである。

注：子どもの場合はむしろ，まとまりのないまたは興奮した行動によって表現されることがある。」（P. 179）

という記述があるが，個人にこころの傷をもたらし，危機に陥らせる脅威，恐怖体験とは上記のようなものだといえる。（2）にあるように，このような出来事に遭遇すると，個人は強い恐怖と無力感を示す。

PTSD という概念は，阪神淡路大震災以来わが国でよく知られるところとなり，一部では恐怖体験→こころの傷＝PTSD という捉えられ方をされている向きもあるが，安（1996）の指摘によれば，喪失体験によってもこころの傷は生じ，その結果生じるのは必ずしも PTSD ではなく抑うつである。喪失体験とは小此木（1979）によれば，近親者の死や失恋をはじめとする愛情・依存の対象の死や別離，住み慣れた環境や地位，役割，故郷などからの別れ，自分の誇りや理想，所有の意味を持つような対象の喪失である。

実際には，目の前で起こった交通事故で友人を亡くす，自らも被災した大きな自然災害で家族を亡くすといった具合に恐怖体験と喪失体験は複合して生じる場合も多いが，それぞれ異なった反応を生じさせる可能性を視野に入れておくことは非常に重要である。

多くの構成員が強い恐怖や喪失を体験すると，学校コミュニティは日頃の対処方法では個々の構成員の反応を沈静化することができなくなる。その結

果，このような事態が生じてしまったことやそれに対してうまく対処できないという現実から，構成員の多くが無力感や自責感といった否定的な認知を発展させる可能性が高い。原因追求・悪者探しが内に向けば自責となるが，他者に向けば構成員相互の非難・攻撃となる。そうなると，学校コミュニティの混乱はますます助長され，収拾がつかなくなってしまう。

学校コミュニティの危機は，構成員に強い恐怖や喪失をもたらす具体的な出来事が生じた結果，構成員が無力感や自責，他者への非難・攻撃といった反応を起こす状況の中で助長される。そのような可能性を持つ具体的な出来事は以下のようなものである。

1）児童・生徒の自殺
2）学校の管理責任下で生じた事件・事故による児童・生徒の死傷
3）交通事故，火災など校外（学校の管理外）の事故による児童・生徒の死傷
4）地域で生じた衝撃的な事件や自然災害による被害
5）児童・生徒による殺傷事件
6）教師の不祥事の発覚
7）教師の突然の死（自殺など）

3.「学校コミュニティの危機」とその反応

このような危機的な出来事を身近に体験すると，学校コミュニティはさまざまな反応を起こす。Everly & Mitchell (1999) は，通常の対処機制をはるかに越えた緊急事態に際して，個人やグループは，認知・身体・感情・行動面にわたる緊急事態のストレス反応（Critical Incident Stress）を示すとした。

1）個人レベルの反応

危機的な出来事を身近に体験すると，人々はその直後から以下のようなさまざまな反応を示す。

(1) 感情面の反応

感情面ではさまざまな反応を示す。出来事の性質によって，どのような反応が優位になるかは異なってくる。例えば，強い恐怖を伴う事件・事故の場合には，不安，恐怖が強く生じ，構成員の突然の死といった喪失体験の場合は，悲しみ，無力感，自責感などが強くなるといった違いがある。安（1996），冨永（2004）は，恐怖体験と喪失体験は異なった体験であることを指摘し，

被害者の体験に沿った理解と対応の必要性を述べている。

(2) 身体的な反応

　身体的にもさまざまな反応が生じる。恐怖体験では，不安・恐怖に伴う身体症状が強く現れるが，睡眠障害や食欲不振，胃腸症状，疲労感などはどのような事件・事故であっても，直後から共通して現れる。筋緊張による痛みは，緊張状態が持続するにつれて体験されるようになる。

(3) 認知面の反応

　認知面にもさまざまな反応が生じる。学校コミュニティの中核的な担い手である教職員，特に管理職がこのような反応を起こすと，事件・事故後の対応をスムーズに行うことができず，学校コミュニティの混乱が助長されることになる。教職員が十分機能できない状態に陥った場合に，それらを教職員個人の本来的な資質の問題としてではなく，危機的な状況に遭遇して起こした認知面の反応として捉える視点を持っておくことは重要である。

(4) 行動面の反応

　感情面，身体面，認知面の反応が背景となって，行動面でもさまざまな反応が生じる。人によってその現れ方が異なるが，一般的には個人の本来の傾向が助長された形で反応が現れると考えておくと良い。例えば，もともと口数の少ない人がほとんどしゃべらなくなるのに対して，日頃から比較的よくしゃべっていた人は多弁になるといった具合である。もちろん，日頃の行動傾向とまったく異なる反応を示す場合もあるが，いずれにしても，それらは，危機的な出来事によって生じた「反応」であるという理解を持っておくことは重要である。

2）集団・組織レベルの反応

　児童・生徒，教職員，保護者など個人に生じた感情面，身体面，認知面，行動面の反応は，学校レベルでは以下のような反応を生じさせる。これらの反応は，直接的に，事後の対応を難しくし，結果として2次的，3次的な被害を生じさせる危険性をはらんでいる。これらの反応を前もって予測し，対応策を検討しておくことが望まれる。

(1) 人間関係の対立

　危機的な出来事を身近に体験した人々の間では，しばしば人間関係の対立が生じる，または，もともと潜在していた対立が顕在化する。人間関係の対

立は，クラス内の数名の間のものから，学校コミュニティ全体が分断されるようなものまでさまざまな規模で生じる。
（2）情報の混乱
　危機的な出来事に遭遇すると，情報の混乱が生じる。必要な情報が伝わらないのみならず，誤った情報が流れて，学校コミュニティ全体の混乱を助長することになる。
（3）問題解決システムの機能不全
　日常的に学校コミュニティにおける種々の問題解決のために準備されているシステムが，危機的な出来事に遭遇すると機能しない事態が生じる。
3）個人レベルの反応，学校レベルの反応に基づく悪循環
　これまで述べてきたように，危機的な出来事に遭遇した個人は感情，身体，認知，行動にかかわるさまざまな反応を起こし，それらが相まって学校レベルの反応となる。学校レベルの反応が生じた結果，学校コミュニティは機能不全に陥り，個人レベル，学校レベルの諸反応に対して，不適切・不十分な事後対応しか行えなくなってしまう。その結果，個人レベルでも学校レベルでも，反応をさらに助長するという悪循環を生じる。
　このような悪循環を断ち切るためには，外部からの支援が必要になってくる。第2節では，学校コミュニティの危機への緊急支援プログラムの概要について述べる。

II　緊急支援プログラムの概要

1．緊急支援とは
1）緊急支援とは
　学校コミュニティに，児童・生徒の反応を受け止め健全な成長と発達を支援するという本来の機能を回復させるために事件・事故の直後に行う援助活動について，われわれは「危機介入」ではなく「緊急支援」という語を用いることにした（福岡県臨床心理士会，2001）。なぜなら，個人の危機への直接的な介入ではなく，コミュニティが構成員に対して行う「危機対応」を後方から支援するものであること，事件・事故後できるだけ早い段階で緊急に支

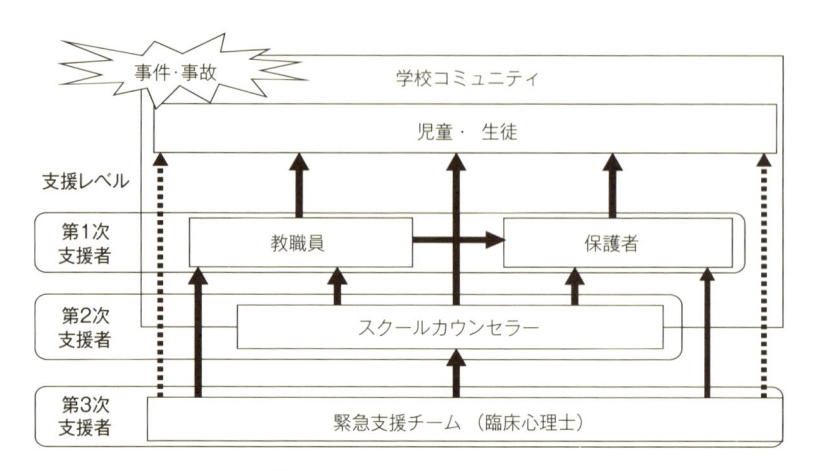

第3部　臨床心理学的コミュニティ・エンパワメント・アプローチによる援助の実際

図9.1　学校コミュニティへの危機への緊急支援モデル

援するものであるからである（窪田, 2004）。介入という語の侵入的なニュアンスを排除し、あくまで学校コミュニティの主体性を重視することを明確にする意図もあった。具体的には、緊急支援とは、事実の共有、ストレス反応と対処についての情報提供、個々人の体験の表現の機会の提供といった3つの内容について、教職員、児童・生徒、保護者という3つの対象に対して、おおむね事件・事故発生／発覚後数日間に行う活動である。

一定レベルまでの危機の場合、これまでの実践経験から、3つの内容を3つの対象について数日間で行うことで、コミュニティ全体の混乱はおおむね収束に向かうという実感を得ている。個々人の反応が収束して通常の状態に戻るには、少なくとも3カ月から6カ月、さらには年単位の日数がかかると思われるが、それらは学校コミュニティが本来の機能を回復することにより、教職員、保護者、地域で支えるなり地域の関係機関につなぐなりの対処でフォローアップしていく体制を作ることが可能になる。当該校配置のスクールカウンセラーがその中で重要な役割を担うことになるのはいうまでもない。

2）学校コミュニティの危機への緊急支援モデル

図9.1は学校コミュニティの危機への緊急支援モデルである。学校コミュニティの構成員である教職員と保護者が児童・生徒の支援の第1次的な担い手（第1次支援者）であり、コミュニティ内部と外部の境界線上に位置するスクールカウンセラーは、2次的な支援者として、教職員や保護者を支えつ

つ，児童・生徒の直接的な支援にかかわる。外部から派遣された緊急支援チームは，第3次的な支援者として教職員，スクールカウンセラー，保護者をバックアップする。この段階での児童・生徒への直接的な関与は一部に限られる。

2．緊急支援プログラムの機能
1）こころの傷の応急処置
　突然身近に衝撃的な出来事が生じたことによるこころの傷の真の回復には，長い年月を要する。緊急支援プログラムは，「こころの傷の応急処置」というべきものである。適切な時期に状況（事件・事故の性質，学校の状況）に応じた適切な応急処置を行うことによって，「不安と苦痛を和らげ，回復を促進する」ことが可能になる。すり傷は直後に洗浄，消毒といった応急処置をすることで雑菌への感染，化膿を避けることができるが，こころの傷においても同様で，直後に反応を扱わずに抑え込むと，感染を起こし，重篤化すると考えられる。「こころの傷の応急処置」としての位置づけは，われわれが緊急支援プログラムを発展させてくる過程で自然になされたものだったが，本稿をまとめる段階で，危機介入が「感情に対しての応急処置」（Neil, Oney, DiFonso, Thacker, & Reichart, 1974）といわれていることを知った。

2）1次被害の2次予防機能
　先に述べたように，学校コミュニティが突発的で衝撃的な事件・事故に遭遇すると，構成員は感情面，身体面，認知面，行動面にわたるさまざまな反応を起こす。これらは事件・事故によって直接もたらされた1次被害ということができる。緊急支援プログラムは，これらの1次被害について，反応が激しく，長期化，重篤化する可能性の高いハイリスクの構成員を発見し，専門的・継続的なケアにつなぐことをその役割の1つとしている。この点はEverlyとMitchell（1999）も危機介入の機能の1つとして指摘している。そのような意味では，緊急支援プログラムは1次被害についての2次予防，すなわち早期発見，早期対応の機能を持っているといえる。

3）2次被害の1次予防機能
　一方，個人レベル，学校レベルの諸反応は，結果として構成員が事件・事故の発生やその後の対応を巡って互いに非難・攻撃しあうような事態を生じ

させることがある。その結果，事件・事故そのものによる傷つき（1次被害）に加えて，2次的な傷をおってしまうことが少なくない。特定の個人への誹謗・中傷，無責任な噂などによる2次被害は，学校コミュニティの危機においてはしばしば生じ，結果としてコミュニティに長期にわたる壊滅的な打撃を与えかねない。

また先にも述べたように，集団・組織レベルの反応のために不適切・不十分な事後対応がなされ，それによる2次被害が生じる可能性もある。

事件・事故によって直接的に生じた1次被害は致し方ないとして，せめて2次被害を起こさないというのが，事後の対応における最優先事項ともいえる。そのような意味で緊急支援プログラムは2次被害の1次予防機能を持つものと位置づけられる。

3．緊急支援プログラムの概要

学校コミュニティの危機への緊急支援は，学校コミュニティの機能回復をめざすものである。緊急支援プログラムは，教職員が中核となり，保護者との連携の下に児童・生徒の反応を受け止め，ケアする体制作りをめざすものである。

1）危機的な出来事を身近に体験した人々への心理的ケア

緊急支援プログラムは，突発的で衝撃的な事件・事故を身近に体験した人々への心理的ケアとして以下の3つの内容を含んでいる。

（1）事件・事故についての正確な情報を伝え，共有すること

まずはじめに重要なことは，事件・事故についてその段階でわかっている正確な事実を伝え，共有することである。

正確な情報が共有されないために起こる2次被害を防止するためにも，早い段階で関係者全体で正確な事実を共有することは非常に重要な意味を持っている。

高橋（1999）は青少年の自殺後の対応において，事実に基づく正確な情報を生徒，保護者，教師にできるだけ早い段階で伝えることが，噂の広がりを防ぐ最善の方法であるとしている。また，YuleとGold（1993）も，学校に危機をもたらす事件・事故後には，生徒に対してありのままに起こったことを簡潔に伝えることが重要であるとしている。EverlyとMitchell（1999）は，

心的外傷をもたらすような緊急事態に対する包括的，統合的，かつさまざまな要素からなる危機介入システムを，緊急事態ストレスマネジメント（以下CISM）として構造化しているが，その中の危機管理ブリーフィングというプログラムでは，緊急事態についてわかっていること，わかっていないことを構成員に直接伝え，不安を軽減するとともに噂をコントロールするとしている。

(2) 危機的な出来事を体験した際のストレス反応とそれに対する対処方法についての情報提供を行うこと（心理教育）

心理的ケアの2本目の柱は，危機的な出来事を体験した際に一般的に生じる反応と，それに対する効果的な対処方法についての情報を提供することである。プログラムのこの部分は，参加者が抱えている問題についての専門的で正確な情報を提供し，それをもとに参加者がそれぞれの対処方法を分かち合い，自分自身の力で対処する力をエンパワーする心理教育である。EverlyとMitchell（1999）は，危機についての教育は，自ら危機を認知的に処理することにつながり，ストレスを軽減させる重要な機能を持つということを指摘している。

種々の反応が生じるのは，先述したように「異常な」事態に対する「正常な」反応であり，適切に対処すれば次第に回復可能であることを伝えること（ノーマライゼーション）だけで，多くのもともと健康な人々は不安を和らげ，立ち直りに向けて自ら動いていくことができるものである。

(3) 事件・事故についての各自の体験をありのままに表現する機会を保障すること

事件・事故後の心理的ケアの3本目の柱は，事件・事故についての各自の体験をありのままに表現する機会を提供することである。ここで重要なことは，表現を強制することではなく，「表現してもよいこと」「表現すると楽になること」をプログラムを通じて伝えることである。

EverlyとMitchell（1999）は，Pierre Janetが1800年代にすでに「心的外傷からうまく回復するには，患者がその外傷的事件についてこころの中で言語的に再現し，表現することが必要」と明言していたことを示し，心的外傷からの回復は言語的な表現に基づいていることは危機対応に関する多くの文献で認められていると述べている。

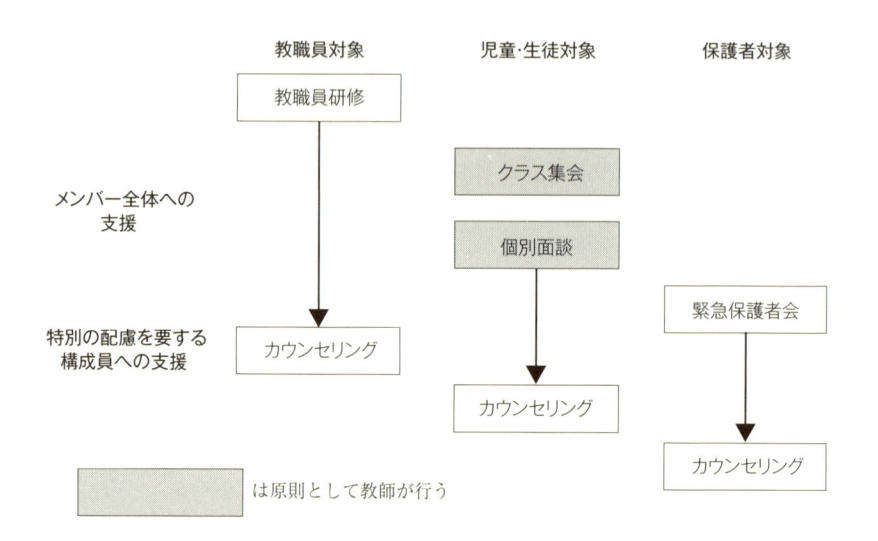

第3部 臨床心理学的コミュニティ・エンパワメント・アプローチによる援助の実際

```
                            教職員対象           児童・生徒対象         保護者対象

                            ┌─────────┐
                            │ 教職員研修 │
                            └────┬────┘
                                 │         ┌─────────┐
  メンバー全体への                │         │ クラス集会 │
      支援                       │         └────┬────┘
                                 │         ┌─────────┐
                                 │         │ 個別面談 │
                                 │         └────┬────┘
                                 │                          ┌─────────┐
                                 ↓                          │ 緊急保護者会 │
  特別の配慮を要する          ┌─────────┐                   └────┬────┘
  構成員への支援              │ カウンセリング│                       │
                              └─────────┘    ┌─────────┐         ↓
                                             │ カウンセリング│    ┌─────────┐
                                             └─────────┘         │ カウンセリング│
                                                                  └─────────┘

        ▓▓▓▓▓▓ は原則として教師が行う
```

図9.2 緊急支援プログラムの流れ

　具体的には，アンケート，個別面接，グループ・セッションなどの形で，個々人の体験を表現する機会を設ける。

2）緊急支援プログラムの流れ

　前項で述べた心理的ケアの3本の柱は，教職員，児童・生徒，保護者という3つの対象に対して図9.2のような形で提供される。われわれは，児童・生徒への対応を適切な時期に適切な形で行うためには，通常，教職員対象プログラム，児童・生徒対象プログラム，保護者対象プログラムの順に事件・事故の発生／発覚後数日の間に実施することが望ましいと考えている。事情が許す限り，まずはじめに教職員対象プログラムを実施して教職員が児童・生徒に対応する体制を整え，次に児童・生徒対象プログラムを実施し，そこで表現された児童・生徒の反応を踏まえて，保護者対象プログラムを企画・実施する。

(1) 教職員対象プログラム

教職員対象のプログラムは教職員が児童・生徒に落ち着いて対応できる体制作りのために行う。その内容は，①危機的状況下でのストレス反応と対処方法についての情報提供（心理教育），②教職員自身が事件・事故をどのように体験し，現在どのような状態であるかを表現する機会の提供，③児童・生徒への対応方法についての研修，④児童・生徒の状態の見立て・対応についてのケース・コンサルテーションなどである。

(2) 児童・生徒対象プログラム

児童・生徒対象プログラムは，教職員と臨床心理士で十分な準備を行った上で実施する。基本的には，児童・生徒対象プログラムの大半は教職員が行うものであり，臨床心理士は研修，コンサルテーションという形でそのバックアップを行うものである。事件・事故によっては，臨床心理士は直接児童・生徒に接することがない場合もある。

その内容は，①事前に教職員が十分準備した文書に基づく事実報告，②「こころの健康調査票」（アンケート）の実施，③担任，副担任による個別面談である。

②アンケート結果，③個別面談結果について，臨床心理士がケース・コンサルテーションを行い，気になる児童・生徒については臨床心理士が直接面談を行い，必要に応じて，継続的・専門的ケアにつなぐ準備をする。

(3) 保護者対象プログラム

通常，教職員プログラム，児童・生徒対象プログラムに続いて緊急保護者会を開催する。内容は，①事実報告，②児童・生徒に対する学校の取り組みの報告，③児童・生徒の反応と家庭での対応方法，地域の社会資源などについての情報提供である。通常①，②は学校の責任者としての管理職，③は心理臨床の専門家としての臨床心理士が行う。

Ⅲ　緊急支援システムの構築
——緊急支援プログラムの実施体制作り——

学校コミュニティの危機への緊急支援システムは，福岡県臨床心理士会「緊急支援の手引き作成委員会」のメンバーを中心に構造化したプログラムとそ

の実施体制(福岡県臨床心理士会,2001)について,支援の直接的な対象となる学校コミュニティの上位システムである県教育委員会および政令市教育委員会と協議しながら構築してきたものである。筆者も当初から「緊急支援の手引き作成委員会」の主たるメンバーの1人としてこの過程にかかわった。本節では学校コミュニティの危機への緊急支援システムの構築過程について述べる。

1. 県臨床心理士会としての取り組み

1)プログラムの構造化

県臨床心理士会では,会員がX年の秋に学校の危機に関与したことをきっかけに,その事例にかかわった会員を中心に「緊急支援の手引き作成委員会」を構成し,プログラムの構造化に取りかかった。X年度中にはほぼ「学校における緊急支援の手引き(案)」を作成した。

プログラムの構造化に取り組んだ背景には,文部科学省が2005年度までに全国の一定規模以上の中学校すべてにスクールカウンセラーを配置する方針(スクールカウンセラーの全校配置)を明らかにしていたことがあった(向笠・林,2005)。2005年度以降スクールカウンセラーが学校現場で危機的な出来事に遭遇する可能性が高くなり,県臨床心理士会としてはスクールカウンセラーとして学校現場に出向いている会員をバックアップする体制を整えておく必要性があった。

2)プログラムの試行

この時期県内の各地区で続いた数例の学校コミュニティの危機に際して,当該地区の県臨床心理士会会員は「学校における緊急支援の手引き(案)」を参照してかかわった。図らずも本プログラムの活用可能性を確認する機会となったが,ともにかかわった教育委員会担当者と予想以上の手応えを得ることができた。この過程で,緊急時に一定レベルの支援を提供するためには,実施すべきプログラムと具体的な資料の原案が文書として準備されていることの重要性が再確認された。

3)『学校における緊急支援の手引き』の冊子化と会員配布

上記の試行過程で追加・修正を重ね,X+1年8月に『学校における緊急支援の手引き』として冊子化し,県臨床心理士会会員に配布した。

4）県臨床心理会における合意形成

　先にも述べたように，スクールカウンセラーの全校配置に伴って今後会員が学校現場で危機的な出来事に遭遇する可能性が高まっており，すべての会員はそのような際に一定レベルの専門的支援を提供できる知識と技術を身につけていることが求められる。また，県臨床心理士会としては，県内で生じた学校コミュニティの危機に対して，要請があれば支援を提供できる体制を整えておく必要がある。

　このような認識のもとに，県臨床心理士会でも研修会でプログラムの概要と支援の実際について検討を重ね，X＋2年の総会においては，学校の危機への緊急支援を県臨床心理士会の組織的事業として位置づけることが承認された。

2．教育行政との連携・協働体制の確立

　学校コミュニティの危機に際し，外部に支援を要請するのは学校ならびに管轄の教育委員会である。したがっていかに効果的な支援プログラムが準備されていても，それが適切な形で活用されるためには，学校および教育委員会との連携・協働体制の確立が不可欠である。

1）教育行政への問題提起と共有

　X年秋の支援例以後，県臨床心理士会から教育委員会に対し，県教育委員会，およびスクールカウンセラー活用調査研究委託事業を通して日頃から連携・協働を行っている教育行政単位で，折に触れ相互の連携・協働による緊急支援システム構築についての問題提起を行った。教育委員会にとっても，危機管理対策の一環としてのこころのケア体制の確立は喫緊の課題となりつつあった時期であったため，スムーズに問題意識が共有されていった。

2）試行過程での協働

　先にも述べたように，X＋1年前半には県内の数カ所で「緊急支援の手引き（案）」を携えて種々の学校コミュニティの危機後の支援例が蓄積されていった。当該地区の教育委員会担当者と臨床心理士会のメンバー（地域委員）は混乱状況の中で手引きを片手に文字通り協働し，プログラムの実効性を身をもって認識する機会となった。試行とはいえ，最初の事例以外はすべてスクールカウンセラーの時間単価に基づいた報酬が支払われた。

3）組織的展開に向けての研修

X＋1年8月に『学校における緊急支援の手引き』が完成したため，県臨床心理士会会長から県義務教育課課長に申し入れ，了解を得た上でX＋2年度からX＋3年度にかけて各教育事務所，政令市教育委員会単位で指導主事を対象とした研修会を実施した。『学校における緊急支援の手引き』をテキストとして用い，当該地区の臨床心理士会員（地域委員）が講師を務めた。その後，教育委員会主催の管理職研修や生徒指導担当者研修などで本テーマが定期的に取り上げられるようになった。

4）学校危機管理の一環としての緊急支援プログラムの位置づけ

その結果，緊急支援プログラムは学校危機管理体制の一部に組み込まれた。事件・事故等学校コミュニティの危機発生時のフローチャートに連携先として県臨床心理士会が明記されるに至った。このような中，X年11月以降X＋7年3月までに会員がかかわった事例は60件を超えた。

3．緊急支援プログラムの適切な運用における上位システムの役割

これらの過程を経て，現在では事件・事故が発生／発覚するとすぐに，管轄の教育委員会担当者が当該の学校コミュニティ管理者の校長に対して緊急支援プログラムの活用について打診し，校長の希望を受けて臨床心理士会に支援要請を行う形が整った。並行して臨床心理士会の当該地区担当委員は教育委員会担当者と連絡を取り合い，支援要請に備えて緊急支援チームメンバーへの打診を開始するため，事件・事故発覚の翌日には学校に出向くことができるようになった。

時期を逸すると効果が半減するばかりか，場合によっては阻害的にもなりうる事件・事故後の支援については，タイムリーなかかわりが最も重要である。しかしながら事件・事故の発生／発覚直後に学校コミュニティの管理者が直接的に外部からの支援の必要性をただちに判断し，支援要請を行うのは2つの点から非常に難しい。1つには，第1節でも述べたように学校コミュニティ全体が大きな混乱状態に陥っており，その中で管理者である校長自身も冷静な判断をすることが難しくなっているからである。また，仮に直後の外部からの支援の必要性は認識されていたにしても，誰／どこにどのように支援要請を行えばよいのかが明らかでない場合が多い。実際，学校コミュニ

ティの危機にかかわる専門的支援者は,当該コミュニティ外の存在であり,コミュニティの構成員との間には,専門家として認知されているどころかそれまで面識すらないことも少なくない。

このように支援の対象となるコミュニティが混乱状態にあり,また専門的支援者(心理臨床家)がコミュニティ外の存在であってコミュニティの構成員に馴染みがないという条件下で,時期を逸することなく支援が開始されるためには,学校コミュニティの上位システムである教育委員会と,専門的支援者(心理臨床家)の上位システムである臨床心理士会との間で緊急支援プログラムの実施体制についての合意形成がなされ,それに基づいて機能する体制が確立していることが必要であった。

Ⅳ 緊急支援プログラムの実践的展開

学校コミュニティに混乱をもたらす出来事の中で,構成員に深い心の傷を負わせるものの1つが教師の不祥事の発覚である。本節では教師の不祥事の発覚後に緊急支援を行った事例(窪田,2005c)を臨床心理学的コミュニティ・エンパワメント・アプローチの視点から検討する。

1. 事案の概要

X年Y月,某高等学校で3年生部員Aが,所属するクラブ顧問の男性教師Bから継続的なハラスメントを受けていたことが発覚した。

2. 事件発覚から緊急支援までの経緯

X年Y月Z日,Aが半年程前から顧問教師Bによるハラスメントを受けていることを,日頃から信頼している養護教諭Cに相談した。Cは,看過できない問題と判断し,Aを絶対に守るという条件で学校として対応することについての了解を取った。

Z+1日,養護教諭Cは校長,教頭にAから聞いた話について報告し,学校としてきちんと対応するよう要請した。事の重大性を認識した校長は,管轄の教育委員会と協議しながら対応を開始することにした。

3. 緊急支援の経過

　X年Y月Z+2日，管轄の教育委員会より緊急支援の依頼が県臨床心理士会に入った。

　この時点では，被害生徒Aへのカウンセリングの依頼であったため，近隣の高校のスクールカウンセラーである臨床心理士Dが翌日から学校に出向くことになった。

　Z+3日，臨床心理士Dが学校に出向き，Aの話を聴いた。Aは自分のせいでことが大きくなったことについて自責的になっていた。感情を出さずに淡々と語る様子からかえって傷つきの深さがうかがえた。

　一方，すでにZ+1日からBはクラス担任，教科担任，部活顧問をはずされていたため，何らかの形で生徒への説明を行う必要があった。校長は，教頭をはじめとする校内の運営委員会や教育委員会と協議の上，翌週早々全校集会で生徒全員に説明を行うことを決断した。

　Dからその旨連絡を受けた臨床心理士会地区担当委員のEは学校および教育委員会に対し，生徒に事実を報告し共有することは重要だが，その結果直接的な被害生徒にとどまらず生徒全体が大きく動揺することが予測されること，したがって事実報告に先立って生徒の揺れを受け止める体制を準備しておく必要があること，そのためには事前の職員研修に始まる学校全体を対象にした支援が必要になってくることを伝えた。

　種々の協議の結果，翌日からDのほかEとF，合計3名の臨床心理士がチームとして支援に入ることを学校，教育委員会が決定した。

　Z+4日，管轄教育委員会の指導主事，および臨床心理士D，E，Fが学校に出向き，校長，教頭，学年主任に加わって学校内緊急支援チームが結成された。校長よりD，E，Fにこれまでの経緯が説明された。

　Eより，学校内緊急支援チームメンバーに対して，今回の事案はBが教師として持っている力を濫用した典型的なハラスメントであること，このような場合直接的にハラスメント被害を受けたAのみならず，当該教師を尊敬していた生徒も尊敬と信頼の対象を突然失った間接的な被害者であり，喪失に伴う種々の反応が予測されること，当該教師を尊敬していた生徒が被害を告発した生徒を攻撃する可能性があることを伝え，まずは教職員研修でこれらのことを十分共有した上で生徒への対応を考える必要があることを強調した。

第9章　学校コミュニティへの緊急支援システムの構築と運用

　また翌日以降の緊急支援プログラムの流れについてEより提案し，学校内緊急支援チーム内で検討した。すでにたたき台が準備されていた生徒への報告文案についても細かく検討するとともに，翌日実施予定の「こころの健康調査票」の内容を検討した。この間Dは引き続き，被害生徒Aのカウンセリングにあたった。

　放課後に教職員研修が行われた。Eより，前述の説明を行ったところ，Bが担任していたクラスの副担任より，Bを慕っていた生徒が動揺していることや，すでに当該クラブの生徒に対する非難中傷が起こってきていることが報告された。続いて，このような突然の衝撃的な出来事に遭遇した際の一般的反応と対処方法についての説明を資料に基づいて行った。教職員はすべて沈痛な面持ちで，教職員自身の深い傷つきがうかがえた。さらに，翌日以降の緊急支援プログラムの概要について説明し，理解を求めた。

　その後，学年単位で翌日の生徒対象プログラムについての準備を行った。3名の臨床心理士は学年会に分かれて参加し，具体的には，全校集会での校長からの報告に続いてのクラス集会で生徒に伝える内容を検討し，生徒からの質問への応答方法など細かい詰めを行った。個別面談の方法についても，資料に基づいて説明を行った。学年単位になったため，「信じられない」，「許せない」，「生徒に何と言えばいいかわからない」などといった教職員自身の思いが自然に語られた。十分とはいえないものの，学年会がナチュラル・ディブリーフィング（冨永，2004）の機能を果たしていると思われた。

　学年会終了後，Eは学年主任からの依頼でAの担任教師Gの話を聴いた。Gは担任としてAの苦しみに気づいてやれなかったことについて深い自責の念と無力感に苛まれており，事件発覚後睡眠や食事も十分取れないままに経過しているとのことだった。EはGの思いを聴き取りつつ，このような事案の加害者は力に敏感で相手によって態度を使い分け，巧妙に被害者を選択しているために，周囲が気づくことはきわめて困難であることを伝えた。また，心身の休息のための具体的対処方法をアドバイスし，そのひとつとしてのリラクセイション・プログラムをその場で実施した。

　同じ時間に，Fは最初にAから相談を受けた養護教諭Cの話を聴いた。CはBへの強い怒りとともにBと親しかった男性教師の中に事件を軽視するような発言があったことにひどく傷ついたとのことだった。

Z＋5日，引き続き教育委員会指導主事，臨床心理士D，E，Fが学校に出向いた。

Eより職員朝礼で，再度生徒の反応として予測されることとその日の緊急支援プログラムの流れについて確認した。

午前中は，学校内緊急支援チームで，当日夜にすでに予定されていた緊急保護者会についての打ち合わせを行った。PTA役員とともに，保護者会の開催目的は事件で傷ついている生徒を学校と家庭が連携して支え，よりよい学校にしていくための協力体制作りであることを確認し，プログラム，役割分担等を話し合った。

5時間目に臨時の全校集会が召集され，その場で校長より事実報告が行われた。「Bに教師にあるまじき行為があったことが明らかになったため，校長の責任で学級担任，教科担任，部活顧問からはずし自宅謹慎としている。被害を受けた生徒の人権を最大限重視してこのような措置をとった。生徒の皆さんに迷惑をかけたことは本当に申し訳ない」といった内容であった。

その後各クラスで担任より再度同じ説明がなされた上で「こころの健康調査票」が施行された。臨床心理士D，E，Fはその間学校内を巡回し各クラスの様子をうかがった。

引き続き，担任，副担任が分担して，記入済みの「こころの健康調査票」を前に一人ひとりに話を聴いた。予想した以上に生徒はそれぞれの状態を話したようだった。

終わり次第，会議室に待機している臨床心理士D，E，Fの元に各担任，副担任が次々に記入済みの「こころの健康調査票」を持って戻ってきた。3人で分担し，担任，副担任から話を聴いて気になる生徒の抽出を行った。当然ながら当該クラブ，およびBが担任をしていたクラスの生徒の動揺は激しかった。当該クラブの生徒の多くがBの厳しい指導に恐怖を抱いていたのに対して，担任クラスの生徒の大半はBを強く慕っており，突然のことに茫然自失の状態にあることが自由記述からもうかがえた。これらの2つのグループの生徒たちを中心に，この他にも担任，副担任が不安を感じる生徒については，翌日臨床心理士が会うことになった。

Dはこの日も放課後にAの話を聴いた。Aは家族や友人へ心配をかけていることを気にして努めて普通に振る舞っているようで，その辛さをようやく

第9章　学校コミュニティへの緊急支援システムの構築と運用

Dに語るようになってきた。

　19時より緊急保護者会が開催された。校長から謝罪と今回の経過報告がなされた。続いて臨床心理士EとFから資料に基づき生徒の反応と家庭での対処方法についての説明を行った。

　保護者からは，「事実関係をもう少し明らかにしてほしい」，「被害者だけでなくBを慕っていた生徒の気持ちも考えてほしい」，「管理職は責任を取るべきだ」などの意見が出され，一時は騒然としたが，校長は一貫して学校の責任を認めた上で，生徒の人権尊重を訴えた。Eからもこのような時こそ学校と家庭が信頼関係を深めて生徒をともに支えることが重要であるとのコメントを行った。

　Z＋6日，引き続き教育委員会指導主事，臨床心理士D，E，Fが学校に出向いた。

　3人で手分けして前日抽出された生徒のカウンセリングに当たった。その後3人で話し合い，今後もフォローが必要だと思われる生徒の抽出を行った。

　夜には当該クラブの保護者会が開かれた。保護者会として再度学校の対応についての要望が出され，校長は了承した。D，E，Fは同席し，生徒の反応と今後の見通し，家庭での留意点について話をした。

　その後，校長，教頭，教育委員会指導主事と臨床心理士D，E，Fで緊急支援の第1フェーズの総括と今後の対応についての話し合いを行った。第2フェーズの支援として，臨床心理士が1名ずつ1カ月にわたり週に1回ずつ出向くこと，1カ月後に教職員研修を行うことについて合意した。

　Z＋30日，臨床心理士D，E，Fが学校に出向き，教職員研修の中で今回の事件とその対応について振り返り，今後の方向性について話し合った。臨床心理士Eより，危機的な出来事を身近に経験した場合の一般的なストレス反応，および今回の事件に特有の反応について確認した。その後，質疑応答の形で今後の生徒へのかかわり方のポイントを確認しあった。また，教職員自身の今回の事件への反応については，事前にアンケートを行い，その結果の集約を提示することで互いの反応を共有する機会とした。

　第3フェーズの支援として，その後半年にわたり，臨床心理士Dが2週間から1カ月に1回程度主として被害生徒Aのカウンセリング，教職員のコンサルテーションのために学校に出向いた。

4. まとめ

　本事例は教師からの生徒への人権侵害という事案であり，直接の被害生徒，尊敬・信頼の対象を喪失した生徒，教職員それぞれが深く傷ついた。比較的早い段階で管理職が学校全体としての対応を決断したことで緊急支援に結びついた。緊急支援チームの臨床心理士は，このような事態で起こる可能性のある反応とそれに対する対処方法を前もって示すことで，教職員集団が主体性を持って事態に対応できるよう支援することに努めた。

　直接的に大きな衝撃を受けた生徒，教職員へのカウンセリング，身近な支援者となる教職員への心理教育，ケース・コンサルテーション，コミュニティへの支援として学校内緊急支援チームへのプログラムの企画・実施に向けての助言を同時並行的に行ったことになる。特に本事案では，教職員の傷つきが大きかったため，教職員自身の戸惑いや傷つきを表現してもらうことが通常にも増して必要だと思われたが，なかなか難しかった。

　そこで，研修に先立ち，アンケートを実施し，その結果をランダムに整理して提示するという形を試みた。多忙な中，多くの教職員が，アンケートに事件を知ったときの戸惑い，怒り，生徒を守れなかった無力感や自責感，その時点での心身の苦痛や不安などをありのままに表現していた。紙上ディブリーフィングともいうべきものであったが，後日研修担当の教師から，自分自身の思いを文字にすることや活字となった他のメンバーの思いに触れたことで随分気持ちが整理されたとのフィードバックをもらうことができた。表9.1に各層への支援の実際をまとめた。

V　まとめと考察

　学校コミュニティへの緊急支援プログラムは，事件・事故で直接的に大きな衝撃を受けた児童・生徒，教職員への直接的な支援，身近な支援者である教職員・保護者が児童・生徒に適切に対応することができるようになるための支援，学校コミュニティが構成員の支援機能を引き出し危機に適切に対処できるようになるための支援を同時・並行的，多層的に展開するものとなっており，臨床心理学的コミュニティ・エンパワメント・アプローチの典型例であるということができる。本節では，学校コミュニティへの緊急支援シス

第9章　学校コミュニティへの緊急支援システムの構築と運用

表9.1　各層への支援の実際

	当事者 (生徒)	身近な支援者		コミュニティ (校内緊急支援チーム)
		保護者	教職員	
Z+3日	カウンセリング(A)			
Z+4日	カウンセリング(A)		教職員研修 学年会 カウンセリング (C, G)	緊急支援プログラム提案
Z+5日	全校集会 「こころの健康調査票」	緊急保護者会	コンサルテーション	緊急保護者会打ち合わせ
Z+6日	カウンセリング(当該クラス,部活動生徒,A)	部活動保護者会	コンサルテーション	フォローアップ体制検討
〜1回/週	カウンセリング(A)		コンサルテーション	
X+30日			アンケート実施 教職員研修	アンケート結果フィードバック
〜半年間 1〜2回/月	カウンセリング(A)		コンサルテーション	まとめ

テム構築の過程とその運用過程それぞれについて，臨床心理学的コミュニティ・エンパワメント・アプローチの視点から考察する。

1．学校コミュニティの危機への緊急支援システムの構築——上位システム・レベルでのエンパワメント——

　学校コミュニティの危機への緊急支援プログラムは，学校や教育委員会からの支援要請を受けて初めて実施可能なものである。事件・事故の発生／発覚直後の混乱状態の中でタイムリーな支援要請がなされるためには，学校コミュニティの上位システムである教育委員会と，専門的支援者（心理臨床家）の上位システムである臨床心理士会との日頃からの信頼関係に基づく合意が必要であった。

　『学校における緊急支援の手引き』の冊子化やそれを基にした研修の実施などで，教育委員会として事件・事故後の速やかな心理的支援の必要性を認識し，危機管理体制の一環に位置づけるに至ったことは第3節に述べた通りで

```
学校コミュニティ・レベル     [学校コミュニティ]  ←→  [専門的支援者
                              (管理者:校長)          (心理臨床家)チーム]
                                    ↑
上位システム・レベル          [教育委員会]  ←――  [臨床心理士会]
```

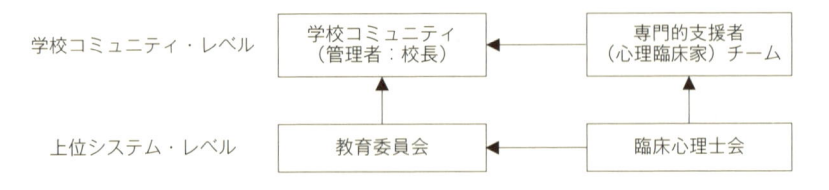

図9.3 学校コミュニティ・レベル，上位システム・レベルの支援体制

ある。

　この過程は，学校コミュニティ・レベルでの臨床心理学的コミュニティ・エンパワメント・アプローチが始動されるための準備過程であるといえる一方で，教育委員会が危機管理対策の1つとしての緊急支援システムを整備し活用可能になったという意味では，上位システム・レベルでのエンパワメント過程そのものであったとも言える。臨床心理士会が冊子や研修によって突発的で衝撃的な事件・事故後に学校コミュニティが陥る状態やその際の対応方法についての知識・情報，具体的な方法を提供したことで，教育委員会（担当者）は，緊急支援プログラムの必要性やその概要を把握し，危機対応能力を高めたということができる。実際，各地区の指導主事は学校コミュニティにおける事件・事故後に学校に出向いて危機の状態を見立て，それに応じて外部からの支援の必要性を校長に提案するなど，学校コミュニティをその上位システムとして支援することができるようになっている。図9.3に学校コミュニティ・レベル，上位システム・レベルの支援体制を示した。

2．学校コミュニティ・レベルでのエンパワメント

　次に上記に基づいて可能になった学校コミュニティ・レベルの支援の実際を述べる。

1）事件・事故で直接的に大きな衝撃を受けた生徒，教職員への支援

　通常，人々が身近に突発的で衝撃的な事件・事故を体験した際に，さまざまな身体的，心理的，行動的，認知的反応を起こすのは「異常な事態に対する正常な反応」であり，それらの人々に対する支援は，人々が本来の対処能力を回復していくためのものである。

　1次支援として，事件・事故で衝撃を受けた児童・生徒，教職員に提供さ

れるのは以下のプログラムである。
(1) カウンセリング
　ここでのカウンセリングは，事件・事故についての各自の体験をありのままに表現してもらうためのものである。生徒の場合は，まず「こころの健康調査票」に表現してもらい，それを基に教師が話を聴き，必要に応じて臨床心理士が会うという形を取ることが多い。話を聴くことは，大半の人々にとっては回復を促進するこころの傷の応急処置という面を持つが，一部の反応が激しい構成員にとっては専門的・継続的ケアにつなぐ必要性があるか否かを判断するスクリーニング（2次予防）としての意味を持っている。
(2) 心理教育
　心理教育とは，突発的で衝撃的な事件・事故に遭遇した際に生じるストレス反応と対処方法についての情報提供を行い，構成員が自らの反応を予測し，対処できるようにするためのものである。状況が許せば，対処方法の1つとしてのリラクセイションなども行い，自己コントロール感を高める。教職員に対しては教職員研修の中で，また保護者に対しては緊急保護者会の中で行う。教職員，保護者に対する心理教育は，次に述べる2次支援としての意味も持っている。大人向き，生徒向きにそれぞれ準備された資料を用いる。

2）生徒の身近な支援者である教師，保護者への支援（2次支援）
　生徒を直接的に支援するのは，学校コミュニティの主たる担い手である教師と保護者である。彼らが，生徒に対する1次支援者として，生徒の反応を受け止め，回復を促進することができるために，2次支援として以下のプログラムを提供する。
(1) 心理教育
　突発的で衝撃的な事件・事故に遭遇した際に生じるストレス反応と対処方法についての情報提供は，1次支援として教職員や保護者自身の自己コントロール感の回復に寄与する側面とともに，生徒が起こすであろう反応を予測し，対処方法をあらかじめ考えておくための援助（2次支援）としての意味を持っている。
(2) 生徒対象プログラム（クラス集会）の実施方法についての研修
　事件・事故に関する正確な事実の共有，「こころの健康調査票」の実施といったクラス集会の持ち方について，どのような言葉かけをするか，質問にど

う答えていくかを含む具体的・実践的な研修を行うことで，自らも突発的な事態の中で衝撃を受けている教師が落ち着いて対応できるよう援助する。

　限られた時間で行うことが多いため，具体的な実施方法などを記した資料を活用して行う。

（3）ケース・コンサルテーション

　「こころの健康調査票」や個別面談の実施後，今後教師が生徒が示す反応をどのように理解し，かかわっていけばよいかについて，ケース・コンサルテーションを行う。ここで重要なのは，教師が捉えている生徒の日頃の状態との違いを，アンケートや面談の結果と併せて総合的に判断していくことである。保護者からの相談に対しても随時ケース・コンサルテーションを行う。

　現在起こしている反応の大きさ，日常の適応状態，家族の支援機能，教師との関係性等を総合的に判断し，しばらく様子を見る，臨床心理士が直接話を聴く，専門機関につなぐなどの対処を行う。

3）学校コミュニティ（の管理者）への支援（3次支援）

　学校コミュニティが，適切な支援体制を構築し，構成員の回復を促進できるよう，学校コミュニティの管理者へ情報提供や助言を行うのが3次支援である。

　管理職は，今回起こった事件・事故に対する反応のみならず，日頃の生徒の状態，生徒と教職員の関係，学校と保護者・地域との関係などを総合的に判断して，事後措置を講ずることが求められる。しかしながら，事件・事故後の構成員の心理的ケアをどの時期にどのような形で行うべきであるかについて，これまで学校管理者は十分な準備をしてきていたとは必ずしも言えない。派遣された臨床心理士は学校内緊急支援チームに参加し，心理臨床の専門家として生徒が起こしている反応を見立て，それに応じて個々の緊急支援プログラムを提案する。管理職はこれらを参考にプログラムを実施する。

（1）生徒，教職員，地域が起こすであろう反応についての説明

　管理職に対し，突発的な事件・事故を体験した生徒，教職員，地域が起こすであろう反応について説明する。その結果，管理職は今後起こり得る事態を予測でき，自己コントロール感を持つことができる。心理教育の一種である。

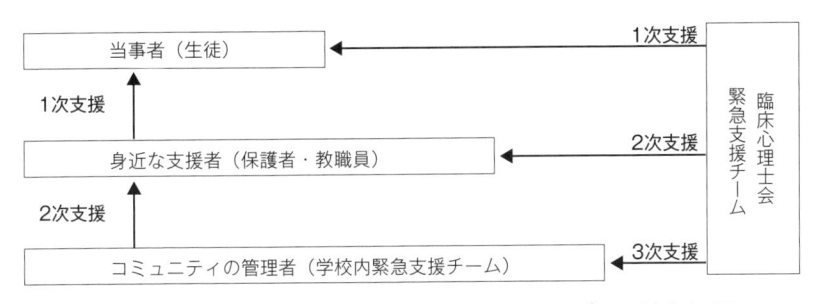

第9章 学校コミュニティへの緊急支援システムの構築と運用

```
当事者(生徒) ←――――1次支援――――  臨
  ↑                                  床
  │1次支援                           心
  │                                  理
身近な支援者(保護者・教職員) ←――2次支援――― 士
  ↑                                  会
  │2次支援                           緊
  │                                  急
コミュニティの管理者(学校内緊急支援チーム) ←―3次支援― 支
                                      援
                                      チ
                                      ー
                                      ム
```

図9.4 「臨床心理学的コミュニティ・エンパワメント・アプローチ」としての
緊急支援プログラム

(2) 緊急支援プログラムの具体的な内容と目的についての説明

上記を前提に，今後実施を予定している緊急支援プログラムの具体的な内容とそれぞれの目的について説明する。

(3) 緊急支援プログラムの構成についての提案

具体的にいつどのような形でプログラムを行っていくかについての提案を行う。管理職は，関係教職員と協議して時間割や行事等の変更を行い，プログラムを組み立てる。

(4) コンサルテーション

緊急支援プログラムが開始されて以後も，随時学校全体や地域の動きの捉え方や対処方法についてのコンサルテーションを行う。

「臨床心理学的コミュニティ・エンパワメント・アプローチ」としての緊急支援プログラムは図9.4に示す通りである。

緊急支援プログラムの実施主体はあくまで学校であり，学校が主体的にプログラムの実施を決定することで，1次支援者としての教職員（保護者）は生徒の反応を受け止めることができる。学校が支援体制を整え，実施していくための援助が3次的な支援である。このように，緊急支援プログラムはそれ自体が，当事者への1次支援，身近な支援者への2次支援，コミュニティ（の管理者）への3次支援を含んだ「臨床心理学的コミュニティ・エンパワメント・アプローチ」そのものとなっている。

第4部

臨床心理学的コミュニティ・エンパワメント・アプローチのモデル化

第10章

臨床心理学的コミュニティ・エンパワメント・アプローチの定義と構成要素

　本章では，第3部での実践的検討を経て精緻化された「臨床心理学的コミュニティ・エンパワメント・アプローチ」の定義と構成要素を提示する。

I　臨床心理学的コミュニティ・エンパワメント・アプローチの定義

　臨床心理学的コミュニティ・エンパワメント・アプローチとは，問題を抱える／問題から直接大きな影響をこうむっている当事者，身近な支援者，彼らが所属するコミュニティに対して，同時並行的・多層的に支援を展開することによって，それぞれが潜在的に持っている力を高め，より自律的な生活の実現をめざすアプローチである。
　対象，目的，方法は，以下に示す通りである。

1．臨床心理学的コミュニティ・エンパワメント・アプローチの対象
　問題を抱える／問題から直接大きな影響をこうむっている当事者，身近な支援者，彼らが所属するコミュニティの3者を対象とする。

2．臨床心理学的コミュニティ・エンパワメント・アプローチの目的
　問題を抱える／問題から直接大きな影響をこうむっている当事者，身近な支援者，彼らが所属するコミュニティが潜在的に持っている力を高め，より自律的な生活の実現をめざす。

3.「臨床心理学的コミュニティ・エンパワメント・アプローチ」の方法

　問題を抱える／問題から直接大きな影響をこうむっている当事者，身近な支援者，彼らが所属するコミュニティに対して，次節で提示するさまざまな方法を用いて同時並行的・多層的に支援を行う。

　臨床心理学的コミュニティ・エンパワメント・アプローチの実施に際しては，問題を抱える／問題から直接大きな影響をこうむっている当事者，身近な支援者，彼らが所属するコミュニティの見立てに基づき，それぞれの支援を有機的なつながりの中で展開することが重要である。

Ⅱ　臨床心理学的コミュニティ・エンパワメント・アプローチの構成要素

1．当事者への支援

　問題を抱えている／問題から直接大きな影響をこうむっている当事者が，自分自身の問題を正しく理解し対処することができるようになるために，以下のような支援を行う。

1）心理カウンセリング

　ここでの心理カウンセリングも，他の場合と同様に，支持，訓練，表現，洞察の4つの基本的要因の組み合わせによって構成される（前田，1985）ものである。当事者の現在の状態や人格発達の水準などによって，これらの基本的要因の重点が異なるのも通常のカウンセリングの場合と同様である。

　臨床心理学的コミュニティ・エンパワメント・アプローチの創出過程で示した統合失調症学生への支援事例（第4章）では，「A君自身が発症に至る自分自身のこれまでの生き方を振り返り，今後の人生を考えるための心理カウンセリング」を行った。

　第6章のDV被害学生への支援事例では「AさんのDV被害からの回復のための心理カウンセリング」を行った。

　第9章の教師の不祥事発覚後の支援事例では，直接的な被害生徒には発覚直後から回復に向けての継続的な心理カウンセリングが準備された。

　また，当事者への心理カウンセリングは，当事者への直接的な援助機能に加えて，身近な支援者へのクライエント中心のケース・コンサルテーション

を行うための機能をも担っている。例えば，前述の第4章のA君への心理カウンセリングは，身近な友人たちへのケース・コンサルテーションに生かされた。

2）心理教育

生じている問題についての正確な知識と対処方法についての情報を提供する。心理教育は当初問題を抱える当事者の家族への支援プログラムとして発展した（後藤，1998）。現在は統合失調症，気分障害，摂食障害，PTSDなど精神科医療の領域（白石，1998）にとどまらず，学校臨床（石隈・田村，2005），非行臨床（生島，2005），福祉臨床の領域（大下，2005）でも当事者を対象としたプログラムが開発・実施されてきている。

第9章の教師の不祥事発覚後の支援事例における事件・事故後の急性ストレス反応と対処方法についての情報提供は，典型的な心理教育の例である。この他，1）で記した心理カウンセリングの中でも，必要に応じて心理教育的な要素を盛り込むことが可能である。

第6章のDV被害学生への支援事例では心理カウンセリングの中に，DV被害者の一般的反応についての情報提供といった心理教育的な要素を取り入れ，誰もが起こす一般的反応であるというノーマライゼーションによってAさんを支えた。

3）スキル・トレーニング

問題への対処方法として有効なスキルについてトレーニングを行う。心理カウンセリングの訓練的な要素ともつながるものであり，第4章の統合失調症学生への支援事例のA君の面接では，周囲の人々との間のコミュニケーションスキルを取り扱うことも多かった。

第9章の教師の不祥事発覚後の支援事例では被害生徒の担任教師に対して行ったのみであったが，事件・事故後の緊急支援の際にストレス対処スキルとしてのリラクセイション・スキル獲得の援助を行うことは少なくない。

4）必要な専門的支援の提供者へのリファー

1）～3）のなかで，より専門的な支援が必要かつ有効であると判断された場合，そのような支援の提供者へのリファーを行う。

生じている問題に医学的な治療が必要な場合，医療機関と連携して投薬などの医学的なケアが提供できる体制を整える。

第4部　臨床心理学的コミュニティ・エンパワメント・アプローチのモデル化

　第4章の統合失調症学生への支援事例では精神科クリニックに紹介し，投薬治療を依頼した。事件・事故後の急性ストレス反応についても必要に応じて医療的なケアにつなぐ。

　また，直接本書の中では示してないが，第8章の修学問題のためのキャンパス・トータル・サポートプログラムの事例の延長線上では，学生相談室に相談に訪れた学生が専門分野での学習に困難を来している場合や意欲を持てないでいるような場合には，学部の専門教員につなぎ，支援を依頼する。またカリキュラムの理解が不十分なために適切な時間割を組めずにいる学生については，当該学部の教務担当者につないで支援を依頼する。

2．身近な支援者への支援
1）支援者のネットワーク作り・維持・強化

　アセスメントの結果，さまざまな支援者が個別に当事者を支援していて，場合によっては支援者相互の理解とかかわり方の違いが混乱を起こしているような場合がある。個別に支援していた支援者相互がつながりをもつことは，当事者へより適切な支援が行われることになるのみならず，支援者の相互サポートにもなり，結果として支援者自身がエンパワメントされる。情報の共有とその後のかかわり方について協議するミーティングを持つことは，もう1つの重要な機能として支援者のネットワーク作りにつながる。

　第4章の統合失調症学生への支援事例では，身近な支援者として重要な役割を担っていた4人の友人と定期的なミーティングを持つことによって，支援ネットワークの強化に努めた。

　第6章のDV被害学生への支援事例でも，サークル関係者（学生・教員）がAさんを支えるネットワークとして機能できるようになることをめざしたミーティングを重ねた。

　第7章の荒れた中学校へのシステム・コンサルテーションの事例で，保護者や学年教師対象に行ったグループミーティングは，支援者相互のネットワークを強化することにつながるものであった。

　第9章の教師の不祥事発覚後の支援事例での学年会も，危機状況下での教師相互のつながりを強める効果があった。

2) 心理教育

　身近な支援者への支援プログラムとして最も重要なものが心理教育である。当事者が抱えている問題や起こしている反応についての正確な知識・情報と，それに対してどのような支援を行っていくかについての知識・技術を提供するプログラムである。

　第4章の統合失調症学生への支援事例では統合失調症の理解と対応について，第6章のDV被害学生への支援事例ではDV被害の理解と被害者・加害者への対応について，第8章の修学問題のためのキャンパス・トータル・サポートプログラムの事例では修学困難を来す背景についての理解と対応について，第9章の教師の不祥事発覚後の支援事例では急性ストレス反応の理解と対応について，それぞれ身近な支援者への心理教育が実施されている。

3) ケース・コンサルテーション

　身近な支援者が実際に当事者とかかわっていく際には，当事者の言動や反応をどのように理解し，具体的に対応していくかについてのケース・コンサルテーションが必要となる。これはコンサルテーションの方法を確立させたCaplan（1961, 1963, 1970）がいうところのクライエント中心の事例コンサルテーション，およびコンサルティ中心の事例コンサルテーションに当たる。

　第4章の統合失調症学生への支援事例での友人たちとのミーティングは，2) の心理教育とケース・コンサルテーションの機能を併せ持つものとなった。

　第8章の修学問題のためのキャンパス・トータル・サポートプログラムの事例では，入門演習担当者会議や成績不良者面談の際に担当教員からの相談を受けた学生相談室カウンセラーが，当該学生の理解と対応についてケース・コンサルテーションを行っている。

　第9章の教師の不祥事発覚後の支援事例では，クラス担任がアンケート，個別面談を行った後，臨床心理士が生徒の反応の理解と対応方法についてのケース・コンサルテーションを行った。

4) マニュアル・ワークシートの提供

　身近な支援者が，短期間にどのような支援を行うべきかを理解し，機能することができるようになるための支援として，マニュアルやワークシートの提供がある。1度に多くの対象者に支援を行う必要がある場合は，必ずしも

表10.1 成績不振に至る背景の明確化とそれに対する対応の提示

成績不振に至る背景（問題点）			対応策の提示
アンケート項目へのチェックによる類型化	A	出校出席の不足	出校出席の勧め，Coとの関係作り
	B	修学状況の不良	地道な取り組みを支援，相談室プログラムへ
	C	学習スキルの欠如	学習スキル援助へ，相談室プログラムへ
	D	将来目標の不明確さ	目標の明確化のためのキャリア・カウンセリングへ
	E	対人関係の不全	Coとの関係作り・学内での人間関係作りへ

心理的な援助の専門訓練を受けていない人々が身近な支援者としての役割を担うことがしばしばある。このような場合，2）の心理教育（研修）とともにマニュアルやワークシートを用いることで一定水準の1次支援が可能になる。

第8章の修学問題のためのキャンパス・トータル・サポートプログラムの事例の中では成績不振者面談の際に用いるチェックリストの形で，成績不振に陥る背景の明確化とそれに基づく対応を提示した（表10.1）。

第9章の教師の不祥事発覚後の支援事例の場合も，特に緊急事態で十分研修に時間が割けない状況の中で，身近な支援者である教職員が短期間に生徒への対応方法を獲得する上で，マニュアルおよびワークシートの活用は有効であった。

3．コミュニティ（の管理者）への支援

1）コミュニティの全体状況の把握のための援助

コミュニティ（の管理者）がコミュニティ全体の状況を的確に把握することは，対処計画を策定する前提として不可欠である。そのためには以下のような手順が必要とされる。

（1）調査の実施と結果のフィードバック

生じている問題に関して，コミュニティ全体の状況を把握するために調査を行い，その結果をフィードバックする。

第8章の修学問題のためのキャンパス・トータル・サポートプログラムの事例の延長線上で行った学生の抱える問題について行った，ストレスアンケートの実施と結果のフィードバック（窪田・川北・松尾・荒木, 2001）は，

第 10 章　臨床心理学的コミュニティ・エンパワメント・アプローチの定義と構成要素

表 10.2　緊急支援プログラム実施時の対応

プログラム	ワークシート（アンケート）	マニュアル（実施方法の手引き）	配布資料
児童・生徒対象プログラム	こころの健康調査票	・こころの健康調査票の実施にあたって ・個別面談の実施にあたって	「突然身近に不幸な出来事が起こったら」（児童生徒対象心理教育資料）
保護者対象プログラム		・保護者会の実施にあたって	「保護者会の皆様へ」（保護者対象心理教育資料）

コミュニティの管理者が学生の実態とコミュニティの課題を捉えるための支援となりうるものである。

　第 9 章で取り扱ったような，学校コミュニティの危機への緊急支援の際に用いる「こころの健康調査票」は，本来の目的は児童・生徒が体験をありのままに表現する機会を提供することだが，結果として児童・生徒の反応を通して学校コミュニティ全体の混乱状況を把握する手立てともなる。

（2）システム関係図など，コミュニティの全体状況の図示

　コミュニティの全体状況を端的に示すシステム関係図等を作成・提示する。

　第 7 章の荒れた中学校へのシステム・コンサルテーションの事例では，地域も含めたコミュニティの全体状況についてのシステム関係図が，コミュニティの管理者である校長からの信頼を得て協働関係を強化する上で効果的に機能した。問題のさなかにあって客観性を失っているコミュニティの管理者に対し，問題を端的に示す図や文書の提示は，彼らが冷静さを取り戻し，問題に対処する力を回復する上で有効である。

2）心理教育

　コミュニティ（の管理者）に対しても，当事者，および身近な支援者に生じている問題と対処方法について，正確な知識・情報を提供する。

　第 6 章の DV 被害学生への支援事例で，学生の生活指導を担う学生部に対し，DV 加害者の特性についての情報提供を行って理解を求めた上で，加害学生 B の行動規制を依頼した。

3）コミュニティとしての支援システムの構築への支援

　コミュニティ（の管理者）に対し，ある程度恒常的な支援システム構築のための支援を行う。これによって，今回生じている問題への対応にとどまら

ず，今後同様の問題が生じた際には，コミュニティがより自律的に問題に取り組むことが可能になる。これは，Caplan（1961, 1963, 1970）のいうプログラム中心の管理的コンサルテーションに当たる。

第6章のDV被害学生への支援事例では，人権保障システムの構築に向け大学コミュニティへの働きかけを行った。

第9章の教師の不祥事発覚後の支援事例においては，県臨床心理士会は緊急支援プログラムと実施体制を構造化し，教育委員会と協議して学校コミュニティの危機への緊急支援システムの構築を支援した。

4）コミュニティとしての支援システムの運用への支援

一旦構築された支援システムであってもそれを効果的に運用するためには，実際に生じている問題やその時のコミュニティのありように応じた具体的な支援プログラムの構成とその実施のための支援が必要になってくる。これはCaplan（1961, 1963, 1970）のいうコンサルティ中心の管理的コンサルテーションに該当する。

第9章で取り上げた教師の不祥事発覚後の支援事例では，学校内緊急支援チームの中で，教育委員会，管理職に対して行う具体的な緊急支援プログラムの実施方法についての助言や用いる資料の準備などについての支援を行った。

第 11 章

臨床心理学的コミュニティ・エンパワメント・アプローチのプロセス

　本章では,「臨床心理学的コミュニティ・エンパワメント・アプローチ」を開始から終了までのプロセスに沿って提示する。「臨床心理学的コミュニティ・エンパワメント・アプローチ」創案の段階では，準備，アセスメント，実施，評価と終結の4段階を想定していたが，実践的検討の過程でそれぞれの段階が分化し，4段階8プロセス（Ⅰ．準備段階：1．専門的支援者としての認知の獲得，2．臨床心理学的コミュニティ・エンパワメント・アプローチの始動，3．ともに問題に取り組む関係作り，Ⅱ．アセスメント段階：4．コミュニティ・エンパワメント・アセスメント，5．必要な支援と具体的支援計画，Ⅲ．実施段階：6．プログラムの実施，Ⅳ．評価・終結段階：7．評価，8．終結とフォローアップ）から成ることが明らかになった。もっとも，実際には各段階は不可分のものであり，また交錯して進むことも少なくない。

Ⅰ　準備段階

　準備段階には「専門的支援者としての認知の獲得」,「臨床心理学的コミュニティ・エンパワメント・アプローチの始動」,「ともに問題に取り組む関係作り」の3つのプロセスが見出された。

1．専門的支援者としての認知の獲得

　臨床心理学的コミュニティ・エンパワメント・アプローチは，問題を抱える／問題から直接大きな影響をこうむっている当事者，身近な支援者，またはコミュニティの管理者のいずれかが，専門的支援者（心理臨床家）に支援

を求めることによって開始されるのが通常である。そのためには，専門的支援者が当該の問題について専門的な知識・技術を持つ者として，コミュニティの構成員に認知されている必要がある。

したがって，臨床心理学的コミュニティ・エンパワメント・アプローチの第1段階としては，心理臨床の専門家が当該問題に専門的支援者としての認知を獲得するプロセスが必要となる。これは，Lachenmeyer（1992）が典型的なコンサルテーションのステップとして提示している7つのステップの最初に位置づけられている「参加を獲得すること」に相当するといえよう。

この過程は，心理臨床の専門家が，コミュニティ外の存在である場合には特に重要になる。具体的には，当該問題についての専門的知識・技術についてのさまざまな形での情報提供（資料配付，研修会やワークショップの開催）などがあげられる。これらの活動は，心理臨床の専門家が，当該コミュニティの中で専門的支援者としての位置を明確に与えられている場合においても，個々の構成員にとって必要なときにスムーズに援助を求めることができる身近な存在として認知されるために重要な活動となってくる。

第9章に示した教師の不祥事発覚後の支援事例では，数例の試行的な実践を基に県の臨床心理士会として具体的なプログラムを構造化し，その実施体制についてプログラムの実施主体である教育委員会と協議を重ね，研修を繰り返して理解を深めるというプロセスを辿った（向笠・林, 2005）。その背景には，スクールカウンセラー活用調査研究委託事業開始以来築いてきた県臨床心理士会と教育委員会との信頼関係があったが，危機的な出来事直後に学校コミュニティ全体を対象とした支援プログラムと実施体制については，通常のスクールカウンセラー業務の場合とは大きな違いがあり，特に時期を逸することなく支援体制が構築されるためには，共通認識を持つためのプロセスが重要であった。

第8章の修学問題のためのキャンパス・トータル・サポートプログラムの事例は，大学コミュニティの一機関である学生相談室としての実践事例であったが，専門的支援者としての認知の獲得過程を必要とした。ほとんどの構成員にとって，学生相談室はそれまで重い精神保健上の問題を有する特別の学生を支援する機関として認識されており，学生の多様化によって生じる修学困難（成績不振，留年，退学など）についても臨床心理学的な視点からの

援助が可能であるとの理解を得る必要があった。第9章は、「専門的支援者としての認知の獲得」をめざした種々の取り組みが中心となっている。構成員全体を対象にした啓発的なアプローチ、専門的な知識と情報の提供、調査研究の実施と結果のフィードバックなどを通し、当該問題への専門的支援者としての認知獲得をめざした。

2．臨床心理学的コミュニティ・エンパワメント・アプローチの始動

　構成員に何らかの問題が生じた場合、またその問題が当事者、身近な支援者、コミュニティの通常の対処方法のみでは対処困難となった場合に、専門的支援者（心理臨床家）へ支援が求められる。臨床心理学的コミュニティ・エンパワメント・アプローチは、このような場合に、当事者、身近な支援者、コミュニティの管理者のいずれかが専門的支援者へ支援を求めることから始動される。その段階で求められるのは、問題を抱える／問題から直接大きな影響をこうむっている当事者への直接的支援としてのカウンセリングである場合も少なくないが、コミュニティのいずれかの構成員からのコンタクトがあった時点で臨床心理学的コミュニティ・エンパワメント・アプローチは始動される。

　また、専門的支援者（心理臨床家）がコミュニティの構成員である場合には、他の問題への支援過程の中で明らかになってきたコミュニティ内の新たな問題について、専門的支援者からコミュニティの管理者に問題提起し、コミュニティ全体としての取り組みの必要性について協議することが臨床心理学的コミュニティ・エンパワメント・アプローチ始動のきっかけとなる場合もある。しかしながら、その場合も専門的支援者が行った問題提起に対して、支援の必要性を判断し、専門的支援者への支援要請を行うのはコミュニティの管理者である。

　専門的支援者（心理臨床家）がコミュニティ外から支援を行うことになる場合には、コミュニティ管理者からの要請を受けて、金銭的報酬の点も含む契約を行うのはこの段階である。

　第6章のDV被害学生への支援事例では、身近な支援者であるサークル仲間からの相談で臨床心理学的コミュニティ・エンパワメント・アプローチが始動された。

第4部　臨床心理学的コミュニティ・エンパワメント・アプローチのモデル化

　第7章の荒れた中学校へのシステム・コンサルテーションの事例では，コミュニティの管理者である校長からの要請が教育事務所経由でなされ，支援が開始された。
　第9章の教師の不祥事発覚後の支援事例の場合は，学校コミュニティの管理者とその上位システムである教育委員会とが協議の上，支援要請がなされたが，その過程では専門的支援者（心理臨床家）が教育委員会担当者を通じて学校全体としての支援の必要性を提起することもあった。緊急支援システムにおいては，教育委員会担当者からの正式の支援要請は，規定の報酬を伴う契約となっている。

3. ともに問題に取り組む関係作り——取り組むべき課題とおおよその目標の共有——

　援助を求めてきたコミュニティの構成員との間で，ともに問題に取り組む関係を築くのが臨床心理学的コミュニティ・エンパワメント・アプローチの3番目のプロセスである。
　実際にどのような支援を行っていくかについては，次のアセスメント段階，さらにその次の具体的な支援計画の策定段階で詳細に検討していくことになるが，この段階では，直接支援を求めてきたコミュニティ構成員の主訴に沿って問題の概要を聴き，取り組むべき課題とおおよその目標を共有し，その問題にともに取り組む関係を築く。
　支援を求めてきたコミュニティの構成員はこの段階では，問題を抱える／問題から直接大きな影響をこうむっている当事者のみに変化を求める意向が強いといったように，起こった問題の一部に焦点化している場合は少なくないが，「困っている問題について一緒に考えていく」ことを目標にして，次のアセスメント段階につなぐことも含めた関係作りを行う。
　第6章のDV被害学生への支援事例ではまずサークルの関係者との間で「AさんをBの暴力から守る体制作り」を，当面の取り組むべき課題として共有した。
　第7章の荒れた中学校へのシステム・コンサルテーションの事例では支援を要請してきた段階で校長は「保護者の指導力不足のために生徒の問題行動がおさまらない」と考えており，専門的支援者（心理臨床家）への要請は「保

護者を指導してほしい」ということであった。教育委員会担当者を通じての事前打ち合わせの段階で,「まずは学校関係者の話を聞かせてほしいこと」,「問題が学校全体にかかわると思われるのでチームで複数回関与させて欲しいこと」を申し入れて了解を得た。この段階で「学校が困っている問題について一緒に考えていく」といった大まかな枠組みで合意した。

第9章の教師の不祥事発覚後の支援事例では,取り組むべき課題を「突発的な事件・事故によって衝撃を受けた生徒のこころのケア」として,支援を要請してきた教育委員会と当該校の管理職との間で共有した。当初は管理職から,衝撃を受けている生徒に個別のカウンセリングをという形で求められたが,具体的にどのようなプログラムを実施するかについては,協議の上検討していくこととした。

このように,取り組むべき課題とおおよその目標を共有し,ともに問題に取り組む関係を築くのが,臨床心理学的コミュニティ・エンパワメント・アプローチの準備段階の最後のプロセスである。

Ⅱ　アセスメント段階

アセスメント段階には,「臨床心理学的コミュニティ・エンパワメント・アセスメント」と「必要な支援と具体的な支援計画の策定」の2つのプロセスが見出された。

1. 臨床心理学的コミュニティ・エンパワメント・アセスメント

支援を求めてきたコミュニティの構成員と,取り組むおおよその目標を共有しつつ,次の段階としてそのアセスメントを行う。ここでのアセスメントは,それに対してどのような支援が必要であるかを見立て,そのための具体的な計画を立てるためのものであり,「心理的援助のための心理アセスメント」(田嶌, 2003b) である。

主として最初にコンタクトを取ってきた構成員およびそのつなぎで接触することになった構成員の話を聴きながら明らかにしていくもので,厳密な評価・査定というよりもコミュニティの構成員との最初の協働作業である。

臨床心理学的コミュニティ・エンパワメント・アセスメントでは,問題を

抱える／問題から直接大きな影響をこうむっている当事者のみならず，身近な支援者，コミュニティの各層およびその相互関係について行い，それぞれについての支援プログラム策定に反映させる。

1）当事者（問題そのもの）のアセスメント

ここでは，問題そのもの，問題を抱える／問題から直接大きな影響をこうむっている当事者の現在の状態，現在起こしている反応について，および当事者の人格発達の水準についてのおおよそのアセスメントを行う。この段階で必ずしも問題を抱える／問題から直接大きな影響をこうむっている当事者と直接的なコンタクトが実現しているとは限らず，身近な支援者やコミュニティの管理者からの聞き取りを通してのアセスメントである場合も少なくない。

（1）問題そのものについてのアセスメント

当事者が遭遇した問題そのものについて，それがどのようなものであるかを明らかにする。しかし，実際には，「部活内でのいじめ」，「同級生の自殺」など単発的で明確な問題はともかく，長期にわたって複合的にかかわっていて，当事者が示す反応との関係が明確でなかったり，それによって引き起こされている反応と必ずしも分離できない場合も少なくない。

第6章のDV被害学生への支援事例では，起こっている問題が学生BからAさんに対する暴力とその脅しによる支配とコントロールであり，その特性を十分理解した上での支援計画が必要であることを確認した。

第9章の教師の不祥事発覚後の支援事例では，起こっていた問題は教師の不祥事の発覚であり，それによって生じる構成員の反応を予測し支援プログラムを策定することが求められた。

（2）問題を抱える／問題から直接大きな影響をこうむっている当事者の現在の状態についてのアセスメント

（1）と不可分の場合もあるが，当事者の現在の状態についてのアセスメントを行う。当事者が現在，身体レベル，行動レベル，心理レベルでどのような状態にあるかを尋ねながら，どのような援助が必要であるかを前提に状態を見立てていく。示されている身体的・行動的・心理的反応が健康レベル，神経症レベル，心身症レベル，精神病レベルのうちどのレベルのものであるかについてのアセスメントは，次の段階として他の専門的支援者／機関への

第11章 臨床心理学的コミュニティ・エンパワメント・アプローチのプロセス

リファーを行う必要性の判断にもつながる。

　第6章のDV被害学生への支援事例では，Aさんは長期にわたる支配とコントロールの結果，無力化されBの元から逃れることができずにいた。

　第7章の荒れた中学校へのシステム・コンサルテーションの事例においては，2学年，3学年それぞれ数名ずつの生徒が器物損壊，服装違反，夜間徘徊，シンナー吸引などの反社会的問題行動を繰り返していた。

　第8章では，必ずしも直接的に学生相談室に支援を求めてきたわけではない学生や教職員との雑談やアンケート調査の結果等から，目的意識や将来目標が不明確であったり，学習スキルを十分獲得していないために意欲的に取り組めない学生の問題やそれらの学生への対応方法に苦慮する教職員の姿が明らかになってきた。

　第9章の事例では教師の不祥事の発覚によって，直接被害を受けた生徒が不眠，食欲不振といった身体症状を呈するとともに自責的になっている一方で，当該教師を尊敬していた生徒たちが尊敬と信頼の喪失に伴う反応を起こしており，また教師も事件を起こした教師への強い怒りと生徒を守れなかったことへの自責を感じているなど，構成員がそれぞれの立場で強い反応を起こしていることがわかった。

（3）問題を抱える／問題から直接大きな影響をこうむっている当事者の人格
　　発達の水準についてのアセスメント

　現在の状態とは別に，当事者の人格発達の水準についてのおおよそのアセスメントは，その後の支援計画の策定にとって欠かせない。問題に遭遇し不適応に陥っている当事者の本来の健康さの見立ては，当事者の本来の力を活性化するというエンパワメントの視点から，特に重要になってくる。現在精神病レベルの反応を示しており，その沈静化には医学的な治療が欠かせないにしても，「自己理解を深め今後の生き方を考える」ための心理カウンセリングを支援プログラムの中に組み込むか否かの判断を行うためには，当事者の人格発達の水準についてのおおよそのアセスメントが必要になる。

　第4章の統合失調症学生への支援事例では，陽性症状を示しながらも過去を語るA君の話は十分共感できるものであり，基本的な能力の高さがうかがわれた。

　第6章のDV被害学生への支援事例では，Aさんは長期にわたって暴力を

受けながらも出席や単位取得といった大学生活そのものの質は維持されており，もともとの健康さと能力の高さが推測された。

(4) 問題を抱える／問題から直接大きな影響をこうむっている当事者が獲得することが望ましいと考えられるスキルについてのアセスメント

一方で，問題を抱える／問題から直接大きな影響をこうむっている当事者が今後自らの力で問題解決・対応していくためには，これまで未獲得・未学習であった何らかのスキルを身につけることが有効であると考えられる場合も少なくない。コミュニケーションスキル，怒りのコントロールスキル，ストレス対処スキルなど心理社会的なスキルに限らず，ノートテイキング，レポート作成などの学習スキルの獲得によって，自己コントロール感を高め，遭遇する問題に自律的に取り組むことが可能になる。

2) 身近な支援者のアセスメント

続いて，問題を抱える／問題から直接大きな影響をこうむっている当事者の身近な支援体制についてアセスメントを行う。できる限り，すでにあるインフォーマルな支援体制を大切にし，活性化するという意味からも重要なアセスメントである。ここでのアセスメントは，身近な支援者が支援者としての機能を発揮する上でのアセスメントであり，支援者自身の人格，行動傾向を直接対象にするものではない。

(1) 既存の身近な支援者についてのアセスメント

まず第一に現段階で家族，友人，近隣者，同僚など身近な人々の中にインフォーマルな支援者が存在するか否かを明らかにする。誰がどのような支援をしているのかを明らかにしつつ，それらの支援者が現段階で個別に支援しているのか，ネットワークとしてともに支援する体制ができているのかについての情報を収集する。

第4章の統合失調症学生への支援事例では，最初にコンタクトを取ってきた友人たちが協力し合ってA君の日常生活を支援していた。

第6章のDV被害学生への支援事例では，Aさんの学内での支援者としてはサークルの関係者がある程度の役割を果たすことができると思われたが，Aさんの安全を確保するには十分とは言えなかった。

第7章の荒れた中学校へのシステム・コンサルテーションの事例では，3学年の保護者が相互に連絡を取り合いネットワークとして機能し始めている

第 11 章 臨床心理学的コミュニティ・エンパワメント・アプローチのプロセス

ことがわかった。

　ついで，身近な支援者の状態についてのアセスメントを行う。問題と対処方法についての情報不足や孤立感から不適切な対応を行ったり，問題の重篤さに疲れ果ててしまっているような場合，その状態に応じた支援を行う必要が出てくる。

　第4章の統合失調症学生への支援事例では，友人たちは一時A君の連続性のない行動に振り回されていらだちを強めていた。

　第7章の荒れた中学校へのシステム・コンサルテーションの事例では，学年教師は頻発する問題の対応に追われ，疲れ果てていた。

　第8章の修学問題のためのキャンパス・トータル・サポートプログラムの事例においては，入門演習担当教員は，自分の発表日に簡単に欠席したりする学生の理解と対応に苦慮していた。

（2）身近な支援者として機能する可能性のある構成員についてのアセスメント

　現段階では身近な支援者が明らかでない場合，今後，身近な支援者として機能する可能性がある構成員として，どのような人が考えられるかについて情報を収集する。それを基に身近な支援者のネットワーク作りに向けて次段階での検討につなぐ。

　第9章の教師の不祥事発覚後の支援事例においては，既存の学校組織の中で一人ひとりの生徒をケアする立場にいる担任，副担任が生徒の身近な支援者としての役割を果たすことができると考えられた。

（3）当事者と身近な支援者，身近な支援者相互の関係についてのアセスメント

　当事者と身近な支援者，身近な支援者相互がどのような関係にあるかについての情報収集も併せて行う。支援者が問題を正しく理解していないために当事者に対して阻害的なかかわりが生じていることが推測される場合には，その改善に向けて身近な支援者に対して心理教育を計画するといったように，支援プログラムの作成に反映させる。

　第4章の統合失調症学生への支援事例では，友人たちが熱心さのあまり過干渉となってA君がわずらわしがったり，A君へのかかわり方を巡って友人相互がトラブルを起こすなどといった事態が起きていた。心理教育や擬似家

族モデルを用いたかかわりでその改善に努めた。

3）コミュニティのアセスメント

次に問題を抱える当事者が所属するコミュニティが現在どのような状態にあって，現段階でどのような支援体制があるか，どのような資源が活用可能であるかを明らかにすることが必要になる。次の段階で記す具体的な支援計画の立案と不可分の過程である。

（1）コミュニティの全体状況についてのアセスメント

コミュニティが現在どのような状態にあるかの全体的なアセスメントを行う。

第7章の荒れた中学校へのシステム・コンサルテーションの事例では，地域も含めたコミュニティ全体としてさまざまな取り組みがなされていたが，個別になされることが多く，また長期目標は一致しながらも当面の目標やそのための具体的方法論が異なり，阻害的に働いていた。また，コミュニティの管理者である校長と学年教師の間に悪循環が生じていた。

第8章の修学問題のためのキャンパス・トータル・サポートプログラムの事例においては，志願者減の中，多様化する学生への対応のために組織やカリキュラムの改正が続き，大学コミュニティ全体に閉塞感と疲弊感が漂っていた。

（2）コミュニティの支援システムについてのアセスメント

問題を抱える／問題から直接大きな影響をこうむっている当事者が所属するコミュニティの中に，当該の問題に関連した支援システムが存在しているか否か，どのようにすれば利用できるのかなどについての情報を収集し，利用可能性も含めて検討する。

第4章の統合失調症学生への支援事例では，大学コミュニティには精神病圏内の学生を心理社会的な側面，修学面，生活面にわたって統合的に支援するシステムは存在せず，学生相談室，保健室，教務など学内機関の連携で補う必要があった。

第6章のDV被害学生への支援事例の中では，この種の事案に対するコミュニティの支援システムが欠落していることが明らかとなり，人権保障体制を構築することになった。

第9章で紹介した学校コミュニティへの緊急支援プログラムは，突発的な

事件・事故後に要請に応じてコミュニティ外から持ち込まれる緊急支援プログラムそのものが、担任、副担任といった第1次支援者の活動をバックアップする機能を内包したコミュニティの支援体制となっている。
（3）代替的な支援システム，資源についてのアセスメント
　直接的に当該の問題を取り扱うシステムが存在しない場合には、代替的に利用可能なシステムとしてどのようなものがあるかを明らかにする。セクシュアル・ハラスメント相談窓口は整備されていないが、学生相談室が利用可能な窓口として存在しているなどといった情報の収集を行う。
　第6章のDV被害学生への支援事例では、Aさんの安全確保のために必要であったBに対する強制力を持った措置については、当時の学内体制では学生部の力を活用することが可能だと思われた。

2．必要な支援と具体的な支援計画の策定
　次に具体的な支援計画を策定する。実際には、この過程は前段階の当事者，身近な支援体制、コミュニティの支援体制のアセスメント過程と切り離すことはできない。それぞれのアセスメントに基づいて、各層に対し、具体的にどのような支援を行っていくかを計画する。
1）支援の内容
（1）当事者への支援
　問題を抱える/問題から直接大きな影響をこうむっている当事者のアセスメントに基づき、具体的にどのような支援プログラムを実施するかを決定する。
　支援内容は、第10章であげた、①心理カウンセリング、②心理教育、③スキル・トレーニング、④必要な専門的支援の提供者へのリファーなどである。
（2）身近な支援者への支援
　身近な支援者のアセスメントに基づいて具体的な支援計画を策定する。
　支援内容は、第10章であげた、①支援者のネットワーク作り・維持・強化、②心理教育、③ケース・コンサルテーション、④マニュアルやワークシートの提供などである。
（3）コミュニティ（の管理者）への支援

アセスメント結果に基づいて，コミュニティに対し具体的な支援計画を策定する。

支援内容は，①コミュニティの全体状況の把握のための援助，②心理教育，③コミュニティとしての支援システムの構築への援助，④コミュニティとしての支援システムの運用への支援などである。

2）支援プログラムの組み立て

問題を抱える／問題から直接大きな影響をこうむっている当事者，身近な支援者，コミュニティのアセスメントに基づいて上記の支援プログラムを組み立て，支援計画を策定する。臨床心理学的コミュニティ・エンパワメント・アプローチの始動の段階でアクセス可能な構成員，問題の緊急度，使用可能な資源の準備状況などによって，プログラムの優先順位は異なってくる。

第4章の統合失調症学生への支援事例では，アクセスしてきた友人たちの話とその勧めでやってきたA君の様子から，統合失調症の陽性症状に振り回されていることが見て取れたため，まずは保護者へアプローチし理解を求めたうえで医療機関につなぐことを最優先に支援計画を組み立てた。

第6章のDV被害学生への支援事例では，Aさんの安全を守るために，大学コミュニティに働きかけて加害学生Bの行動規制を行いつつ，Aさんの心理的な回復を支援するというおおよその組み立てを行った。

第9章の教師の不祥事発覚後の支援事例は，身近な支援者への支援によって彼らの支援力を高めた上で，児童・生徒への支援を行い，そこで明らかになった児童・生徒の状態を踏まえて，保護者への心理教育を行うという支援プログラムの組立てとなっている。

Ⅲ　プログラムの実施段階

第3段階は「プログラムの実施段階」である。

1．プログラムの実施段階

1）プログラムの実施段階

組み立てた支援計画に基づき，問題を抱える／問題から直接大きな影響をこうむっている当事者，身近な支援者，コミュニティそれぞれのレベルでプ

ログラムを実施する。

　当事者への支援，身近な支援者への支援，コミュニティ（の管理者）への支援プログラムの同時並行的・多層的展開を行う臨床心理学的コミュニティ・エンパワメント・アプローチでは，心理臨床家も複数でチームとしてかかわり，役割を分担して臨むことが望ましい。

　ここで同時並行的といっているのは，問題解決／解消のためにはコミュニティ全体を視野に入れ，3つの層それぞれへのプログラムを組み立てていくという意味であって，字義通りすべてを常に同時に行うということではない。実際の展開に当たっては，コミュニティの構成員との間で共有した課題によって，またコミュニティのどのレベルの構成員によって援助要請がなされたか等によって，かかわりの初期，中期，後期における当事者，身近な支援者，コミュニティ（の管理者）に対するプログラムの実施時期，優先順位が異なってくるのは言うまでもない。重要なのは，全体としての見立てに即してそれぞれが有機的なつながりのなかで進行することであり，そのためには，各層への支援プログラムにかかわる専門的支援者（心理臨床家）チーム内での共通認識が重要である。その上で，身近な支援者・支援ネットワーク，コミュニティの管理者とも現状を共有し，PLAN（計画）－DO（実施）－CHECK（評価）－ACT（改善）のサイクルを繰り返しながら進めていくことが求められる。

2）プログラム実施の実際の流れ――事例を通して――

　第6章のDV被害学生への支援事例では，サークルの友人たちからのアクセス段階ではAさんは加害学生Bのもとにとどまっており，下手に動くとかえってAさんを危険にさらすことが考えられた。友人たちのネットワーク作り，心理教育によって準備をしながら，学内で緩やかに見守り，Aさんの動きを待った。Aさんが「Bから離れたい」と専門的支援者（心理臨床家）にアクセスしてきたらただちに，支援計画の項で述べたように学生部に依頼して加害学生Bの行動規制を行ったとともに，暴力防止のためのカウンセリング体制を準備した。学内外のネットワークによってAさんの安全を確保した上で，定期的な心理カウンセリングを開始し，Aさんの回復を図った。傷つきの深さのために，面接場面では淡々としか語れないAさんに対して，自分のペースで過去を振り返り再構築するための方法として，「克服ノート法」を

用いて支援した。Aさんが次第に回復し，自分自身が受けた仕打ちの理不尽さとBへの強い怒りを表現するようになった段階で，同時期に制定された人権保障システムを紹介した。Aさんが家族とも相談の上，申立を行って以後は筆者は人権委員会の調査や審議からは外れ，一貫してAさんを支える役割をとり続けた。

　第7章の荒れた中学校へのシステム・コンサルテーションの事例においては，2名の専門的支援者（心理臨床家）チームは，主として校長との作戦会議とそれに基づく支援計画，実施，その結果に基づく次の支援計画，実施というサイクルを繰り返した。月に1回程度の外部からの関与という性格上，特に，動きながら見立て，動いてみてさらに見立てるという流れが特徴的であった。

　第9章の教師の不祥事発覚後の支援事例では，当初1名の臨床心理士Dが支援に出向き，事件発覚直後から被害生徒Aのカウンセリングに当たった。チームとして関与後は，臨床心理士Eを中心に学校コミュニティの管理者である学校内緊急支援チームに対して心理教育と支援プログラムの提案を行い，それに基づいて，教職員研修，学年会を行って翌日以降の生徒対応の準備を行った。学年会には3名の専門的支援者（臨床心理士D・E・F）が分かれて参加し，教職員への心理教育およびネットワークの強化を行った。全校集会に続くクラス集会，「こころの健康調査票」の施行後には，3名は手分けして担任・副担任に調査結果を基にしたケース・コンサルテーションを行い，そこで抽出された特別の対応が必要だと思われる生徒のカウンセリングを分担して行った。その後継続的にフォローアップの必要な生徒について3名で協議して抽出した上で，管理職とその後のフォローアップ体制について検討した。

　このように，事例によって，問題を抱える／問題から直接大きな影響をこうむっている当事者，身近な支援者，コミュニティへの支援は，種々に交錯して進行する。専門的支援者（心理臨床家）がチームでかかわる場合には，常に全体状況を共有した上での役割分担が重要となってくる。

Ⅳ 評価と終結段階

　第4段階は評価と終結の段階である。「プログラムの評価」，および「終結とフォローアップ体制の検討」から成る。

1．プログラムの評価
　当初予定した支援プログラムが終了した段階で，プログラムの実施結果を，問題を抱える／問題から直接大きな影響をこうむっている当事者，身近な支援者，コミュニティ（の管理者）それぞれのレベルで評価する。
1）評価方法
　評価方法としては，コミュニティメンバーの満足度といった主観的評価と不登校生徒の数の減少などといった客観的評価，メンバーの感想やコミュニティ全体の状況の記述といった質的評価と，尺度を用いた量的評価といった方法がある。また，専門的支援者（心理臨床家）へのその後の要請の数なども間接的に過去の支援プログラムへの評価と見ることができる。
　事例の性格上，困難な場合も少なくないが，可能な限りプログラムそのものの中に評価も組み入れ，そこまでを一連の支援計画の中に位置づけておくような工夫も必要である。
2）評価の実際
　第4章の統合失調症学生への支援事例，第6章のDV被害学生への支援事例で提示したような個別事例では，客観的評価，量的評価は困難であり，関与したメンバーの発言に基づく主観的・質的評価が中心とならざるを得ない。
　第7章の荒れた中学校へのシステム・コンサルテーションの事例では，年度末の学年別ミーティングでの教職員の発言内容に，半年間の取り組みの成果が表現されていると言える。
　第8章の修学問題のためのキャンパス・トータル・サポートプログラムの事例では，大学全体を活動の場とした種々の啓発的なプログラムの展開によって，学生相談室への来室数が増加したことから，プログラムの実施効果が推察された。
　第9章の教師の不祥事発覚後の支援事例で提示したコミュニティ全体を対

象にした組織的取り組みでは，可能な限り事後に教職員に個々のプログラムについての評価アンケートをお願いすることになっている。この事例でも終了後約1カ月の段階でそれぞれのプログラムが教職員にとって有用であったかを尋ねるアンケートを実施した。

2．終結とフォローアップ体制の検討

　問題を抱える／問題から直接大きな影響をこうむっている当事者，身近な支援者，コミュニティ全体がプログラムの導入によってどのような変化を遂げたかについて評価した上で，今後コミュニティ独自にどのように対応していくかを考えることはコミュニティ管理者との最後の協働作業となる。「今後同様の問題が生じた場合には，今回のアプローチを通して蓄積されたコミュニティの力で対応」し，「必要に応じて支援を要請する」ことなどの確認を行う。また，フォローアップ体制についての検討も同時に行う。

　第9章で提示した教師の不祥事発覚後の支援事例では，この段階で一部の当事者に対しては長期的・継続的なフォローアップが必要なことが明らかになっており，今後個別ケアの形で支援を継続することとし，その実施体制を具体的に検討した。併せて第1次支援者であった教職員に対し，彼らが自分自身の体験を再構成し今後の学校コミュニティの建て直しに向けて取り組む体制を強化する目的での研修会を行うことを決定した。

　表11.1は，臨床心理学的コミュニティ・エンパワメント・アプローチのプロセスに沿って本書で取り上げた各事例で実際に行った支援内容を示したものである。

第11章 臨床心理学的コミュニティ・エンパワメント・アプローチのプロセス

表11.1 臨床心理学的コミュニティ・エンパワメント・アプローチのプロセスに沿った各層のアセスメントと支援内容

				当事者	身近な支援者	コミュニティ
Ⅰ 準備段階	1	専門的支援者としての認知の獲得	8章	ストレス・マネジメント研修、こころの健康チェックキャンペーン	教職員対象ストレス・マネジメント研修、資料提供	ストレス・マネジメント研修提案
			9章			緊急支援研修
	2	臨床心理学的コミュニティ・エンパワメント・アプローチの始動	6章		サークル仲間から	校長から
			7章			
			8章			支援者側からの提案と動きかけ
			9章			校長・教育委員会から
Ⅱ アセスメント段階	3	ともに問題に取り組む関係作り（おおよその目標の共有）	6章	被害からの回復	Aさんを暴力から守る体制作り	生徒の学校、クラスへの定着のための具体的対応方法の共有
			7章		情報の共有・相互支援 生徒への対応方法の共有	
			9章	急性ストレス反応からの回復	生徒のストレス反応理解と対応方法の共有	生徒のこころのケアの実施体制作り・プログラムの実施
	4	臨床心理学的コミュニティ・エンパワメント・アセスメント（アセスメント内容）	6章	暴力による支配―従属、無力化、本来の健康さ	サークル仲間のみでは安全確保には不十分	学生部が活用可能
			7章	反社会的問題行動、学習不振、発達上の問題	学年教職員・保護者が無力化、管理職と教員、保護者の悪循環	全体として統一にかける動き、
			8章	学習意欲喪失、修学困難	演習・講義教員が困惑	大学コミュニティの疲弊
			9章	急性ストレス反応	教職員自身に衝撃があったが第1次支援者として対応可能	緊急支援プログラムを活用可能

第4部　臨床心理学的コミュニティ・エンパワメント・アプローチのモデル化

			章			
II アセスメント段階	5	具体的な支援計画の策定	6章	心理カウンセリング	ネットワーク作り、心理教育、ケース・コンサルテーション、ネットワーク作り	心理教育、ケース・コンサルテーション、支援システム作り、システム関係図の提示
			7章		解決志向グループ・ワーク	支援計画作成
			9章	心理教育、個別面接、心理カウンセリング	心理教育、ワークシート・マニュアル提供、ケース・コンサルテーション	支援システム運用の支援、心理教育、ワークシート・マニュアル提供
III プログラム実施	6	プログラム実施段階		5の支援計画に基づいて、当事者、身近な支援者、コミュニティ各層へのプログラムを実施。事例によって、1名から数名の心理臨床家がプログラムに関与。当事者への1次支援には、身近な支援者のみがかかわった事例もあった。以下にそれぞれの支援プログラムへの関与者を示す。		
			6章	心理臨床家A（サークル仲間）	心理臨床家A	
			7章	心理臨床家A、C、D（教職員、保護者）	心理臨床家A、B	
			8章	心理臨床家A、C、D（演習講義担当教員）	心理臨床家A、C、D	
			9章	心理臨床家E（担任・副担任）	心理臨床家A、E、F	
IV 評価と終結	7	プログラムの評価	6章	構成員の発言に基づく主観的・質的評価		
			7章	構成員の発言に基づく主観的・質的評価	問題事案の減少	
			8章	構成員の発言に基づく主観的・質的評価	学生相談室への来室者数、プログラム参加者数	
			9章	構成員の発言に基づく主観的・質的評価	アンケート結果に基づく構成員（教職員）の満足度	
	8	終結とフォローアップ体制の検討	7章		今後の対応についての確認	
			9章		今後の対応についての確認	

第 12 章

臨床心理学的コミュニティ・エンパワメント・アプローチ実施上の留意点

　本章では,「臨床心理学的コミュニティ・エンパワメント・アプローチ」の特質を確認した上で,実施上の留意点について述べる。

I　臨床心理学的コミュニティ・エンパワメント・アプローチの特質

　臨床心理学的コミュニティ・エンパワメント・アプローチの実践的検討の過程で明らかになってきた本アプローチの特質は以下の5点に集約される。

1. 個からネットワーク,支援システムまでを視野に入れた活動モデルであること

　臨床心理学的コミュニティ・エンパワメント・アプローチは,精神科デイケアにおける統合失調症者への支援モデルを基礎に,個からネットワーク,支援システムまでを一体的に視野に入れて組み立てた活動モデルである。
　このような活動モデルは,下山(2002)が今日社会から求められているとしている「個人の内面から社会までを一体的に捉え,さまざまな援助資源をつないで社会の中に心理援助のシステムを作りながら社会に開かれた幅広い活動を保障する」ことをめざす新しい活動モデルということができる。
　ところで第3部で実践的に検討した事例はいずれも身近な支援者やコミュニティ(の管理者)によって臨床心理学的コミュニティ・エンパワメント・アプローチが開始されたものである。言い換えると,個からネットワーク,支援システムを視野に入れた活動モデルを準備することは,当事者に問題意識が乏しかったり,問題に圧倒されて自ら援助を求めることができない場合に

も，コミュニティのいずれかの構成員の動きによって支援を開始し，組み立てることができる。これは，ネットワークを活用した援助モデルである下山（1987, 1994, 1995）の「つなぎモデル」や田嶌（1991, 1998a, b, 2001, 2003a）の「つきあい方モデル」が「人との間で悩めない」「相談意欲に乏しい」クライエントを対象に発想されたことを考えると，当然のことかもしれないが，さらに支援システムまでを視野に入れた活動を展開することで，コミュニティとしての恒常的・自律的な支援機能の強化が可能になると考えられる。

2．各層へのアプローチを有機的なつながりの中で展開することでコミュニティの自律性を高めようとしていること

　さらに本モデルの特質は，個からネットワーク，支援システムまでを一体的に視野に入れて，それぞれのアセスメントに基づく支援を有機的なつながりのもとで行うことにある。問題を抱える／問題から直接大きな影響をこうむっている当事者のアセスメントと，それに基づく支援経過で明らかになったことを身近な支援者の支援プログラムに反映させ，そこで明らかになってきた身近な支援者の支援者としての機能を引き出す支援のあり方をプログラムとしてパッケージ化し，コミュニティが利用可能な形で提供するといったように，各層へのかかわりが相互に関連して進むことで相乗的に効果を発揮するものとなる。

　例えば，第6章のDV被害学生への支援事例で大学コミュニティに対して提案した人権保障システムのあり方にはAさんの実際の支援経過から明らかになった被害者心性が反映された。第9章の教師の不祥事発覚後の支援事例における，学生・生徒の1次的支援者として直接的に対応することになる一般教員への支援では，そのような状況での学生・生徒の状態の説明とそれに沿った話の聴き方の研修（心理教育）を行い，コミュニティに対しては研修内容を面談方法マニュアルや面接のプロセスに沿ったワークシートとして提供することで，コミュニティが身近な支援者のバックアップ機能を高めることにつなげた。また同じく学校コミュニティの危機への緊急支援システムの構築と運用事例では，問題を抱える／問題から直接大きな影響をこうむっている当事者である生徒がアンケートや個別面談の中で示した反応を一般化して保護者対象の心理教育の内容に反映させ，生徒の状態に即した支援のあり

方の理解を深めた。

3．当事者，身近な支援者，コミュニティのそれぞれが潜在的に持っている力を高めるというエンパワメントの視点を重視していること

　各層への支援はそれぞれ，当事者が自らの問題を理解し対処することができるようになること，身近な支援者が当事者を適切に支援することができるようになること，コミュニティが身近な支援者を支援することができるようになることを目的として，必要な情報や技術，心理的な支援を提供するものである。それぞれが潜在的に持っている力を高めるというエンパワメントの視点を重視している。

　1，2で述べた個からネットワーク，支援システムまでを一体的に視野に入れ，各層への支援を有機的なつながりの中で展開するという本モデルの特質は，コミュニティのエンパワメントのために必要な特質であるとも言える。

4．本アプローチのプロセスとして4段階（8プロセス）を想定し，このプロセスに意識的な支援の展開を重視していること

　実際には一つひとつの段階・プロセスが不可分であったり，また一定のプロセスを繰り返すといった形で展開するが，これらの段階を意識的に実施することで幅広い領域・対象への適用が可能となる。

　例えば，専門的支援者（心理臨床家）がコミュニティの外の存在であったり，コミュニティ内で十分認知されていない場合には，準備段階の1つめの専門的支援者としての認知の獲得という過程が重要となる。第8章の活動はほぼこの過程のものであった。コミュニティの支援システム構築までをめざす場合，多かれ少なかれこの過程は重要であり，明確に位置づけ意識しておくことで活動の拡がりが期待できる。

5．既存の理論と技法に新しい取り組みを取り入れていること

　各層のアセスメントとそれに基づいて実施した支援プログラムは，これまでの臨床心理学の諸領域で蓄積されてきた理論と技法を柔軟に用いていることに加えて，アンケート調査の実施・分析とその結果のフィードバック，ワークシートやマニュアルの開発・提供といった新しい取り組みも取り入れて

いる。

　本書の目的の1つは，問題を抱える／問題から直接大きな影響をこうむっている当事者，身近な支援者，コミュニティのエンパワメント実現のための具体的な方法論を検討し，モデルの中に位置づけることであった。アセスメントと支援の際に臨床心理学的な理論と技法を用いていることから，本アプローチをコミュニティ・エンパワメント・アプローチとせず，「臨床心理学的コミュニティ・エンパワメント・アプローチ」とした。

1）臨床心理学的な理論や技法の活用

　第4章の統合失調症学生への支援事例では，統合失調症家族の感情表出（EE）研究の知見をベースに，支援者である友人たちを理解し援助する「擬似家族モデル」を考案・導入した。

　第6章のDV被害学生への支援事例では，マインド・コントロール（西田, 1998）によって強力な支配−従属関係が成立するメカニズムやその回復にかかわる諸研究の知見（Herman, 1992）を基に，身近な支援者へ情報提供を行った。また，同じく第6章では，認知療法で用いられるコラム法（Burns, 1999）を参考に「克服ノート法」を試みた。

　第7章の荒れた中学校へのシステム・コンサルテーションの事例においては，タイトルにもあるように，システム論的なものの見方（遊佐, 1984, 1995）に基づいて生徒，保護者，教職員，地域の中で起こっていることを整理し直し，管理職に図示した。また問題行動の推移を種類ごとに時系列に示す書式は独自に考案し，システム関係図とともに提示した。同じく第7章において，保護者集団，当該学年教師集団については解決志向の考え方に基づく比較的構造化されたグループワーク（伊藤, 1997；鈴木, 1997）を行うことで彼らのエンパワメントに努めた。

　第8章の修学問題のためのキャンパス・トータル・サポートプログラムの事例では，学生の教育・指導に当たる教職員も含めて大学構成員全体へアプローチを，ストレス・マネジメント（冨永・山中, 1999；山中・冨永, 1999）の視点に基づく種々のプログラムを通して行った。

　第9章の教師の不祥事発覚後の支援事例では，緊急支援プログラムの構築の際に，緊急事態ストレス・マネジメント（Everly & Mitchell, 1999；Mitchell & Everly, 2001）の理論と技法を参考にした。

2）新しい取り組み

　しかしながら，考えてみると当然のことだが，コミュニティ（の管理者）のエンパワメントに際しては，臨床心理学的な既存の理論と方法では十分でなかった。コミュニティの全体像を把握しわかりやすい形で提供するための調査の実施・分析，多くの構成員の状態を短時間に把握し，対応が可能になるための調査票（チェックシート）の開発，短時間に第1次支援者の支援機能を一定レベルに高めるためのマニュアルやワークシートの開発といった取り組みが必要となった。第8章，第9章で示したこのような方法については，これまで臨床心理学の領域では取り上げられることがほとんどなかった。金沢（2004）はコミュニティ心理学においては，ユーザーのニーズを把握してそれに応えるサービスを計画・提供すること，行ったサービスの成果を評価して改善につなげるという一連の過程が重視されているが，臨床心理サービスにおいても今後はこのような取り組みが必要だと指摘している。

II　臨床心理学的コミュニティ・エンパワメント・アプローチ実施上の留意点

　第II節では，前節で示した臨床心理学的コミュニティ・エンパワメント・アプローチの特質に即して本アプローチの実施上の留意点について述べる。

1．支援プログラム全体のマネジメントの必要性

　前節で述べたように，当事者，身近な支援者および彼らを構成員として内包する上位システムとしてのコミュニティへの支援は，それぞれが有機的なつながりの中で実施されることで相乗的に機能を発揮する。逆にバラバラに行われると効果が上がらないばかりか，阻害的に働くことが危惧される。

　臨床心理学的コミュニティ・エンパワメント・アプローチの最も大きな留意点は，支援プログラム全体が統合的・有機的なつながりの中で実施されるようにマネジメントすることである。

　そのためには，支援対象者の関係性の的確な見立てとそれに基づくプログラムのマネジメントおよび専門的支援者（心理臨床家）チームのマネジメントが必要になる。

1）当事者，身近な支援者，コミュニティ（の管理者）の関係性のアセスメントの重要性

　コミュニティの構成員である当事者と身近な支援者は相互に影響しあう。当事者の変化は身近な支援者に影響を与えるとともに身近な支援者の変化は当事者に影響を与える。また，コミュニティの構成員である当事者や身近な支援者の変化は上位システムであるコミュニティに影響を与えるし，また逆にコミュニティの変化は構成員である当事者や身近な支援者に影響を与える。また身近な支援者の１人の変化が他の支援者に影響を与えうる。

　したがって，専門的支援者（心理臨床家）の関与によってシステムの一部に生じた変化が，他の部分に波及することはシステム論的なものの見方（遊佐, 1984）を持ち出すまでもない。本アプローチのように，当事者，身近な支援者，コミュニティ（の管理者）の各層に同時並行的に関与する場合，部分と部分，部分と全体の間にはさまざまな相互作用が生じる。その変化を常にアセスメントしつつ，プログラムを臨機応変に改変していくことが求められる。「動きながら見立てる」，「動いてもらいながら見立てる」（田嶌, 2003a）ことにも通じる柔軟性が必要となる。

　第４章の統合失調症学生への支援事例において，身近な支援者である友人どうしはＡ君の動きに巻き込まれて対立関係に陥ることがあった。また個人の状況の変化とそれに伴うＡ君へのかかわり方の変化が他のメンバーのかかわり方の変化につながるといったことがあり，専門的支援者は彼らの関係性を捉えた上で阻害的にならないための支援を行う必要があった。

　第７章の荒れた中学校へのシステム・コンサルテーションの事例では，コミュニティ（の管理者）と身近な支援者である保護者，学年教員の間には悪循環が生じており，専門的支援者はその解消に向けて各層へのかかわりを積み重ねた。

　第９章における教師の不祥事発覚後の支援事例では，直接被害を受けた生徒や当該部活動の生徒に対して，当該教師を慕っていた生徒たちからの非難・中傷が生じ始めており，このような理解を教職員と共有した上で対応を協議する必要があった。

2）専門的支援者（心理臨床家）チームのマネジメント

　事例に応じて実際に関与する専門的支援者（心理臨床家）の数は異なるが，

第12章　臨床心理学的コミュニティ・エンパワメント・アプローチ実施上の留意点

チームとしての共通認識のもとに支援していくことは必須であり，そのための工夫が欠かせない。

　第7章の荒れた中学校へのシステム・コンサルテーションの事例では，2名の専門的支援者（心理臨床家）が関与したが，月に1回程度の学校コミュニティとのかかわりの前後にミーティングを持ち，その時々の見立てとそれに基づく支援目標，具体的方法の検討・準備を行った。

　第9章の教師の不祥事発覚後の支援事例には3名の専門的支援者がかかわった。それぞれの支援者のおおよその役割は，緊急支援プログラムの中に明確化されていたが，対象者の状態の見立てやその時々の対応については，可能な限り話し合いの機会を持って共有した。

　ところで，協働〈コラボレーション〉は，わが国の対人援助の領域では，連携に代わって近年注目されるようになった概念である。藤川（2007）は，臨床心理サービスを構築する方法論としてコラボレーションに注目し，学生相談システムの構築を例に実践的に検討を行っている。渋沢（2002）はコラボレーションを個別の治療者・援助者が1人でクライエントを援助しきれない場合に，職種や機関をまたがってともに支援する場合の方法の1つであり，LawsonとAnderson（1996）をもとに「職種・組織間が目標を一緒に設定し，資源だけでなく，権力，権威，責任を分け合うこと」と定義している。彼女はコラボレーションの過程で達成すべき課題として，共通した目標の設定，相互に依存しているという認識，決断に関して同等の影響力を持つこと，コラボレーションの結果に同等の責任を持つことをあげているが，これらは同一職種チームで協働していく際にも同じように重要になってくると考えられる。

2．支援の方法や結果を可能な限り目に見える形にしていくこと

　本アプローチは，それぞれが潜在的に持っている力を高めるというエンパワメントの視点を重視している。専門的支援者（心理臨床家）の関与によって，問題を抱える／問題から直接大きな影響をこうむっている当事者，身近な支援者，コミュニティが，問題についての正確な情報・知識と対処方法を獲得し，自らの力で生きていけるようになることをめざしているとも言える。

　そのためには，専門的支援者（心理臨床家）が行った支援の方法や結果は

可能な限り目に見える形で示される必要がある。そうすることで当事者，身近な支援者，コミュニティがそれらを活用することが容易になり，自律性を高めることが可能になる。コミュニティ心理学の主要な方法である「コンサルテーション」は心理学の専門家がコミュニティのリーダーに「心理学を引き渡し共有する」という位置づけがなされていた（Scileppi, Teed & Torres, 2000）が，支援の方法や結果を目に見える形にして提示することは，専門的支援者と当事者，身近な支援者，コミュニティ（の管理者）との「臨床心理学の共有」であると言える。

第7章の荒れた中学校へのシステム・コンサルテーションの事例で最初に校長に提示したシステム関係図はコミュニティのアセスメント結果の共有であったし，保護者グループ，教師グループ開始の際に示した文書は解決志向のグループミーティングの方法を共有するためのものであった。

第9章の教師の不祥事発覚後の支援事例で教員に提供したワークシートは，生徒との個別面談の方法を順を追って示したものであり，面談方法の共有であると言える。

3. マニュアルやワークシートの使用に際しては臨床心理学的な見立てに基づく検討を加えること

前項では「臨床心理学の共有」のためには，マニュアルやワークシートの開発・活用が必要であることを述べた。しかし，これらは，あくまで当事者や身近な支援者，コミュニティの臨床心理学的な見立てに基づいたものでなければならない。マニュアルやワークシートとしていったん形になると，それ自体が一人歩きして実態と離れたものとなってしまう危険性がある。「限られた条件下で一定レベルの支援を保障するため」の形であり，一つひとつのケースについてはその都度検討して実態に即したものにしながら活用することが必要である。第9章で提示した学校コミュニティの危機への緊急支援システムは，まさしく突発的な事件・事故後に一定レベルの支援を提供するためのプログラムを構造化したものだが，その中に提示した各種の資料については個々の事例に応じてコミュニティの構成員と十分に検討した上で使用するべきことが繰り返し強調されている（福岡県臨床心理士会, 2001, 2005）。

4. ネットワークやシステムの構築の際には当事者の臨床心理学的なアセスメントを出発点とすること

　ネットワークや支援システムの活用は，臨床心理学よりもむしろ社会福祉学や地域看護学，コミュニティ心理学において，より馴染みのある方法である。臨床心理学におけるネットワークや支援システムの活用は，問題を抱える／問題から直接大きな影響をこうむっている当事者の臨床心理学的なアセスメントに基づき，その必然性によってなされるところにその特徴があるだろう。当事者が周囲の人々との間でどのような体験をすることが，問題解決・問題からの回復にとって必要であるかという視点に基づいて，身近なネットワークや支援システムが準備されねばならない。

　第4章で示した統合失調症学生への支援事例のA君の回復には友人たちの擬似家族内での育ち直しが必要であり，自然発生的に「家族」を構成した友人たちを擬似家族と位置づけてネットワークを支援した。

　第6章のDV被害学生への支援事例で構築した人権保障システムはAさんの支援の中で明らかになった被害者心性に基づくものであり，Aさん自身が後に活用する際に有効に機能した。

　個人の心理や家族関係についての臨床心理学的な見立てをネットワーキングに生かすことの重要性は田嶌（2003a）も指摘している通りであり，臨床心理学的コミュニティ・エンパワメント・アプローチにおいてきわめて重要である。

終章

まとめと今後の課題

　最終章である本章では，第Ⅰ節において第2部，第3部で示してきた「臨床心理学的コミュニティ・エンパワメント・アプローチ」に関する種々の知見を整理した上で，第Ⅱ節で今後の課題を示す。

Ⅰ　臨床心理学的コミュニティ・エンパワメント・アプローチの概要

1．臨床心理学的コミュニティ・エンパワメント・アプローチの創出過程
　臨床心理学的コミュニティ・エンパワメント・アプローチの創出過程は以下の通りである。
　1）個人，集団，家族への同時並行的なかかわりに基づいて行った精神科デイケアでの活動モデルは，個からネットワーク，支援システムまでを視野に入れ，それぞれの力を活性化する活動モデルとなっていた。
　2）個からネットワーク，支援システムまでを視野に入れ，それぞれの力を活性化する活動モデルは統合失調症者の発症・再発メカニズムに即したものであり，キャンパスにおける統合失調症学生の支援についても有効であった。また，このモデルが他の領域・他の問題についても有効である可能性が示唆された。
　3）個からネットワーク，支援システムまでを視野に入れ，それぞれの力を活性化する活動モデルを「臨床心理学的コミュニティ・エンパワメント・アプローチ」とした。
　4）臨床心理学的コミュニティ・エンパワメント・アプローチのプロセスは，準備段階，アセスメント段階，実施段階，評価・終結段階から成るものとした。

終章　まとめと今後の課題

2．実践的に検討し，精緻化された臨床心理学的コミュニティ・エンパワメント・アプローチの定義・構成要素・プロセス

　本書では事例を通して実践的に検討し，精緻化された「臨床心理学的コミュニティ・エンパワメント・アプローチ」の定義・構成要素・プロセスを提示した。その内容をまとめると，以下のようになる。

　1）問題や領域が可能な限り多様であるように留意し，当事者の範囲（含直接的かかわりの有無），身近な支援者の規模，コミュニティの規模，支援期間が異なる5事例を選択し，検討した。

　2）「学生のDV被害」，「生徒の反社会的行動」，「学生の修学問題」，「生徒の事件への遭遇」を対象とした各事例において，「臨床心理学的コミュニティ・エンパワメント・アプローチ」は，当事者，身近な支援者，コミュニティの本来の力を高めることに役立っていた。

　3）各層のアセスメントに応じて，①当事者：心理カウンセリング，心理教育，スキル・トレーニング，必要な専門的支援者へのリファー，②身近な支援者：ネットワーキング，心理教育，ケース・コンサルテーション，マニュアルやワークシートの提供，③コミュニティ（の管理者）：全体状況把握のための援助，調査実施・分析と結果のフィードバック，コミュニティ全体状況の提示，心理教育，支援システム構築・運用の援助などがなされた。

　4）実践的検討の結果，臨床心理学的コミュニティ・エンパワメント・アプローチの過程はⅠ．準備段階（1．専門的支援者としての認知の獲得，2．始動，3．ともに問題に取り組む関係作り），Ⅱ．アセスメント段階（4．各層のアセスメント，5．支援計画），Ⅲ．実施段階（6．プログラムの実施），Ⅳ．評価・終結段階（7．評価，8．終結とフォローアップ体制の検討）の4段階（8プロセス）から成っていることがわかった。

　5）アセスメントとそれに基づく支援に際しては，統合失調症家族のEE研究，マインド・コントロール，支配－従属関係，システム論，解決志向グループ・ワーク，ストレス・マネジメント，緊急事態ストレス・マネジメントなど臨床心理学的な理論や技法に基づく方法を用いたが，コミュニティのエンパワメントのためには，独自の調査の実施・分析とフィードバック，ワークシートやマニュアルの作成・提供といった新しい取り組みが必要となった。

3. 臨床心理学的コミュニティ・エンパワメント・アプローチの特質

臨床心理学的コミュニティ・エンパワメント・アプローチの特質としては，個からネットワーク，支援システムを一体的に視野に入れた活動の展開により当事者が直接支援を求めることができない事例も援助可能であること，各層への支援を有機的なつながりのもとで行うことでコミュニティの自律性が高められること，本アプローチの4段階（8プロセス）に意識的な支援の展開を重視していること，調査の実施・分析とフィードバック，ワークシートやマニュアルの開発・提供といった新しい取り組みを加えることでコミュニティのエンパワメントにつながるといった点が抽出された。

4. 臨床心理学的コミュニティ・エンパワメント・アプローチ実施上の留意点

臨床心理学的コミュニティ・エンパワメント・アプローチ実施上の留意点としては，支援プログラム全体が有機的なつながりの中で実施されることが重要であり，対象者（当事者，身近な支援者，コミュニティ）の関係性に基づくプログラムのマネジメントおよび専門的支援者（心理臨床家）チームのマネジメントが必要であること，支援の方法や結果を可能な限り目に見える形にして提供し，コミュニティの構成員と共有していくこと，マニュアルやワークシートの使用に際しては臨床心理学的な見立てに基づく検討を加えること，ネットワーキングやシステム構築に際しては当事者の臨床心理学的なアセスメントを出発点とすることがあげられた。

II　今後の課題

1. より幅広い領域での適用可能性の検討

本書で提示した臨床心理学的コミュニティ・エンパワメント・アプローチは，その発想の起源は精神科デイケアであったが，その後の実践事例は，筆者のフィールドであった学生相談，スクール・カウンセリングといずれも教育臨床領域のものに限られていた。

より幅広い領域での検討を行うことで，本アプローチの特質もさらに明らかになるであろう。個からネットワーク，支援システムを一体的に視野に入

れたアプローチは，領域を問わず医療，産業，福祉，教育，司法・矯正いずれの領域においても効力を発揮すると期待される。本アプローチが，当事者が自ら援助を求めることができない場合にも，コミュニティのいずれかの構成員の動きによって支援を開始することが可能であるという特性を持っていることから考えると，子ども，高齢者，障害者，外国人留学生など社会的弱者やマイノリティーという立場にあり，自律的に動きづらい対象者の問題に有効性を発揮するのではないかと考えられる。

今後は，さまざまな領域におけるこれまでの臨床実践を臨床心理学的コミュニティ・エンパワメント・アプローチの視点から見直し，適用可能性を検討した上で，実践的検討を積み重ねていくことが必要である。

2．各段階の具体的方法論の整理・構造化

本書で抽出した臨床心理学的コミュニティ・エンパワメント・アプローチのプロセスは4段階8プロセスであった。それぞれのプロセスで，当事者，身近な支援者，コミュニティ（の管理者）に対して行った支援の具体的方法は，その都度各層の見立てに応じ既存の理論・技法の適用や新しい技法を開発しつつ組み立てたものであった。今後，本モデルをできるだけ多くの人が活用できるものに洗練するためには，臨床心理学的コミュニティ・エンパワメント・アプローチの各段階（プロセス）における支援方法を整理し，構造化することが必要である。

中でもプロセスの一番はじめに位置づけられる専門的支援者としての認知の獲得のための具体的方法論の開発・整理・構造化は重要である。心理臨床家がコミュニティの構成員から当該問題に関する専門的支援者と見なされていない場合は，当然のことながらコミュニティのいずれの構成員からも支援要請はなされない。そのような場合でも，心理臨床家がコミュニティに対して地道な活動を展開していくことで，協働関係が築かれ問題にともに取り組む体制ができた例は第8章「修学問題のためのキャンパス・トータル・サポートプログラムの事例から」に示したが，そのための方法論がより明確に示されることで，コミュニティにも援助ニーズが見えがたいような状況でも本アプローチが適用可能になってくるだろう。

3．本アプローチ実施後の評価方法の開発

　本書で検討した事例においては，本アプローチの実施結果に対する評価の多くは，構成員の主観的・質的評価にとどまっていた。個別事例の場合には，量的な評価は難しいにしても，半構造化したインタビューなどで事例を蓄積することは可能であろう。コミュニティ全体の評価については，評価アンケートを開発・標準化して，ある程度客観的に評価する準備を整えることが急がれる。また，問題事象の減少などといった客観的指標の使用可能性を検討し，それに基づいてプログラムを改善していくというPLAN（計画）－DO（実施）－CHECK「（評価）－ACT（改善）のサイクルの確立が求められる。

あとがき

　学部，大学院で社会心理学（グループ・ダイナミックス）を学んで後，縁あって精神科デイケアで臨床をスタートすることになった筆者は，当時の所長坂口信貴先生（現のぞえ総合心療病院）から力動的な見方を叩き込まれつつ，個人にも集団にも家族にも同時にかかわれたことで，1対1の関係にとどまらない臨床のおもしろさを体験しました。10年あまりを経て大学に移り，学生相談に関与することとなり，間もなく週に1度のペースで学校臨床にも携わるようになりました。個と身近な支援者と支援システムへの注目は，精神科デイケアで培われ，その後の学生相談，学校臨床で明確化してきました。

　この時期，わが国の臨床心理学において個人の内面のみならず周囲の人々との関係性を重視した新しい活動モデルが求められるようになってきていたことは，社会心理学を背景に持つ筆者にとっては幸運なことでした。お一人おひとりのお名前をあげることはできませんが，多くのクライエントの皆さんや文字通り協働したさまざまな職種のスタッフの方々との出会いがなければ，このような発想に辿り着かなかったことは言うにおよびません。学会や研究会などでいただいた貴重なご意見にも大いに触発されました。改めてこの場を借りて深く感謝したいと思います。

　本書は平成18年3月に東亜大学大学院総合学術研究科に提出した博士論文「臨床心理学的コミュニティ・エンパワーメント・アプローチの開発に関する研究——個からネットワーク，支援システムまでを視野に入れた活動モデルの創出とその実践的検討——」をもとに，加筆訂正したものです。曲がりなりにも形にすることができましたのは，多くの皆様のご指導とご支援の賜にほかなりません。村山正治先生（九州産業大学大学院）は，当初から筆者のめざす方向性をご支持くださり，学位論文執筆に向けて強く後押ししていただいたことに始まり，一貫して暖かく見守ってくださいました。日常業務の傍らの執筆作業に際しては，勤務先九州産業大学の教職員・院生の皆さんをはじめ，研究会等でご一緒した方々にも多大のご好意と配慮をいただき，本当にありがたく思っております。お名前を掲げることはできませんが，皆様への感謝の気持ちをここに記させていただきます。

　学位論文の原稿にお目通しいただき，出版を後押ししてくださった編集者の山内俊介さんのお力がなければ，本書がこうやって皆様のお目に触れることはありませ

あとがき

んでした。心から感謝しています。また，金剛出版の藤本柳子さんには，原稿をきめ細かく本当に丁寧に見ていただきました。お陰さまで，誤字脱字のチェックはもとより，思いばかりが余って回りくどい表現となっていた箇所が随分読みやすくなりました。ありがとうございました。

最後に，ものごころついて以来一貫してまなぶことを応援し続けてくれた両親と，在宅時間の大半を執筆に費やす環境を支えてくれた夫に感謝します。

平成 21 年 3 月
桜の季節を待ちながら
窪田由紀

文　献

American Psychiatric Association (2000) Quick Reference to the Diagnostic Criteria from DSM-Ⅳ-TR.（高橋三郎他訳（2003）DSM-Ⅳ-TR 精神疾患の分類と診断の手引き　新訂版．医学書院，p. 179）

安　克昌（1996）こころの傷を癒すということ．作品社．

Anderson, C. M., Reiss, D. J., & Hogarty, G. E. (1986) Schizophrenia and Family: A practitioner's guide to psychoeducation and management. New York, Guilford Press.（鈴木浩二，鈴木和子監訳（1990）分裂病と家族：心理教育とその実践の手引き．金剛出版）

安藤延男（1995）わが国におけるコミュニティ心理学．山本和郎・原　裕視・箕口雅博・久田　満（編著）臨床・コミュニティ心理学．ミネルヴァ書房，pp. 58-59.

安藤延男編（1979）コミュニティ心理学への道．新曜社．

麻原きよみ（2000）エンパワーメントと保健婦活動：エンパワーメント概念を用いて保健婦活動を読み解く．保健婦雑誌 56, 1120-1126.

Benett, C. C., Anderson, L. A., Cooper, S., Hassol, L., Klein, D. C., & Rosenblum, G. Eds. (1966) Community Psychology: A report of the Boston conference of the education of psychologists for community mental health. Boston, Boston University Press.

Bloom, B. L. (1973) Community Mental Health: A historical and critical analysis. Morristown NJ, General Learning Press.

Burns, D. D. (1999) Feeling Good: The New Mood Therapy. New York, Wholecare.（山岡功一，夏苅郁子，小池梨花，野村総一郎，佐藤美奈子，林　建郎訳（2004）いやな気分よ，さようなら：自分で学ぶ「抑うつ」克服法．星和書店）

Caplan, G. (1961) An Approach to Community Mental Health. New York, Grune & Stratton.（加藤正明監修　山本和郎訳（1968）地域精神衛生の理論と実際．医学書院）

Caplan, G. (1963) Types of mental health consultation. American Journal of Orthopsychiatry 33, 470-481.

Caplan, G. (1964) Principles of Preventive Psychiatry. New York, Basic Books.（新福尚武監訳（1970）予防精神医学．朝倉書店）

Caplan, G. (1970) The Theory and Practice of Mental Health Consultation. New York, Basic Books.

Cialdini, Robert B. (1988), Influence: Science and Practice, Illinois: Scott, Foresman.（社会行動研究会訳（1991）影響力の武器：なぜ人は動かされるのか．誠信書房）

Duffy, K. G. & Wong, F. Y. (1996) Community Psychology. Tront, Allen & Bacon.（植村勝彦監訳（1999）コミュニティ心理学：社会問題への理解と援助．ナカニシヤ出版）

Everly, G. S. & Mitchell, J. (1999) Critical Incident Stress Management: A new era and standard of care in crisis intervention (2nd ed). Ellicott City, Chevron Publishing Corporation.（飛鳥井望監訳（2004）惨事ストレスケア：緊急事態ストレス管理の技法．誠信書房）

Fawcett, S. B., Paine-Andrews, A., Francisco, V. T., Schultz, J. A., Richter, K. P., Lewis, R. K., Williams, E. L., Harris, K. J., Berkley, J. Y., Fisher, J. L., & Lopes, C. M. (1995) Using empowerment theory in collaborative partnership for community health and development. American Journal of Community Psychology 23, 677-698.

藤川　麗（2007）臨床心理のコラボレーション：統合的サービス構成の方法．東京大学出版会．

藤岡孝志（2002）教育領域における活動モデル．下山晴彦，丹野義彦（編）社会臨床心理学　講座臨床心理学6．東京大学出版会，pp. 63-86.

福岡県臨床心理士会（2001）学校における緊急支援の手引き．

福岡県臨床心理士会（2005）学校における緊急支援の手引き　改訂版．福岡県臨床心理士会（編）窪田由紀，向笠章子，林　幹男，浦田英範（著）学校コミュニティへの緊急支援の手引き．金剛出版，pp. 157-272.

福島　章（1992）青年期の心．講談社現代新書．

学校臨床心理士ワーキンググループ編（1997）学校臨床心理士の活動と展開．

後藤雅博（1998）総論：効果的な家族教室のために．後藤雅博（編）家族教室の進め方．金剛出版，pp. 9-26.

Gutierrez, L. (1990) Working with women of color: An empowerment perspective. Social Work 35, 149-154.

蜂矢英彦（1981）精神障害者試論：精神科リハビリテーションの現場からの提言．臨床精神医学，10, 1653.

羽田信行（1998）保護観察所における家族教室．後藤雅博（編）家族教室の進め方．金剛出版，pp. 165-173.

原　裕視（1995）コミュニティ心理学的介入のレベル．山本和郎，原　裕視，箕口雅博，久田　満（編著）臨床・コミュニティ心理学．ミネルヴァ書房，pp. 126-129.

原　裕視（2001）スクールカウンセラー：コミュニティ心理学的アプローチ．山本和郎（編）臨床心理学的地域援助の展開：コミュニティ心理学の実践と今日的課題．培風館，pp. 1-19.

Hawks, J. H. (1992) Empowerment in nursing education: Concept analysis and application to philosophy, learning and instruction. Journal of Advanced Nursing 17, 609-618.

Herman, J. L. (1992) Trauma and Recovery. New York, Harper Collins Publishers, Inc.（中井久夫訳（1996）心的外傷と回復．みすず書房）

Hillery, G. A. (1955) Definition of Community: Areas of agreement. Rural Sociology 20.（鈴木　広編（1978）都市化の社会学，第6編XVIコミュニティの定義．誠信書房，pp. 303-318）

平川忠敬（1995）介入・援助の対象としてのコミュニティ．山本和郎，原　裕視，箕口雅博，久田満（編著）臨床・コミュニティ心理学．ミネルヴァ書房，pp. 8-9.

平川忠敬（1997）コミュニティ心理学におけるエンパワーメント研究の動向：エンパワーメントの実践面から．コミュニティ心理学研究，1, 161-167.

平川忠敬（2007）エンパワメント．植村勝彦（編）コミュニティ心理学入門．ナカニシヤ出版，pp. 141-159.

戈木クレイグヒル滋子（1998）子どもをがんで亡くした家族への心理教育的援助．後藤雅博（編）家族教室の進め方．金剛出版，pp. 149-155.

石隈利紀，田村節子（2005）学校臨床における心理教育的アプローチ．亀口憲治（編）現代のエスプリ451　家族療法の現在，pp. 139-148.

磯崎千枝子（1998）ターミナルケアにおける家族のケア．後藤雅博（編）家族教室の進め方．金剛出版，pp. 156-164.

伊藤順一郎（1997）心理教育の構造．鈴木　丈（編著）伊藤順一郎（著）SSTと心理教育．中央法規，pp. 59-66.

金沢吉展（2002）社会活動としての臨床心理学．下山晴彦，丹野義彦（編）社会臨床心理学　講座臨床心理学6．東京大学出版会，pp. 25-42.

金沢吉展（2004）コミュニティ援助の理念．金沢吉展（編）臨床心理的コミュニティ援助論．誠信書房，pp. 1-55.

Klein, D. C. (1968) Community Dynamics and Mental Health. New York, John Wiley & Sons.

児玉憲一（2000）HIV/AIDSカウンセリング．氏原　寛・成田善弘（編）コミュニティ心理学とコンサルテーション・リエゾン：地域臨床・教育・研修．培風館，pp. 190-196.

児玉憲一（2001）HIVカウンセリング．山本和郎（編）臨床心理学的地域援助の展開：コミュニティ心理学の実践と今日的課題．培風館，pp. 20-35.

近藤邦夫（1995）学校臨床心理学の理論と方法．岡堂哲雄・平尾美生子（編）現代のエスプリ別冊スクール・カウンセリング：要請と理念．pp. 133-142.

近藤直司（1998）ひきこもりケースの家族教室．後藤雅博（編）家族教室の進め方．金剛出版，pp. 84-93.

小西聖子（2001）ドメスティック・バイオレンス．白水社．

久保美紀（1995）ソーシャルワークにおけるEmpowerment概念の検討：Powerとの関連を中心に．ソーシャルワーク研究，21, 93-99.

窪田　彰（2004）職員の資質とチームワーク．窪田　彰（編）精神科デイケアの始め方・進め方．金剛出版，pp. 169-183.

窪田由紀（1989a）デイケアセンターにおける家族援助システムの実際．第8回日本家族心理学会．

窪田由紀（1989b）悩みの小箱を抱えた悔やみ姫のデイケア治療．日本心理臨床学会第6回大会．

窪田由紀（1989c）デイケアにおける班集団の治療的役割について．集団精神療法，5, 141-146.

窪田由紀(1989d)プログラムに見るデイケアセンターの機能の変遷．精神科デイケア研究ふくおか，7, 65-69.

窪田由紀(1991a)デイケア初期評価診断システムの導入をめぐって．第8回日本集団精神療法学会．

窪田由紀（1991b）デイケアにおける家族援助の再検討．精神科デイケア研究ふくおか，9, 68-71.

窪田由紀（1994a）リハビリテーションと保健活動：障害の受容をめぐって：精神科リハビリテーションの立場から．公衆衛生，58, 352-356.

窪田由紀（1994b）精神分裂病者の対人関係に関する一考察：治療状況，サポート・ネットワークへの波及の問題を中心に．九州国際大学教養研究，1, 1-20.

窪田由紀（1995）精神障害者のサポート・プログラム．山内隆久（編）人間関係事例ノート．pp. 133-149.

窪田由紀(1996)学校コンサルテーションのかかわり方を考える．福岡県臨床心理士会第4回研修会．

窪田由紀（1997）友人たちとの擬似家族のなかで育ちなおしたA君への援助：学生相談室によるサポート・ネットワークの構築．心理臨床学研究，15, 77-88.

窪田由紀（1999）暴力による心の傷とそこからの回復：Aさんの事例を通して．女性ライフサイクル研究，9，39-44．

窪田由紀（2000）キャンパスにおけるセクシュアル・ハラスメント対策：有効なシステムの構築と運用に向けて．学生相談研究，21，90-99．

窪田由紀（2004）グループの実践：コミュニティ・グループワーク．臨床心理学，4，464-469．

窪田由紀(2005a)学校コミュニティの危機．福岡県臨床心理士会(編)窪田由紀，向笠章子，林　幹男，浦田英範（著）学校コミュニティへの緊急支援の手引き．金剛出版，pp. 22-44．

窪田由紀（2005b）緊急支援とは．福岡県臨床心理士会（編）窪田由紀，向笠章子，林　幹男，浦田英範（著）学校コミュニティへの緊急支援の手引き．金剛出版，pp. 45-76．

窪田由紀（2005c）教師の不祥事発覚後の支援．福岡県臨床心理士会（編）窪田由紀・向笠章子・林　幹男・浦田英範（著）学校コミュニティへの緊急支援の手引き．金剛出版，pp. 101-108．

窪田由紀，川北美輝子，松尾温夫，荒木史代（2001）キャンパス・トータル・サポート・プログラムの展開に向けて：大学コミュニティ全体への統合的アプローチの試み．学生相談研究，22，227-238．

窪田由紀，小川幸男（1996）スクール・アドバイザーとしての荒れた学校へのかかわり．北九州臨床心理研究会．

窪田由紀，坂口信貴，高原利明（1992）チーム医療と治療スタッフ．山口　隆，中川賢幸（編）集団精神療法の進め方．星和書店，pp. 345-362．

久木田純（1998）エンパワーメントとは何か．久木田純，渡辺文夫（編）現代のエスプリ 376　エンパワーメント：人間尊重社会の新しいパラダイム，pp. 10-34．

Lachenmeyer, J. R. (1992) Consultation. In M. S. Gibbs, J. R. Lachenmeyer, J. Segal (Eds.) Community Psychology and Mental Health. New York, Gardner, pp. 101-113.

Lawson, R. & Anderson, P. (1996) Community based schools: Collaboration between human services and schools as radical education reform. In H. S. Harris & D. C. Maloney (Eds.) Human Services: Contemporary issues and trends. Tronto, Allen & Bacon, pp. 161-172.

Leff, J. & Vaughn, C. (1985) Expressed Emotion in Families. New York, Guilford Press. （三野善央，牛島定信訳（1991）分裂病と家族の感情表出．金剛出版）

Liberman, R. P., Derisi, W. J., & Mueser, K. T. (1989) Social Skills Training for Psychiatric Patients. Tronto, Allen & Bacon. （池渕恵美監訳（1992）精神障害者の生活技能訓練ガイドブック．医学書院）

前田重治（1985）図説精神分析学．誠信書房．

松原達哉（1993）UPI．岡堂哲雄（編）心理検査学．垣内出版，pp. 455-474．

松本一生，大矢　大（1998）老人性痴呆の家族教室．後藤雅博（編）家族教室の進め方．金剛出版，pp. 94-103．

松永宏子（1997）家族とのかかわり．精神科デイケア研究会（編）改訂精神科デイケア．岩崎学術出版社，pp. 136-145．

峰松　修，山田裕章，冷川昭子（1984）分裂病圏の学生とPSYCHO-RETREAT．健康科学，6，181-186．

箕浦雅博（2001）異文化に生きる人々へのコミュニティ心理学的アプローチ：中国帰国者，外国人

留学生の場合を中心に.山本和郎（編）臨床心理学的地域援助の展開：コミュニティ心理学の実践と今日的課題.培風館, pp. 183-206.

三沢直子（2001）地域における子育て支援活動.山本和郎（編）臨床心理学的地域援助の展開：コミュニティ心理学の実践と今日的課題.培風館, pp. 67-87.

三島一郎（1997）コミュニティ心理学におけるエンパワーメント研究の動向：エンパワーメントの理論面から.コミュニティ心理学研究, 1, 141-151.

三島一郎（1998）セルフ・ヘルプ・グループと専門職のかかわりについての検討.コミュニティ心理学研究, 2, 36-43.

三島一郎（2001）精神障害回復者クラブ.山本和郎（編）臨床心理学的地域援助の展開：コミュニティ心理学の実践と今日的課題.培風館, pp. 164-182.

三島一郎（2007）エンパワメント.コミュニティ心理学会（編）コミュニティ心理学ハンドブック.東京大学出版会, pp. 70-84.

三隅二不二, 篠原弘章（1967）職場雰囲気と事故・災害.辻村泰男, 三隅二不二（編）災害・リハビリテーション心理学.朝倉書店, pp. 35-64.

Mitchell, J. T. & Everly, G. S. (2001) Critical Incident Stress Debriefing: An operations manual for CISD, defusing and other group crisis intervention services 3rd edition. Ellicott City, Chevron Publishing Company.（高橋祥友訳（2002）緊急事態ストレス・PTSD対応マニュアル：危機介入技法としてのディブリーフィング.金剛出版）

文部省（1981）生徒指導の手引き.

文部省大学審議会（1998）21世紀の大学像と今後の改革方策について：競争的環境の中で個性が輝く大学.

文部省高等教育局（2000）大学における学生生活の充実方策について.

門間晶子（1997）コミュニティ心理学におけるエンパワーメント研究の動向：エンパワーメントの測定・評価面から.コミュニティ心理学研究, 1, 152-160.

向笠章子, 林　幹男（2005）取り組みの経緯.福岡県臨床心理士会（編）窪田由紀, 向笠章子, 林　幹男, 浦田英範（著）学校コミュニティへの緊急支援の手引き.金剛出版, pp. 13-21.

村本邦子（2001）予防としての虐待防止活動.山本和郎（編）臨床心理学的地域援助の展開：コミュニティ心理学の実践と今日的課題.培風館, pp. 88-105.

村本邦子（2006）エンパワメント.植村勝彦, 高畠克子, 箕口雅博, 原　裕視, 久田　満（編）よくわかるコミュニティ心理学.ミネルヴァ書房, pp. 38-41.

村瀬嘉代子（2001）子どもと家族への統合的心理療法.金剛出版.

村瀬嘉代子（2003a）統合的心理療法の考え方.金剛出版.

村瀬嘉代子（2003b）統合的アプローチ：個別的にして多面的アプローチ.臨床心理学, 3, 659-665.

村山正治（1995）学校臨床心理士の諸活動の展開：文部省スクールカウンセラー派遣事業中間報告.臨床心理士会報, 7, 12-15.

村山正治（2002）コミュニティ・アプローチ特論.放送大学教育振興会.

Murrel, S. A. (1973) Community Psychology and Social Systems. New York, Behavioral Publications.（安藤延男訳（1977）コミュニティ心理学.新曜社）

中釜洋子（2004）統合的介入．下山晴彦（編）臨床心理学の新しいかたち．誠信書房，pp. 84-104.

中山貴美子（2006）コミュニティ・エンパワメントとは？：コミュニティエンパワメントと保健師活動．（特集コミュニティエンパワメント：地域住民が動き出す保健師の支援法）保健師ジャーナル，62, 10-15.

鳴澤　實（1986）学校カウンセラーの諸活動．鳴澤　實（編著）学生・生徒相談入門．川島書店，pp. 1-24.

Neil, T., Oney, J., DiFonso, L., Thacker, B., & Reichart, W. (1974) Emotional First Aid. Louisville, Kemper-Behavioral Science Associates.

日本学生相談学会特別委員会（1998）1997年度学生相談機関に関する調査報告．学生相談研究, 19, 81-112.

日本コミュニティ心理学会（2007）コミュニティ心理学ハンドブック．東京大学出版会．

西田公昭（1998）密かな操作：マインド・コントロール．安藤清志，西田公昭（編）現代のエスプリ389「マインド・コントロール」と心理学, pp. 20-28.

野嶋佐由美（1996）エンパワーメントに関する研究の動向と課題．看護研究, 29, 453-464.

小田兼三, 杉本敏夫, 久田則夫編著（1999）エンパワメント実践の理論と技法．中央法規出版．

緒方　明（1998）てんかんの家族教室．後藤雅博（編）家族教室の進め方．金剛出版, pp. 65-73.

小此木啓吾（1979）対象喪失．中公新書．

奥田　宏, 長谷川充（1998）アルコール依存症の家族教室．後藤雅博（編）家族教室の進め方．金剛出版, pp. 74-83.

大西晶子（2000）エンパワーメント．下山晴彦（編）よくわかる臨床心理学．ミネルヴァ書房, pp. 26-27.

大下由実（2005）社会福祉における心理教育的アプローチ．亀口憲治（編）現代のエスプリ451 家族療法の現在, pp. 149-156.

Rappaport, J. (1981) In praise of paradox: A social policy of empowerment over prevention. American Journal of Community Psychology 9, 1-25.

Rappaport, J. (1985) The power of empowerment language. Social Policy 16, 15-21.

齋藤憲司（1999）学生相談の専門性を定置する視点：理念研究の概観と4つの大学における経験から．学生相談研究, 20, 1-22.

坂口信貴（1985）慢性分裂病者の社会復帰．精神神経学雑誌, 87, 441-451.

坂口信貴（1989）チーム医療と治療構造の相互作用について．集団精神療法, 5, 113-120.

Scileppi, J. A., Teed, E. L., & Torres, R. D. (2000) Community Psychology: A common sense approach to mental health. Upper Saddle River, Pearson Education Inc.（植村勝彦訳（2005）コミュニティ心理学．ミネルヴァ書房．）

渋沢多鶴子（2002）対人援助における協働：ソーシャルワークの視点から．精神療法, 28, 10-17.

島津靖子（1987）チーム医療の中で自治会組織活動を体験して．集団精神療法, 5, 15-21.

清水準一（1997）ヘルスプロモーションにおけるエンパワーメントの概念と実践．看護研究, 30, 453-458.

下川昭夫（2002）総合地域臨床科学の考え方．村山正治（編）コミュニティ・アプローチ特論．日

本放送出版協会，pp. 59-71.

下山晴彦（1987）学生相談における新たな心理臨床モデルの提案：関係性の理念に基づく「つなぎ」モデル．東京大学学生相談所紀要，5, 11-29.

下山晴彦（1994）「つなぎモデル」によるスチューデント・アパシーの援助：「悩めないこと」を巡って．心理臨床学研究，12, 1-13.

下山晴彦（1995）境界例援助における「手応え感」の意味：「つなぎ」モデルにおける個人と家族．心理臨床学研究，13, 13-25.

下山晴彦（2001）日本の臨床心理学の歴史と発展．下山晴彦，丹野義彦（編）臨床心理学とは何か　講座臨床心理学1．東京大学出版会．

下山晴彦（2002）社会臨床心理学の発想．下山晴彦，丹野義彦（編）社会臨床心理学　講座臨床心理学6．東京大学出版会，pp. 3-24.

下山晴彦（2004）臨床心理学の発展に向けて．下山晴彦（編著）臨床心理学の新しいかたち．誠信書房，pp. 3-22.

下山晴彦，峰松　修，保坂　亨，松原達哉，林　昭仁，齋藤憲司（1991）学生相談における心理臨床モデルの研究：学生相談の活動分類を媒介として．心理臨床学研究，9, 55-69.

下山田鮎美，吉武清實，三島一郎，上埜高志（2002）エンパワーメント理論を用いた実践活動および研究の動向と課題．宮城大学看護学部紀要，5, 11-19.

白石　潔編（1998）特集：サイコエデュケーション　イン　ジャパン．こころの臨床 à·la·carte 17-2. 星和書店．

生島　浩（2005）非行臨床における心理教育的アプローチ．亀口憲治（編）現代のエスプリ451　家族療法の現在，pp. 109-118.

Solomon, B. B. (1976) Black Empowerment: Social work in oppressed communities. New York, Columbia University Press.

末松　渉（2001）いのちの電話：組織と運営．山本和郎（編）臨床心理学的地域援助の展開：コミュニティ心理学の実践と今日的課題．培風館，pp. 54-66.

杉村省吾（2000）災害時ケア：阪神大震災をめぐって．氏原　寛，成田善弘（編）臨床心理学3巻　コミュニティ心理学とコンサルテーション・リエゾン：地域臨床・教育・研修．培風館，pp. 216-232.

杉村省吾（2001）阪神淡路大震災被災者への心のケア．山本和郎（編）臨床心理学的地域援助の展開：コミュニティ心理学の実践と今日の課題．培風館，pp. 36-53.

鈴木廣子（1998）摂食障害の家族教室．後藤雅博（編）家族教室の進め方．金剛出版，pp. 53-64.

鈴木　丈（1997）グループの進め方．鈴木丈（編著）伊藤順一郎（著）SSTと心理教育．中央法規，pp. 181-242.

多賀幹子（2001）高齢者の生活を支えるネットワーク．山本和郎（編）臨床心理学的地域援助の展開：コミュニティ心理学の実践と今日の課題．培風館，pp. 148-163.

田嶌誠一（1991）青年期境界例との「つきあい方」．心理臨床学研究，9, 32-44.

田嶌誠一（1998a）強迫症状との「つきあい方」．心理臨床学研究，15, 573-584.

田嶌誠一（1998b）暴力を伴う重篤例との「つきあい方」．心理臨床学研究，16, 417-428.

田嶌誠一（2001）不登校・引きこもり生徒への家庭訪問の実際と留意点．臨床心理学，1，202-214．
田嶌誠一（2003a）臨床心理行為の現状と課題：まとめに代えて．氏原　寛，田嶌誠一（編）臨床心理行為：心理臨床家でないとできないこと．創元社，pp. 242-269．
田嶌誠一（2003b）心理援助と心理アセスメントの基本的視点．臨床心理学，3，506-517．
田嶌誠一（2003c）臨床の知恵（工夫）が生まれるとき：総論と私の臨床実践．臨床心理学，3，601-614．
高畠克子（2001）フェミニスト・セラピイ活動．山本和郎（編）臨床心理学地域援助の展開：コミュニティ・心理学の今日的展開．培風館，pp. 106-127．
高畠克子（2004）コミュニティにおける臨床心理サービス．下山晴彦（編著）臨床心理学の新しいかたち．誠信書房，pp. 105-125．
高木聡平（2001）カルト集団脱会者への支援．山本和郎（編）臨床心理学的地域援助の展開：コミュニティ心理学の実践と今日的課題．培風館，pp. 128-147．
高橋　昇（2000）病院臨床5　デイ・ケア．氏原　寛，成田善弘（編）コミュニティ心理学とコンサルテーション・リエゾン：地域臨床・教育・研修．培風館，pp. 144-153．
高橋祥友（1999）青少年のための自殺予防マニュアル．金剛出版．
田中英樹（1997）地域精神保健福祉領域におけるエンパワーメント・アプローチ：コミュニティ・ソーシャルワーカーの立場から．精神障害とリハビリテーション，1，57-68．
丹野きみ子（1997）臨床チーム．精神科デイケア研究会（編）（2001）改訂精神科デイケア．岩崎学術出版社，pp. 57-66．
徳田仁子（2000）スクールカウンセリングにおける統合的アプローチ．心理臨床学研究，18，117-128．
徳田仁子（2001）スクールカウンセリングにおける多面的アプローチ．臨床心理学，1，142-146．
冨永良喜（2004）集団プログラムの変遷：ディブリーフィングからストレスマネジメントへ．被害者支援に携わる臨床心理士の集い（編）学校・地域への緊急支援のあり方：被害にあった子どもたちへの心のケアの実際．平成15年度兵庫教育大学学長裁量経費研究報告書，pp. 17-18．
冨永良喜，山中　寛（1999）動作とイメージによるストレスマネジメント教育：展開編．北大路書房．
植村勝彦（1995）コミュニティの諸概念．山本和郎，原　裕視，箕口雅博，久田　満（編著）臨床・コミュニティ心理学．ミネルヴァ書房，pp. 2-5．
植村勝彦（1997）コミュニティ心理学におけるエンパワーメント研究の動向　はじめに：企画・司会者の立場から．コミュニティ心理学研究，1，139-140．
植村勝彦（2007）コミュニティ心理学入門．ナカニシヤ出版．
植村勝彦，高畠克子，箕口雅博，原　裕視，久田　満編（2006）よくわかるコミュニティ心理学．ミネルヴァ書房．
鵜飼美昭（1995）教師とのコンサルテーション　スクール・カウンセリング技法と実際．現代のエスプリ別冊，pp. 173-183．
鵜養美昭（1996）文部省「スクールカウンセリング事業」の主旨．現代のエスプリ別冊　スクールカウンセリング読本，pp. 31-36．．
宇留田　麗（2004）協働：臨床心理サービスの社会的構成．下山晴彦（編著）臨床心理学の新しい

かたち. 誠信書房, pp. 219-242.

Walker, L. (1979) The Batterd Women. New York, Harpercollins.（斉藤学, 穂積由利子訳（1997）バタード・ウーマン：虐待される妻たち. 金剛出版）

Warren, R. L. (1970) Toward a non-utopian normative model of the community. American Sociological Review 35, 219-228.

Yalom, I. (1995) The Theory and Practice of Group Psychotherapy. New York, Basic Books.（川室優訳（1997）グループサイコセラピー：ヤーロムの集団精神療法の手引き. 金剛出版）

山口のり子（2003）デートDV防止プログラム実施者向けワークブック：相手を尊重する関係を作るために. 梨の木舎.

山本和郎（1986）コミュニティ心理学：地域臨床の理論と実践. 東京大学出版会.

山本和郎（1989）コミュニティ再生に向けての「コミュニティ」概念の検討. 安藤延男（編）現代のエスプリ269 コミュニティの再生, pp. 22-35.

山本和郎（1995）コミュニティ心理学的発想の基本特徴. 山本和郎・原　裕視・箕口雅博・久田満（編著）（1995）臨床・コミュニティ心理学. ミネルヴァ書房, pp. 18-21.

山本和郎（1997）討論：エンパワーメントの概念について. コミュニティ心理学研究 1, 168-169.

山本和郎（1999）「文脈内存在人間」・「コミュニティ感覚」・「エンパワーメント」. コミュニティ心理学研究, 3, 44-46.

山本和郎（2001）臨床心理学的地域援助の展開：コミュニティ心理学の実践と今日的課題. 培風館.

山本和郎, 原　裕視, 箕口雅博, 久田　満編著（1995）臨床・コミュニティ心理学. ミネルヴァ書房.

山中　寛, 冨永良喜（1999）動作とイメージによるストレスマネジメント教育：基礎編. 北大路書房.

横山知行（1998）うつ病の心理教育的家族面接. 後藤雅博（編）家族教室の進め方. 金剛出版, pp. 42-52.

Yule, W. & Gold, A. (1993) Wise before the Event: Coping with crisis in schools. Calouste Gulbenakian Foundation, Lisbon, United Kingdom Branch.（久留一郎訳（2001）スクール・トラウマとその支援：学校における危機管理ガイドブック. 誠信書房）

遊佐安一郎（1984）家族療法入門：システムズ・アプローチの理論と実際. 星和書店.

遊佐安一郎（1995）精神科リハビリテーションをシステムで考える. 伊藤順一郎, 後藤雅博, 遊佐安一郎（編）精神科リハビリテーション（I）援助技法の実際. 星和書店, pp. 1-24.

Zimmerman, M. A. (1985) Empowerment Perceived Control, and Citizen Participation: A dissertation proposal. Summites to the University of Illinois Psychology Department.

Zimmerman, M. A. (2000) Empowerment Theory: Psychological, organizational and community levels of analysis. In J. Rappaport and E. Seidman (Eds.) Handbook of Community Psychology, 2000, 43-63.

Zimmerman, M. A., & Rappaport, J. (1988) Citizen participation, perceived control, and psychological empowerment. American Journal of Community Psychology 16, 725-750.

Zubin, J., & Spring, B. (1977) Vulnerability: A new view of schizophrenia. Journal of Abnormal Psychology, 86, 103-126.

索　引

人名索引

Anderson C. M.　57, 63, 205
Benett C. C.　63
Bloom B. L.　10
Caplan G.　13, 144-145, 177, 180
Cooper S.　63
Everly G. S.　147, 151-153, 202
Fawcett S. B.　70, 72
Gold A.　152
Hawks J. H.　70, 72,
Hillery G. A.　63
Klein D. C.　64, 66, 73
Lachenmeyer J. R.　182
Lawson R.　205
Leff J.　31, 46, 57, 151
Mitchell J. T.　147, 151-153, 202
Murrel S. A.　14, 63-64
Neil T.　151
Pierre J.　153
Rappaport J.　68-71
Rogers C.　71
Scileppi J. A.　206
Solomon B. B.　67, 69-70,
Vaughn C.　31, 46, 57
Walker L.　83
Warren R. L.　63
Yalom I.　31
Yule W.　152
Zimmerman M.　68-70
Zubin J.　31, 38, 59

麻原きよみ　67
安　克昌　145, 147
安藤延男　13-14, 64-65
植村勝彦　15-16, 63-64, 68
鵜養美昭　101-102
宇留田麗　13
小此木啓吾　146
小田兼三　67
金沢吉展　17, 203
久木田純　66, 69
久保美紀　88
窪田　彰　88
児玉憲一　11, 20
後藤雅博　60, 175
小西聖子　88
齋藤憲司　125
坂口信貴　25, 30, 213
渋沢多鶴子　205
清水準一　70
下川昭夫　9
下山晴彦　9-14, 16, 18, 22, 40, 69, 124, 199-200
杉村省吾　11
高橋　昇　10, 29-30
高橋祥友　152
高畠克子　15-17, 20, 68, 81-82
田嶌誠一　9, 12, 18-19, 72, 185, 200, 204, 207
田中英樹　67
丹野きみ子　30
徳田仁子　12

冨永良喜 134, 147, 161, 202
中釜洋子 12
鳴澤 實 124
西田公昭 89, 202
野嶋佐由美 66-67
原 裕視 13, 15-16, 20, 30-31, 58, 64, 67-68, 110, 119, 123, 130, 147, 156, 213-214
平川忠敬 63-64, 68-69, 71
福岡県臨床心理士会 144, 149, 155-156, 206
藤岡孝志 12-13, 18, 22
藤川 麗 13, 205

保坂 亨 13, 22, 40, 124
松永宏子 30
松原達哉 130
三島一郎 20, 24, 68-71
峰松 修 9, 13, 22, 40, 124
村瀬嘉代子 12, 18-19
村本邦子 20, 69-70
村山正治 12, 17, 213
門間晶子 68
山本和郎 13-17, 20, 63-65, 68, 102
遊佐安一郎 119, 202, 204

事項索引

あ
アサーション・トレーニング 141
アセスメント
　コミュニティの—— 76, 190, 192, 206
　身近な支援者の—— 188, 191

い
EE 57, 202, 209
いじめ 10, 66, 73, 104, 186
1次被害の2次予防機能 151

え
HIVカウンセリング 11
援助資源 16, 22, 70-71, 140, 143, 199
コミュニティ心理学におけるエンパワメント概念 68
エンパワメント 20, 24, 54, 93
　学校コミュニティ（の管理者）の—— 118
　学生の—— 140
　教師集団の—— 112, 122
　身近な支援者の—— 120-121

　問題行動生徒の保護者の—— 109
エンパワメント概念 62, 66-73
　社会福祉領域における—— 67
　保健・看護領域における—— 67

か
カウンセリング 9, 11-13, 15, 18, 20-21, 23, 71, 76, 85-88, 92, 94, 99-100, 130, 135, 160-161, 163-165, 167, 174-175, 178, 183, 185, 187, 191, 193-194, 198, 209-210
加害－被害関係の見立て 82, 84
学外資源との連携 87
学外ネットワークの形成 99
学生相談 9, 12-13, 15, 18, 22, 25, 40-44, 57, 65, 85, 94-96, 104, 124-131, 133-143, 176-177, 182, 187, 190-191, 195, 198, 205, 210, 213
学生相談室 41-44, 85, 95-96, 124-131, 133-143, 176-177, 182, 187, 190-191, 195, 198
学生の多様化 124
学内外ネットワークの活用 85
学内外の連携 87

学内ネットワークの活用　81, 99
家族グループのルール　110
家族療法　71, 216, 220-221, 223
学校コミュニティ　4, 12, 61, 74-75, 80, 101-105, 118, 120, 144-152, 155-159, 164-168, 179-180, 182, 184, 190, 194, 196, 200, 205-206
　　——の危機　144-145, 147, 149-150, 152, 155-158, 165, 179-180, 200, 206
　　——への緊急支援システム　4, 144, 164
学校臨床心理士　12, 101-103
活動するカウンセリング　11
カルト集団　20, 89
感情面の反応　147

き

危機介入　20, 22, 149, 151, 153
危機のレベル　41
擬似家族　46, 48, 50-52, 56-58, 189, 202, 207
　　——モデル　51, 56-58, 189, 202
キャンパス・トータル・サポートプログラム　4, 80, 124, 127, 139-143, 176-178, 182, 189-190, 195, 202, 211
急性ストレス反応　26, 80, 175-177, 197
教育行政との連携・協働　157
教師からの生徒への人権侵害　164
協働　11-13, 16, 18, 24, 70-71, 75, 106, 111, 124-126, 129, 140, 143, 157, 179, 185, 196, 205, 211, 213
協働〈コラボレーション〉　205
緊急支援　4, 144, 149, 150-152, 154-166, 168-169, 175, 179-180, 184, 190-191, 194, 197, 200, 202, 205-206
　　——システムの構築　4, 144, 155-156, 165, 180, 200
緊急支援プログラム　149, 151-152, 154-155, 158-159, 161-162, 164-166, 168-169, 179-180, 190-191, 197, 202, 205
　　——の実践的展開　159

緊急事態のストレス反応　147
緊急事態ストレスマネジメント　153

け

ケース・コンサルテーション　76, 155, 164, 168, 174-175, 177, 191, 194, 198, 209

こ

行動面の反応　148
個からネットワーク　23-26, 36, 40, 54, 59-62, 76, 199-201, 208, 210, 213
克服ノート　88, 92-93, 96-98, 100, 193, 202
　　——法　88, 97-98, 193, 202
こころの傷の応急処置　151, 167
コミュニティ・エンパワメント　59
コミュニティ・システム　13
コミュニティ心理学的臨床実践　14, 16-18, 20-23, 76
コミュニティにおける心理援助　4, 9
コミュニティのエンパワメント　62, 99, 140, 142-143, 201-202, 209-210
コミュニティの概念　63
コラム法　92, 202
コンサルテーション　4, 15, 17, 20, 22, 24, 56, 76, 101-103, 142, 155, 163-165, 168-169, 174-177, 179-180, 182, 184, 187-191, 194-195, 198, 202, 204-206, 209
　　システム・コンサルテーション　4, 101, 176, 179, 184, 187-190, 194-195, 202, 204-206
　　中学校へのシステム・コンサルテーション　101

さ

災害・事故後の心理的援助　10

し

CISM　153
支援計画　42-43, 60, 75, 84, 101, 104-105, 181, 184-187, 190, 195, 198, 209

索引

支援システム 4, 21-26, 36, 40-41, 54, 59-62, 76, 82, 102, 140, 144, 155-157, 164-166, 179-180, 184, 190-192, 198-201, 206-210, 213
——作り 21-23, 76, 198
支援者のネットワーク作り 176, 189, 191
支援ネットワークの形成 98-99
紙上ディブリーフィング 164
システム・コンサルテーション 4, 101, 176, 179, 184, 187-190, 194-195, 202, 204-206
児童虐待 11
社会システムのネットワーク 64-65
集団活動プログラム 10, 30
集団療法 30-31, 82
情緒的巻き込まれ状態 46, 57
人権保障システム 80, 94, 96, 100, 180, 194, 200, 207
身体的な反応 148
心理教育 24, 43, 56, 60, 76, 110, 130, 133, 153, 155, 164, 167-168, 175, 177-179, 189, 191-192, 193-194, 198, 200, 209
心理教育的アプローチ 60, 130, 133

す

スキル・トレーニング 141, 175, 191, 209
スクール・アドバイザー 103-106, 108-109, 112-113, 116, 118-119, 121
——活動 103
スクールカウンセラー 10, 12, 20, 61, 65, 74, 101-103, 150-151, 156-157, 160, 182
ストレス脆弱性モデル 31, 38
ストレス−脆弱性−対処技能モデル 74
ストレス対処能力 31
ストレス・マネジメント 134-139, 141-143, 197, 202, 209

せ

精神科デイケア 4, 10, 25-26, 29, 38, 40, 54, 60, 65, 199, 208, 210, 213

生徒対象プログラム 154-155, 161, 167, 179
生物−心理−社会モデル 22
セクシュアル・ハラスメント 85, 88, 94-95, 100, 191
セルフヘルプ・グループ 15, 68, 70-71, 82
全教師ミーティング 105-106

そ

相互作用アプローチ 63
ソーシャルワーク 67, 70
ソリューション・フォーカスト・アプローチ 71

た

大学コミュニティ 25, 40, 54, 80-81, 97, 99, 124-126, 128-129, 135, 139-143, 180, 182, 190, 192, 197, 200
対象者と援助者の関係 16
タイムアウト 87

ち

地域コミュニティ 10, 13
チーム・アプローチ 30
中学校 104
治療構造 9, 18, 29, 37

つ

「つきあい方」モデル 12, 18-19
「つきあい方モデル」 200
「つなぎ」モデル 12, 18-19
「つなぎモデル」 200

て

DSM-Ⅳ-TR 精神疾患の分類と診断の手引き 146
DV 80-81, 176, 183
——被害者への支援 82
デート—— 85
デイケア・プログラム 36-38, 60-61

227

ディブリーフィング 161, 164

と

統合システムモデル 13, 40
統合失調症 4, 25, 29, 31-32, 36, 38-41, 54-57, 59-62, 80, 110, 174-177, 187-190, 192, 195, 199, 202, 204, 207-209
統合失調症者（へ）の援助 25, 29, 32, 59-60, 62
「統合的アプローチ」 18-19
統合的心理療法 12
当事者（問題そのもの）のアセスメント 186
当事者のサポート・ネットワーク 18
（当事者）へのアプローチ 140
当事者への支援 37, 174, 191, 193
ドメスティック・バイオレンス 11, 81

に

2次被害の1次予防機能 151-152
人間関係の対立 148
認知面の反応 148
認知療法 92

ね

ネットワーキング 21-22, 76, 207, 209-210

の

ノーマライゼーション 153, 175

は

ハラスメント 85, 88, 94-95, 100, 159-160, 191
犯罪被害者 11
反社会的問題行動 80, 187, 197

ひ

非専門家の参加・協力体制作り 21-23, 76
開かれた相談室 129
PTSD 146, 175

ふ

フォローアップ体制 75, 165, 194-196, 198, 209
フット・イン・ザ・ドア・テクニック 89
不登校 10, 61, 74, 104, 116, 125, 195
フリースペース 131, 137, 143
プログラムの実施段階 192
プログラムの評価 195, 198

ほ

他の支援者とのかかわり 59

ま

マニュアル 24, 177-179, 191, 198, 200-201, 203, 206, 209-210

み

グループ・ミーティング 109, 111-112, 114-116, 120-123
フレッシュマン・ミーティング 133-134, 143
見立て 19, 22, 42, 58, 76-77, 82, 84, 101, 103-105, 119, 122, 125-126, 155, 166, 168, 174, 185-187, 193-194, 203-207, 210-211
密室から生活場面へ 20

も

問題の外在化 71, 139

や

薬物療法 31-32, 43-44, 55

ゆ

友人たちとのかかわり 58
友人たちとの関係 49, 54-55

り

臨床心理学的コミュニティ・アプローチ 17-18, 21-23, 76
臨床心理学的コミュニティ・エンパワメント・アセスメント 185

臨床心理学的コミュニティ・エンパワメント・
　アプローチ　62, 72, 74, 80, 121, 173-174,
　199, 203, 208
　——のプロセス　181
臨床心理学的地域援助　11, 13, 16-18, 20-23, 65,
　71, 102
臨床心理学におけるコミュニティ概念　65

れ

連携　11, 13, 17-19, 43, 48, 71, 85, 87, 100-101,
　127, 129, 132, 152, 157-158, 162, 175, 190,
　205

わ

ワークシート　24, 177-179, 191, 198, 200-201,
　203, 206, 209-210

著者紹介

窪田由紀（くぼた　ゆき）

1975 年　京都大学文学部卒業
1980 年　九州大学大学院教育学研究科博士後期課程単位取得後退学
1982 年〜 1993 年　北九州市立デイケアセンター臨床心理士
1993 年〜 1998 年　九州国際大学助教授
1998 年〜 2004 年　同教授
2004 年〜　九州産業大学国際文化学部臨床心理学科教授
臨床心理士　博士（学術）

著訳書

「集団精神療法の進め方」　分担執筆　1994 年　星和書店
「人間関係事例ノート」　分担執筆　1995 年　ナカニシヤ出版
「ジェンダーを学ぶ」共編著　1998 年　海鳥社
「高校生のジェンダーとセクシュアリティ」　分担執筆　2002 年　明石書店
「コミュニティ・アプローチ特論」　分担執筆　2003 年　日本放送教育振興会
「家族間暴力防止の基礎理論」　共訳　2004 年　明石書店
「学校コミュニティへの緊急支援の手引き」　共著　2005 年　金剛出版
「学生相談シンポジウム」　分担執筆　2006 年　培風館　ほか

りんしょうじっせん
臨床実践としてのコミュニティ・アプローチ

2009 年 4 月 20 日　印刷
2009 年 4 月 30 日　発行

【著　者】
窪田　由紀

発行者　立石正信
発行所　株式会社　金剛出版
112-0005 東京都文京区水道 1-5-16
電話 03-3815-6661
振替 00120-6-34848

印　刷　平河工業社
製　本　誠製本

ISBN978-4-7724-1067-0　C3011
Printed in Japan ©2009

学校コミュニティへの緊急支援の手引き
福岡県臨床心理士会編　窪田由紀・向笠章子・林幹男・浦田英範著　さまざまなコミュニティにも応用できる心理援助の実用的かつ実践的な手引き書。　3,990円

学校臨床のヒント
村山正治編　実践に不可欠な知識やヒントをキーワードとして73にしぼり、ガイドとしても用語集としても使える学校教職員・心理職必携の一冊。　3,360円

臨床心理アセスメント入門
下山晴彦著　臨床心理アセスメントの進め方を、最新の知見も交えて解説しており、総合的に心理的問題を把握するための枠組みが理解できる入門書。　3,360円

統合失調症を持つ人への援助論
向谷地生良著　真に当事者の利益につながる面接の仕方、支援の方法をわかりやすく解説し、精神障害者への援助の心得を詳述する。　2,520円

弁証法的行動療法ワークブック
S・スプラドリン／斎藤富由起訳　思春期以降の幅広い層を対象とする「弁証法的アプローチによる情動のセルフ・コントロールの書」。　2,940円

ロジャースをめぐって
村山正治著　スクールカウンセリングや学生相談、エンカウンターグループ、コミュニティへの援助など長年にわたる実践と理論をまとめた論集。　3,780円

大学教職員のための大学生のこころのケア・ガイドブック
福田真也著　大学生に見られる精神的な問題を症状ごとに、多くの事例を示しながら具体的に解説し、また対処法を詳しく書いたわかりやすいガイド。　2,940円

統合的アプローチによる心理援助
杉原保史著　学派間の相違点と共通性を見極めながらその境界を越え、新たな理論的枠組を切り拓く統合的アプローチ。その実践の方途を示す。　2,940円

家族のための心理援助
中釜洋子著　家族・夫婦療法―特に家族合同面接を中心に、その理論と技法を多くの面接場面を例示しながら解説。家族療法を学べる最適の一冊。　2,940円

心理療法と生活事象
村瀬嘉代子著　クライエントのためにという視点を優先し、百花繚乱の心理療法において屹立する、著者の統合的アプローチへ到る思索と実践の軌跡。　3,360円

ストレス・マネジメント入門
中野敬子著　ストレスを自分でチェックし、軽減するようにコントロールする技術をだれもが学べ、実践できるようにしたわかりやすい解説書。　3,360円

DVにさらされる子どもたち
L・バンクロフト、J・G・シルバーマン著　幾島幸子訳　加害者としての親が子どもたち、さらには家族機能に及ぼす影響を分析する。　2,940円

孤立を防ぐ 精神科援助職のためのチーム医療読本
野坂達志・大西勝編著　精神科援助職が病院と地域でチームとなるために必要なスキルとテクニック、「ものの見方・考え方」をわかりやすく述べる。　2,940円

軽度発達障害
田中康雄著　基本的な考え方を概説したうえで、初回から終結までの各段階で使われる方略や技法をケースに則して示す。　3,360円

臨床心理学
最新の情報と臨床に直結した論文が満載　B5判160頁／年6回（隔月奇数月）発行／定価1,680円／年間購読料10,080円（送料小社負担）

精神療法
わが国唯一の総合的精神療法研究誌　B5判140頁／年6回（隔月偶数月）発行／定価1,890円／年間購読料11,340円（送料小社負担）

価格は消費税込み（5％）です